21世纪高职高专会计类专业课程改革规划教材

成本会计：理论与实训

主　审　徐日军

主　编　傅其先　代　勤　石　娟

副主编　王晓慧　刘　芳　高　玲

　　　　刘卫华　池东生　李淑波

中国人民大学出版社

·北京·

前言

Preface

成本会计是从财务会计分离出来的一个重要分支，其核心职能是成本核算，为企业生产经营预测和决策提供重要成本信息。随着社会经济的发展和企业管理水平的提高，成本会计吸收了统计学、管理会计等学科的精华，逐步演化出成本预测、成本决策、成本计划、成本控制、成本分析、成本考核等职能。

要学好成本会计，首先要学习“基础会计”“财务会计”“统计学”等课程。同时，成本会计也是学习“管理会计”“财务管理”“审计”等课程的前提。

知识经济时代是人才为主导的时代，企业成本核算与成本管理水平彰显出企业的软实力。专业技能娴熟的高级成本管理人才成为企业的新宠。社会的需求就是我们的责任，学生的期盼就是我们的目标。在本教材的编写过程中，我们以学生为本位，打破常规思维方式的束缚，跨越传统教材知识体系的羁绊，对传统教材体系进行了全面改造与再创作。本着“淡化理论，强化实操”的理念，本教材以成本会计的核心职能为主线，以成本会计的其他职能为补充，突出重点，讲求实效，把成本会计的实操分为成本会计制度设计、成本核算前期工作、成本核算及成本管理（特指成本会计的其他职能）四个方面。成本会计制度设计属于财务部门负责人的职责，是学生以后的努力方向；成本核算前期工作分属于统计、库管及相关财务人员，学生现在理解即可；成本核算是成本会计的核心职能，是学生学习的重点，必须进行强化；成本管理属于综合管理，本教材只做简单介绍，仅供备查和财务水平提高之用。另外，本教材渗透 Excel、互联网等实用技术，为学生学习成本会计及相关实操提供手段。

我们以“追求卓越，开拓创新，精雕细琢，力求完美”的工匠精神全力投入本教材的编写，紧紧抓住成本核算这一主线，将其提炼升华为“划清界限，正比倒挤，三合三分，填证登账”十六个字。“划清界限”说的是在核算过程中，要正确划清横向与纵向费用的界限。“正比倒挤”说的是成本计算的方法，主要是以正比例分配和倒挤计算为主。“三合三分”讲的是成本计算的程序，“合”是指费用的归集，“分”是指费用的分配。第一个合与分，是指辅助生产费用的归集与分配；第二个合与分，是指几种产品共耗直接费用和制造费用的归集与分配；第三个合与分，是指在同一成本计算对象的完工产品和月末在产品之间的分配。通过三合三分，最后求出完工产品的总成本及单位成本。“填证登账”说的是填制记账凭证和登记账簿，凸显成本会计的实际操作。

本教材“以最少的公式，解决最多的问题”，不仅可以减轻学生的学习负担，激发学生的学习兴趣，而且可以极大地提高学生的学习效率，使学生取得更加优异的学习成绩，有利于培养学生的创新精神，提高学生综合素质。

为使教师和学生更好地使用本教材，对本教材作如下说明：

1. 本教材以国家颁布的最新上市公司实施的会计制度为准绳，将最新的知识奉献给读者。

2. 本教材以大中型制造企业为案例进行编写，力求深入浅出，注重应用，同时兼顾与其他专业课程之间的联系。

3. 考虑到教师对教材处理的需要，本教材力求主线清晰，便于实施模块化教学和程序化教学，以更好地激发学生学习的积极性、主动性和创造性；帮助学生抓住重点，突破难点，学深悟透。

4. 本教材在编写生产费用分配及成本计算时，充分考虑了学生刚刚接触成本会计的具体情况。本教材采用“列式计算”和“列表计算”相结合的方式编写。“列式计算”运用“三步法通用公式”计算，简单明了，便于理解；“列表计算”使用企业成本核算真实的分配表和明细账，运用全息理念，还原“庐山”真面目，有利于学生对财会知识的理解和对实操技能的掌握，尽快形成专业技能。

5. 本教材每一章均配有“学习目标”“学习重点”“学习难点”，供学生在学习时参考，以便更准确地把握知识体系的脉络，选准知识体系的支撑点和精髓，形成坚实的理论框架。另外，本教材还配有“学法指导”，力求提高学生的学习效率。教材中标注“*”的为选学内容，为学生拓宽知识面而设置，教师可以根据教学实际灵活处理。

6. 教材配备全套的教学资源，包括课堂教学 PPT 课件、教学大纲、实训参考答案、成本核算制度等电子版参考资料，可为教师和学生提供便利，体现教材体系的良好弹性。另外，本教材还首创了成本计算中的试算，为验证成本计算提供了有力工具。

7. 学生通过实训体验和实务操作，可以系统理解成本核算知识，正确理解基础会计、财务会计、成本会计之间的关系，精准把握成本会计的核心及主线，全面掌握相关的技能、技巧，形成整体观念，从宏观上把握教材。

本教材的编写人员大多为高校的双师型专家教授，并聘请了大公司的财务总监和会计部门负责人参编。在编写过程中，编写人员深入到多家制造型企业进行考察调研，与企业成本核算人员、成本管理人员进行广泛交流和切磋，倾听他们对成本会计人才培养的建议，他们提出了很多具有建设性的意见，在此表示衷心的感谢。

本教材的编写由傅其先老师主持，并进行教材整体规划。具体分工是：傅其先老师编写第三章和第六章，代勤老师编写第一章，石娟老师编写第二章，王晓慧老师编写第四章，刘芳老师编写第五章，刘卫华老师编写第七章，高玲老师编写第八章，池东生老师和李淑波老师编写第九章，朱景华老师编写模拟实训；特聘徐曰军老师担任主审。

由于我们专业水平有限，编写时间比较仓促，本教材必有很多不妥之处，恳请各位读者和专家不吝指教。

编 者

目录 Contents

第一章　绪论

第二章　产品成本核算要求与一般程序

第三章　要素费用的归集与分配

第一章 绪 论

学习目标

了解成本在企业竞争中的地位及成本会计发展阶段，了解理论成本与会计核算成本之间的区别，记住成本的作用，掌握我国现行制造成本法的含义和内容；理解成本会计的对象，理解并记住成本会计的对象与费用之间的关系，理解支出、费用、成本的含义，记住它们之间的联系与区别，记住成本会计的职能和内容；了解成本会计的发展。

学习重点：成本的经济实质，理论成本与会计核算成本之间的区别，我国现行的制造成本法；支出、费用、成本的范围，以及成本会计的职能。

学习难点：理论成本与实际成本之间的关系，支出、费用、成本之间的关系，成本会计对象和职能；成本会计的发展。

从历史的角度看，成本会计是从财务会计中分离出来的一个分支，主要研究产品制造、劳务提供等的成本计算与核算，在实际生产管理中的作用是为企业经济业务核算服务，成为企业经济业务核算的一个重要“模块”。随着经济和管理科学的发展，成本分析、成本预测、成本决策、成本控制等内容逐步进入成本会计的研究范围。现在成本会计已经成为财务会计和管理会计研究的交叉学科，内涵越来越宽泛。另外，成本会计的基础理论研究也在逐步深入，各种理念指导下的崭新理论研究也在全面铺开，例如产品消费过程的使用成本，财务决策过程中运用的机会成本等，一个立体化的成本会计研究的新时代已经到来。

第一节 企业竞争话成本

随着经济的发展和社会的进步，企业之间的竞争愈演愈烈，竞争的方式层出不穷，竞争的领域无处不在。世界经济大循环和循环经济的兴起，使企业之间的竞争进入了白热化状态，优胜劣汰在所难免。在企业生死攸关的时期，企业决策者必须冷静思考，从最高处审视，从最深处剖析，寻找提高企业竞争力的方法，保证企业持续发展。企业之间的竞争离不开产品，产品竞争永远是企业竞争的主旋律。企业产品在保证“安全、健康、适用、美观”的前提下，其核心竞争力包括产品性能、产品质量和产品价格。产品性能的好坏主要取决于产品设计，产品质量的优劣主要取决于产品制造，产品价格的高低主要取决于成本，而产品成本的高低主要取决于企业的成本管理。所以，企业必须向管理要性能，向管理要质量，向管理要效益。

企业要提高经济效益，提升核心竞争力，必须降低产品成本，生产物美价廉的产品，满足消费者日益提高的物质文化生活的需要。同一款产品，平均售价取决于市场，个别成本取决于企业，售价与成本的差额决定产品的利润空间，左右着企业的核心竞争力。企业很难左右产品的市场平均价格，但可通过降低产品成本降低产品售价，让利给消费者，从行业内众多企业中胜出，开辟更广阔的市场，占有更多的市场份额，赚取更多的利润，为企业发展储备更多的资金，增强企业发展的后劲。日本之所以在汽车制造业战胜汽车制造业的鼻祖美国，主要靠的是成本低廉优势。

对于消费者来说，企业的产品售价构成消费者产品购置成本的主体部分，购买产品的差旅费和运杂费构成购置成本的辅助部分。企业要降低消费者的购置成本，除了降低产品售价以外，还要为消费者提供电话预约送货、网络预约送货、免费运输、免费安装调试等服务。消费者不仅关注产品的购置成本，更关心产品的使用成本，他们在意的是购置成本与使用成本之和（综合成本）最小化。使用成本又可分为运行成本和维护成本。例如：家用电器的运行成本主要是电力，维护成本包括养护、维修等。所以，生产企业要设计制造出使用简单、维护方便的产品，并加强售后指导和售后服务，经常与消费者沟通，及时反馈信息，持续改进和完善产品，不断提高产品的竞争力。产品消费综合成本的计算公式为：

产品消费综合成本＝购置成本＋使用成本

其中：

使用成本＝运行成本＋维护成本

对于企业来说，要持续研发新产品，以满足人们各方面的需求，不断提高生活质量，享受科技带来的便利与文明。企业应加强对降低使用成本的研究，降低产品生产和产品使用对环境的污染，达到低碳环保，不断提高资源的循环利用水平，降低产品综合成本，博得广大消费者的信任和青睐，从而引导大众消费潮流，开拓销售市场，引领行业发展，创造产业奇迹，获得企业与消费者的双赢。

第二节　成本会计的产生与发展

成本会计是从财务会计分离出来的一个重要分支，它因社会进步和经济发展而产生，并随着社会进步和经济发展而发展。从历史的角度探究，成本会计大致经历了萌芽时期、奠基时期、发展时期三个历史阶段。

一、萌芽时期

19 世纪 80 年代以前，工业产品的生产主要以家庭或小作坊形式进行，人们并不十分关注成本的计算与管理。但随着社会的进步和科技的发展，家庭小作坊的规模逐步扩张，经济效益成为关注的焦点，成本计算也成为必需。最初，小业主为了计算成本，开始对生产过程中发生的直接费用进行计算汇总，对数额不大的间接费用作损失处理。这种极为粗略的成本计算，为成本核算打下了基础。到 16 世纪中叶，意大利印刷商及毛纺商开始进行成本记录，并创造了分批成本计算制度和分步成本计算制度，成本会计已经开始萌芽。

二、奠基时期

19 世纪工业革命以后，欧洲企业数量迅猛增加，规模不断扩大，企业之间竞争加剧，生产成本越来越受到重视。成本计算逐步同会计核算结合起来，形成了一整套计算成本的理论体系。会计专家劳伦斯对这一时期的成本会计做了如下定义：成本会计是应用普通的原理、原则进行系统记录，是管理当局制定经济、有效和有利的产销决策时的参考。所以说，这一时期的成本会计是财务会计的一个重要组成部分，为以后成本会计的发展奠定了坚实的基础。

三、发展时期

20 世纪初，泰勒制度被广泛采用，其核心是强调提高生产和工作效率。随着泰勒制度的广泛实施，与其科学管理方法直接联系的标准成本、预算控制、差额分析等技术成为成本会计的重要组成部分。成本会计的应用范围也从原来的工业企业逐步扩大到其他行业，并深入应用到企业内部的各个主要部门。美国的尼科尔森和罗尔巴克合著的《成本会计》，以及托尔著的《成本会计原理和实务》等，使成本会计原理和方法得到进一步完善和发展，形成了独立的学科。

从 20 世纪 50 年代起，资本主义经济出现了新变化，即资本进一步集中，企业规模日益壮大，涌现了大量的跨国公司；同时，在战争中发展起来的军事科学技术大量转移到民用工业企业，产品更新换代速度进一步加快，竞争十分激烈。这时，企业只有提供物美价廉的产品才能提高竞争力，争取在市场上占有一席之地。在生产以前，对产品的设计、结构、工艺、生产组织安排等各个方面进行合理改革，制定各种不同方案，选取最佳方案作为经营决策的依据，以此方法来大幅度降低成本。这就形成了以管理为主的成本会计，成本会计得以发展，形成比较完善的理论体系和操作流程。

20 世纪 80 年代以后，现代高科技被广泛应用于生产，电气化、自动化、智能化程度不断提高，猛烈冲击着成本会计的计算工具和工作模式。另外，经济的发展使市场环境发生了重大变化，市场需求由大众化需求向个性化需求转变，成本管理的目标不再是利润最大化，而主要集中在用户满意层面上。经营方式与管理策略的变化，使得成本会计信息在确定企业战略方向方面发挥了重要作用，成本会计的作用日趋广泛，成本会计大力发展，已经形成比较完备的理论体系和专业技术。

第三节　成本的含义和作用

一、成本的含义

成本作为一个价值范畴，在市场经济条件下是客观存在的。加强成本管理，降低产品成本，对提高企业经济效益和促进国民经济发展都具有非常重要的意义。成本分为理论成本和实际成本，我们先来讨论理论成本的含义。按照马克思的观点，商品的价值 W 可以用公式来表示，就是 $W=c+(v+m)$。其中，c 是生产工具转移价值和劳动对象转移价值，$(v+m)$ 是劳动者创造的新价值。c 可以进一步分解为 c_1 和 c_2，c_1 表示从固定资产、无形资产等物化劳动中以折旧和摊销等形式转移到产品中的价值，c_2 表示原材料等物化劳动以材料消耗等形式转移到产品中的价值，c_1 和 c_2 均要求从销售收入中得到补偿；v 是劳动者为自己创造的价值，包括职工薪酬、福利、奖金等；m 是劳动者为社会创造的价值，包括企业利润、上缴税费等。$(c+v)$ 构成产品的理论成本，马克思非常准确地揭示了理论成本的含义，见图 1-1。

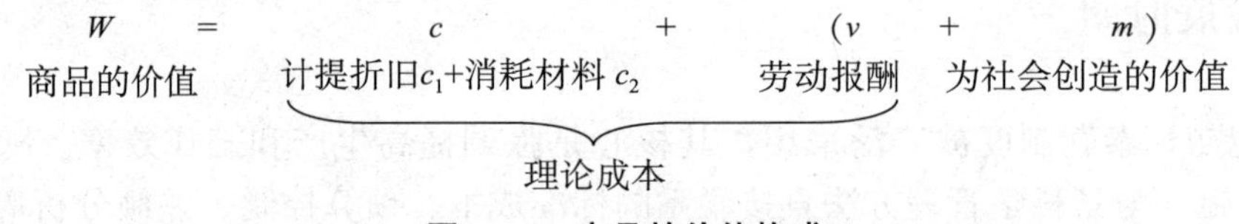

图 1-1　商品的价值构成

具体来讲，理论成本是为生产产品而发生的所有支出，在数量上等于全部的物化劳动和活劳动之和，也就是说，理论成本也包括管理费用等。

根据国际惯例和我国的会计制度，企业费用包括直接费用、间接费用和期间费用，生产成本核算采用制造成本法，所以实际成本的含义是：为生产一定数量的某种产品所发生的直接和间接费用之和。

通过上述分析可以看出，理论成本与实际成本主要有两点差别，第一，理论成本包括管理费用等期间费用，但实际成本不包括期间费用；第二，理论成本不包括生产过程中造成的废品损失和停工损失，但实际成本要将废品损失和停工损失计入产品的生产成本。

为了准确把握成本的界限，必须深刻理解会计核算中的成本与费用的区别与联系。成本与费用的区别是：(1) 成本和费用的范围不同，成本只包括直接费用和间接费用，不包括期间费用；(2) 成本和费用的划分标准不同，费用是按照期间划分的，而成本是按照对象划分的，费用可以分配给不同的产品，而成本可以包括不同会计期间的费用。成本与费用的联系是：(1) 费用和成本包括的经济内容相同，在企业整个的存续过程中，生产费用总额与生产成本总额相等；(2) 费用是计算成本的基础，成本是费用的对象化。

费用分类是成本计算的前提条件，企业发生的费用分为计入产品成本的费用和不计入产品成本的费用。计入产品成本的费用又分为直接费用和间接费用，直接费用包括直接材料费用和直接人工费用，间接费用特指制造费用；不计入产品成本的费用包括销售费用、管理费用和财务费用。费用分类的逻辑关系见图1-2。

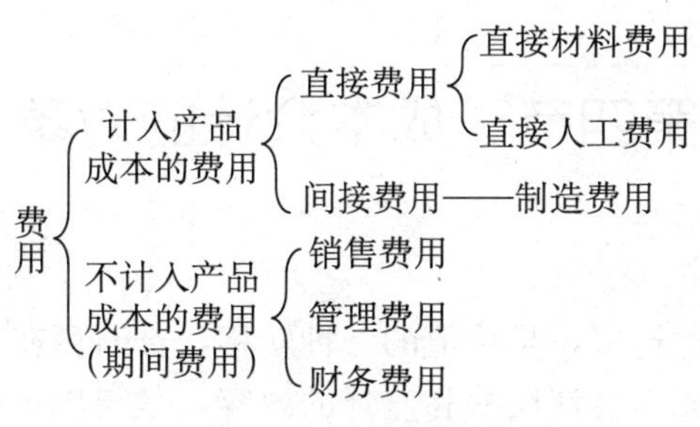

图1-2 费用的分类

现在国际上公认的成本计算方法有两种：一种是制造成本法，也叫车间成本法；另一种是完全成本法。两种成本计算方法的本质区别是，制造成本法只包括直接费用和间接费用，完全成本法除了包括直接费用和间接费用外还包括管理费用，具体界限可参阅下面的公式。我国现行会计制度规定，企业的产品成本计算必须使用制造成本法。

产品制造成本＝直接材料费＋直接人工费＋制造费用

产品完全成本＝直接材料费＋直接人工费＋制造费用＋管理费用

二、成本的作用

产品成本的高低，左右着企业的利润，影响着企业的发展，决定着企业的生存，所以成本具有十分重要的意义。

（一）成本是补偿生产耗费的尺度

生产产品所发生的成本，需要在产品销售以后，从销售收入中扣除，以补偿所耗费的价值，保证能维持生产的继续，没有成本价值的补偿，生产就会停止。

（二）成本是评价企业管理水平的综合指标

企业获得的利润等于销售价格与成本的差额，销售价格基本由市场来左右，对每一个企业都是平等的，利润大小的决定因素是产品的成本。成本受诸多因素影响，成本的高低是企业方方面面工作的最终结果，所以说成本是评价企业管理水平的综合指标。

（三）成本是制定商品价格的重要依据

每一种产品的社会平均利润率是一定的，企业在制定价格时，一般在产品成本的基础上加上一定比例的利润及按税法计算的税金，生产成本是价格的底线，若制定低于生产成本的价格，企业就会走向亏损。

（四）成本是企业进行经营决策的重要依据

成本的高低决定了企业利润的高低，盈利是企业的出发点和归宿，没有利润的产品企业一般不应该进行生产，除非是一种特殊战略。

第四节　成本会计的对象

成本是经济资源的一种耗费，是价值的一种转移，普遍存在于各行各业的经济活动之中。成本会计的对象是指成本会计反映和监督的内容，是与成本计算相关的经济活动。明确成本会计的对象，对于确定成本会计的任务，研究和运用成本会计的方法，更好地发挥成本会计在经济管理中的作用，具有重要的意义。

虽然成本遍及各行各业的各项活动之中，但这并不意味着所有活动的成本都需要通过会计来核算和考核。是否需要通过会计来核算和考核成本，是由活动的特点和管理需要决定的。国家机关和全额预算的事业单位在发挥其职能作用的过程中，虽然也发生耗费，即发生成本，但这种成本不是靠自己创造的财富来补偿，而是依靠国家财政预算拨款来补偿，因而，在管理上并不要求会计核算其成本并进行考核，仅仅是通过预算或计划来约束。物质生产经营部门以及实行企业化管理的事业单位，是实行独立核算、自收自支、自负盈亏的经济实体，它们从事经营活动所发生的耗费必须通过实现的收入来补偿，而且在补偿后能有盈余，以保证经营活动的持续进行。这就要求或迫使它们必须对发生的耗费进行核算，以确定补偿耗费的标准和尺度，同时要进行考核，以保证以收抵支且有盈余。成本会计所要研究的成本主要是这类企事业单位所发生的成本，特别是具有典型意义的物质生产部门为制造产品而发生的成本，即产品生产成本。

一、成本会计对象概述

从理论上讲，成本所包括的内容也就是成本会计应该反映和监督的内容。但为了更加详细、具体地了解成本会计的对象，还必须结合企业的具体生产经营过程和现行企业会计制度的有关规定加以说明。下面我们主要以工业企业为例，说明成本会计应反映和监督的内容。

（一）工业企业成本会计对象分析

工业企业的基本生产经营活动是生产和销售工业产品。在产品直接生产过程中，即从原材料投入到产品制成的产品制造过程中，一方面制造出来产品；另一方面要发生各种生产耗费。这一过程中的生产耗费，概括地讲，包括劳动资料与劳动对象等物化劳动耗费和活劳动耗费两大部分。其中，厂房、建筑物、机器设备等固定资产的劳动资料，在生产过程中长期发挥作用，直到报废不改变其实物形态，但其价值随固定资产的磨损，通过计提折旧的方式逐步转移到产品中去，构成产品成本的一部分；原材料等劳动对象，在生产过程中被消耗或构成产品的实物形态，其价值一次转移到产品中去。另外，劳动者为生产产品消耗了活劳动，包括劳动者为自己创造的价值和为社会创造的价值两大部分。其中，劳动者为自己创造的价值以薪酬、福利、补贴等形式领走或享受，构成产品的成本；而劳动者为社会创造的价值，则以企业利润、上缴税费等形式进行分配或再分配。所以，成本的定义可以归纳为：为生产一定种类和数量的产品所消耗而又必须补偿的物化劳动和活劳动中必要劳动的货币表现。财政部制定的《企业会计制度》对成本的定义为：成本是企业为生产产品、提供劳务而发生的各项耗费。

对于工业企业来讲，为生产产品、提供劳务而发生的各项耗费可以按照受益关系划分为生产成本和经营管理费用。由此看见，工业企业成本会计的对象包括生产成本和经营管理费用（期间费用），相互关系可见图 1－3。

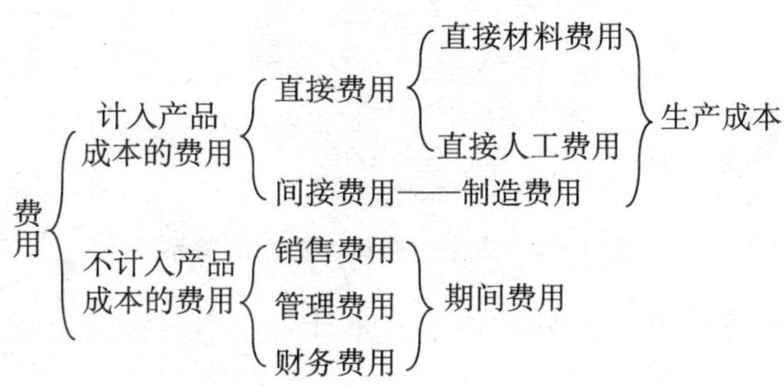

图 1－3 工业企业的费用分类

（二）其他行业成本会计对象

对于其他行业的成本会计对象，可以与工业企业进行比对，概括为：各行各业的生产经营业务成本和经营管理费用，简称为成本、费用。所以，成本会计也就是成本、费用会计。

（三）成本会计对象的推广

成本会计的对象不是一成不变的，随着商品经济的发展，成本的含义在不断扩大，内涵和外延都在不断变化。目前，在西方经济学中流行的成本定义是："成本是指为了达到一定目的而支出或应该支出的能以货币计量的价值牺牲。"该定义的外延相当广泛，远远超出了产品成本概念的范围，还包括劳务成本、开发成本、质量成本、资金成本等。另外，由于成本的内涵决定了成本与管理相结合，也决定了成本内容必须依从管理的需要而发展，所以，在现在的成本会计中，喷涌而出许多新的概念，如固定成本、变动成本、边际成本、机会成本、沉没成本、目标成本、标准成本、可控成本、定额成本、责任成本等，从而构成了多元化的成本概念体系。因此，随着成本概念的发展，成本会计的对象和成本会计本身也要随着发展，以适用宏观经济管理和微观经济管理的需要。现代成本会计对象应包括各行各业企业生产经营业务成本、有关的经营管理费用以及各项专项成本。现代成本会计就是以这些成本、费用为对象的一种专业会计。

二、支出、费用、成本的含义及关系

支出是指企业在经营活动中发生的一切开支与耗费。支出具有广泛性的特点，不仅包括形成费用的企业拥有或控制的资产耗费，而且包括不形成费用的其他支出。费用是指企业为销售商品、提供劳务等日常活动所发生的经济利益的流出，即企业在获取收入的过程中，对企业拥有或控制的资产的耗费。费用也是一种广义的“支出”，但比广义“支出”的范围要窄，工业企业的费用主要包括期间费用和生产费用。成本是按照一定品种和数量的产品归集的费用。成本的口径比费用的要窄，只有生产费用才形成产品的成本。支出、费用、成本之间的包含与被包含关系见图 1-4。

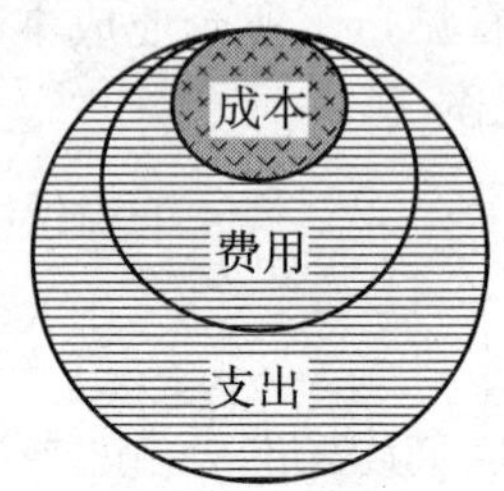

图 1-4　支出、费用、成本的关系

思考：不计入费用的支出包括哪些内容？不计入成本的费用包括哪些内容？（可参考图 1-4 回答）

支出、费用、成本是三个关系极为密切的概念。要深刻理解成本会计的对象，对支出、费用、成本之间的关系，以及三者之间的界限，还需要进行进一步研究。下面以工业企业的支出、费用和成本为例，简要说明它们之间的联系与区别。

（一）支出

支出是指企业在经营活动中发生的一切开支与耗费。就一般情况而言，企业的支出可分为资本性支出、收益性支出、所得税支出、营业外支出和利润分配性支出五大类。

（1）资本性支出，是指为了获得超过一个会计年度的收益而发生的支出。例如购建的固定资产、无形资产及长期投资等。

（2）收益性支出，是指为了获得不超过一个会计年度的收益而发生的支出。例如企业为生产经营而发生的材料费用、工薪费用、管理费用等。

（3）所得税支出，是指企业在取得经营所得与其他所得后，需要按国家税法的规定向政府缴纳的税金支出。所得税支出是企业的一项“高级管理费用”，是政府进行宏观经济管理的一项“费用”，它虽然不是期间费用，但要作为企业的一项费用直接冲减当期收益。

（4）营业外支出，是指与企业的生产经营业务没有直接联系的支出，可以划分为社会责任形成的营业外支出和管理风险形成的营业外支出。例如社会公益捐助、违约金支出、罚款支出等，是企业社会责任形成的营业外支出，而企业因资产失盗、火灾等形成的损失或因固定资产处置造成的净损失，则是管理风险形成的营业外支出。这些支出尽管与企业生产经营活动没有直接联系，但是与其收入的取得还是有关系的，因而也把它们作为当期损益的扣减要素。

（5）利润分配性支出，是指在利润分配环节的支出。例如支付的现金股利等。

（二）费用

费用是指企业为销售商品、提供劳务等日常经济活动所发生的经济利益的总流出，即企业在获取收入的过程中，对企业拥有或控制的资产的耗费。企业在生产经营活动过程中，为获取营业收入需要提供商品或劳务，在提供商品或劳务过程中会发生各种耗费，如原材料、燃料、动力、机器设备和人工耗费等。这些耗费或为制造产品而发生，或为实现产品销售而发生，或为以后确定的收入等而发生。费用按其同产品生产的关系可划分为生产费用和期间费用两类。

1. 生产费用

生产费用即计入产品成本的费用，是指产品生产过程中发生的物化劳动和活劳动的货币表现，包括直接材料、直接人工和制造费用等，它同产品生产有直接关系。

2. 期间费用

期间费用是指同企业的经营管理活动有密切关系的耗费，它同产品生产有直接关系，但与发生的期间相配比，应作为当期收益的扣减。企业的期间费用包括销售费用、管理费用和财务费用。销售费用是指企业在销售商品过程中发生的费用，包括销售产品过程中的运输费、装卸费、包装费、保险费等，也包括展览费和广告费，以及为销售本企业商品而专设销售机构的职工的工资及福利费、类似工资性质的费用、业务费等经营费用。管理费用是指企业为组织和管理企业生产经营所发生的生产费用，包括企业的董事会和行政管理部门在企业经营管理中发生的，或者应当由企业统一负担的公司费（包括行政管理部门职工工资、修理费、物料消耗、办公费和差旅费等）、工会经费、待业保险费、劳动保险费、董事会费、聘请中介机构费、咨询费（含顾问费）、诉讼费、业务招待费、房产费、车船使用费、土地使用费、印花费、技术转让费、矿产资源补偿费、无形资产摊销、职工教育经费、研究与开发费、排污费、存货盘亏或盘盈（不包括计入营业外支出的存货损失）等。财务费用是指企业为筹集生产经营所需资金等而发生的费用，包括应当作为期间费用的利息支出（减利息收入）、汇兑损失（减汇兑损益）以及相关的手续费等。

费用是企业支出的构成部分。在企业支出中，凡是同企业的生产经营有关的部分，即可表现或转化为费用；否则，不能列为费用。如企业用于购建固定资产、无形资产、其他资产及购买材料等与生产经营有关的支出，就能表现或转化为费用；而像长期投资支出、利润分配性支出以及营业外支出等，因同企业的生产经营活动没有直接的关系，因而不能视作费用。

（三）成本

成本是按一定的产品加以归集和汇总的生产费用。很明显，费用包含成本，成本是费用的一部分，两者是包含与被包含的关系。

很明显，会计核算中的费用与成本有着较大的差异，成本与费用的区别是：（1）成本和费用的范围不同，成本只包括直接费用和间接费用，不包括期间费用；（2）划分标准不同，费用是按照期间划分的，而成本是按照对象划分的，费用可以分配给不同的产品，而成本可以包括不同会计期间的费用。成本与费用的联系是：(1) 费用和成本包括的经济内容相同，在企业整个存续过程中，生产费用总额与生产成本总额相等；(2) 费用是计算成本的基础，成本是对象化了的费用。

另外，生产费用和产品成本是两个既相互联系又相互区别的概念。生产费用是按会计期间归集和汇总，而产品成本是按一定量的产品归集和汇总。所以，企业某一会计期间实际发生的生产费用总和，不一定等于该期间产品成本的总和。

为了进一步揭示工业企业的支出、费用、成本之间的关系，编者绘制了三者之间的关系（见图1-5），读者可以参阅。

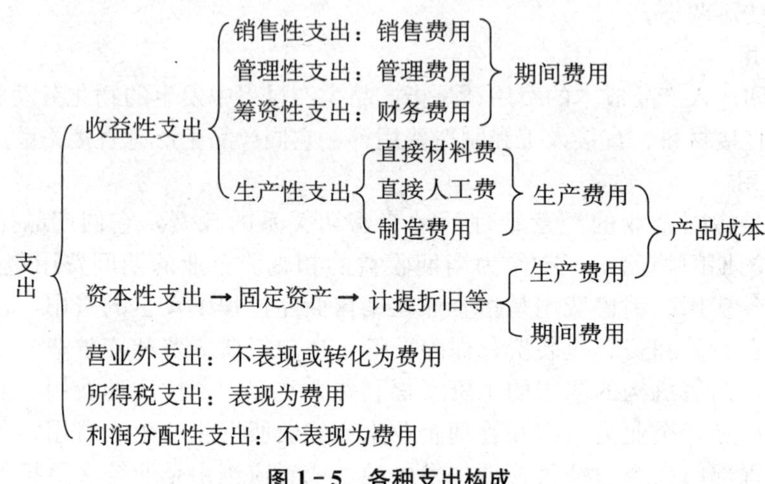

图1-5 各种支出构成

第五节 成本会计的职能和任务

一、成本会计的职能

成本会计的职能是指成本会计所具有的功能。成本会计的职能不是一成不变的，它的内容随着经济的发展和管理要求的提高而不断丰富。现在学术界广泛认同的成本会计职能包括成本预测、成本决策、成本计划、成本控制、成本核算、成本分析、成本考核。其中，成本核算是成本会计的核心职能。

（一）成本预测

成本预测是依据企业以前的成本历史资料以及影响成本变化的主要因素，运用专门的科学方法对未来产品成本水平和发展趋势进行科学的测算。

（二）成本决策

成本决策是企业在成本预测的基础上，运用科学的理论和方法，综合考虑影响成本变化的各种因素，在多个成本备选方案中选择最优方案，确定目标成本的过程。

（三）成本计划

成本计划，又称为成本预算，是指企业根据成本决策所确定的目标成本，具体规划在计划期内为生产一定数量的产品所发生的成本费用，确定成本水平，并制定为达到目标成本所采取的具体措施。

（四）成本控制

成本控制是指企业根据成本计划，对生产经营过程中将要发生的实际成本进行审核、监督和调节，及时按照计划进行纠偏，以实现把产品成本控制在目标成本以内的目的。

成本控制是确保成本计划实现的重要环节，是降低成本的关键举措。

（五）成本核算

成本核算是指企业将生产经营过程中实际发生的各项费用，按照成本计算对象进行记录、归集和分配，计算出单位成本和总成本的过程。

成本核算是成本会计的核心内容，可以为成本分析、成本计划、成本控制、成本考核提供重要依据。

（六）成本分析

成本分析是企业根据成本核算资料与本期成本计划、上年同期成本水平、同行业成本水平等进行比较，确定差异额和差异率，分析成本影响因素和影响原因，挖掘降低成本的潜力，从而降低产品成本的过程。

（七）成本考核

成本考核是利用成本核算资料，依据成本计划及相关指标对各车间等责任部门的实际完成情况所做出的评价。在企业管理中，应该根据成本考核结果和企业相关规定进行奖励和惩罚。

在成本会计的职能中，成本预测、成本决策、成本计划是事前管理，成本控制是事后管理，成本核算、成本分析、成本考核是事后管理。但应该注意一点，成本分析从表面上看好像只是事后管理，其实在成本管理过程中，事前、事中和事后均存在成本分析。成本会计的职能是不断循环的过程，依次连接，无头无尾，既相互联系、相互依存，又相互区别，共同构成一个有机的整体。

二、成本会计的任务

成本会计作为财务会计的一个重要分支，是企业经营管理的重要组成部分。因此，成本会计的任务是由企业经营管理的要求所决定，但是具体到微观方面主要是由成本管理者的要求所决定。因为成本会计不可能全面实现企业经营管理各个方面的要求，而只能在会计对象和职能的范围内，为企业经营管理提供所需要的信息，并参与经营管理，达到降低成本的目的。所以，从这一点来讲，成本会计的任务还受制于成本会计的对象与职能。具体来讲，成本会计的任务是：

（1）正确计算产品成本，及时提供成本信息。

（2）加强成本预测、决策，确立目标成本。

（3）编制成本计划（预算），实施成本控制。

（4）定期开展成本分析与考核，为企业决策提供依据，不断提高企业的成本管理水平。

第六节　成本会计工作的组织

为了充分发挥成本会计的职能，完成成本会计的任务，必须科学地组织成本会计工作，需要进行成本会计的机构设置、成本会计的人员配备以及成本会计制度的制定等。

一、成本会计机构

为确保成本会计任务的顺利完成，充分发挥成本会计在企业管理中的作用，必须设置成本会计机构、配备成本会计人员，制定相应的成本会计制度。

成本会计机构是处理成本会计工作的职能部门，是整个企业会计机构的一部分。成本会计机构设置是否适当，将会影响成本会计工作的效率和质量。影响成本会计机构设置的主要因素是企业的生产类型和经济业务规模。企业要根据其生产类型特点和经济业务规模大小来决定是否单独设置成本会计机构或机构的大小以及机构的内部分工。

（一）设置成本会计机构

成本会计机构的设置应该根据企业的规模和管理要求进行，一般大中型企业在设置的会计机构中单独设置成本计算处、科或组，并在车间设置成本计算员；小型企业一般只在设置的会计机构中设置成本计算员，负责成本核算工作。

成本会计机构内部的组织分工，既可以按成本会计的职能分工，如将厂部成本会计科分为成本核算和成本分析等小组，也可以按成本会计的对象分工，如分为产品成本和经营管理费用核算小组或安排核算员等。

（二）成本会计机构的组织分工方式

大中型企业的各级成本会计机构按组织分工方式的不同可以分为集中核算方式和分散核算方式两种。

集中核算方式，是指由厂部的成本会计机构集中负责成本会计核算、成本计划编制和成本分析等各方面的工作，车间等其他部门中的成本会计机构或人员（一般只配备成本核算人员）只负责登记相关台账和填制原始凭证，并对相关资料进行初步的审核、整理和汇总，为厂部进行进一步工作提供原始资料。这种方式的特点是：有利于企业管理当局及时掌握企业有关成本的全面信息，便于集中使用电子计算机进行成本数据处理，还可以减少成本会计机构的层次和成本会计人员的数量。这种方式的缺点是：不便于直接从事生产经营活动的基层单位及时掌握成本信息，不利于调动它们自我控制成本和费用的积极性。因此，这种方式一般适用于成本会计工作较为简单的企业。

分散核算方式，又称非集中工作方式，是指将成本会计的各项具体工作分散到车间等基层单位的成本会计机构或人员，由他们来完成，厂部的成本会计机构负责成本数据的最后汇总以及处理那些不便于分散到车间等部门去完成的成本工作。这种方式的特点与集中核算方式的特点恰好相反。

企业在选择成本会计机构的组织分工方式时，要充分考虑企业自身规模的大小和内部有关单位管理的要求，要有利于发挥成本会计工作的职能作用以及提高成本会计工作效率。一般来说，大型企业成本核算采用分散核算方式为宜，中小型企业成本核算采用集中核算方式为宜。也可以根据企业实际，将两种方式结合起来运用，即对某些部门采用分散核算方式，而对另一些部门则采用集中核算方式。

二、成本会计人员

成本会计人员是指专门从事成本核算的专业财会人员，他们应该品德优良、业务精通。成本会计工作质量主要取决于成本会计人员。因此，企业无论采用哪种成本会计工作方式，都应配备好成本会计人员。成本会计人员的配备要根据企业成本管理的要求选用适当水平和素质的不同层次人才。总的要求是能胜任，即既精于核算，又善于管理；既精通国家有关政策法规及成本会计人员的职责和权限，又能结合企业实际创造性地开展工作。

三、成本会计制度

成本会计制度是组织和从事成本会计工作必须遵循的规范和依据。建立健全企业的成本会计制度，对于规范企业的成本会计工作，保证成本信息的质量，满足企业管理的需求具有重要的意义。

成本会计法规和制度是企业组织和从事成本会计工作必须遵守的规范，是会计法规和制度的重要组成部分。成本会计法规和制度按适用范围和制定权限划分，分为全国性成本会计法规和制度以及特定会计主体的成本会计制度。执行和制定成本会计法规和制度可以使企业成本会计工作合法、有序，并保证成本会计资料真实、规范、及时和有效。

全国性成本会计法规和制度是国家统一制定的，主要包括三个层次，即《中华人民共和国会计法》《企业会计准则》以及国家统一制定的《企业会计制度》。这三类财会法规制度是企业进行财务会计工作的基本要求，其中与成本会计工作有关的部分也是成本会计工作的重要依据，企业在进行成本会计工作中必须严格执行。

另外，企业作为会计个体，生产特点和管理要求各不相同。因此，各企业为了具体规范本企业的成本会计工作，完成成本会计工作任务，应根据国家的各种成本会计法规和制度，结合本企业的管理需要和生产经营特点，具体制定本企业的会计制度、规程或办法，作为企业进行成本会计工作具体的、直接的依据。企业内部成本会计制度一般包括如下几个方面的内容：

（1）成本会计工作组织分工及职责权限。

（2）成本定额、成本计划和费用预算的编制方法。

（3）成本核算的具体规定，包括成本计算对象、成本计算方法的确定，成本项目的设置，生产费用归集和分配的方法，在产品计价方法的确定，以及成本核算的一些基础工作要求等。

（4）成本预测、成本控制和成本分析制度。

（5）责任成本制度。

（6）企业内部结算价格和内部结算办法的规定。

（7）成本报表制度，包括成本报表的种类、格式、指标体系、编制方法、报送对象与日期等。

（8）其他有关成本会计的制度。

企业成本会计制度是开展成本会计工作的依据和行为规范，必须具有科学性、规范性和合理性，成本会计制度直接影响成本会计工作的成效。所以，成本会计制度的制定是一项复杂而细致的工作。在制定过程中，有关人员不仅要熟悉国家有关法律法规、相关制度，而且要深入基层做广泛而深入的调查研究，反复论证，然后才能确定。成本会计制度一旦确定，就应该积极落实，认真贯彻执行。当然，随着时间的推移，若企业的实际情况发生了变化，应该根据实际情况进行修订与完善，以保证成本会计制度的科学性、先进性和适用性。

四、成本会计工作组织原则

（一）成本会计工作必须与工程技术相结合

成本是一项综合性指标，它受到多种因素的影响。其中，产品设计、加工工艺等技术是否先进、经济上是否划算，对产品成本的高低产生决定性影响。在传统的成本会计工作中，会计部门多注意产品加工中的耗费，而对于产品的设计、加工工艺、质量、性能等与产品成本之间的联系则考虑很少，甚至有的成本核算人员不懂得产品生产技术问题；而工程技术人员只考虑产品的技术问题，对产品成本方面很少考虑。这种成本会计工作与工程技术相脱节，使得企业在降低产品成本方面受到很大限制，成本会计工作往往仅限于事后核算，起不到提前进行成本预算的作用。因此，为了在提高产品质量的同时不断降低产品制造成本，提高企业的经济效益，在成本会计工作的组织上应贯彻成本与技术相结合的原则，以发挥成本核算的作用。

（二）成本会计工作必须与经济责任制相结合

为了降低成本，实行成本管理上的经济责任制是一条重要途径。由于成本会计工作是一项综合性工作，涉及面广泛，因此，企业若要更有效地降低成本，应摆脱只注重成本会计事后核算的弊端，充分发挥成本会计的优势，将其与成本管理的经济责任制有机结合起来，实现“责、权、利”的统一，把成本目标落实到内部单位和职工个人，充分调动职工的积极性，可以收到更好的成本管理效果。

（三）成本会计工作必须建立在广泛的职工基础之上

不断挖掘企业潜力，努力降低产品成本，是成本会计的根本目标。但是各种耗费是在生产经营的各个环节发生，成本的高低取决于各部门、各车间、各班组以及职工的工作质量。所以，将成本管理建立在全体职工的基础上，实施成本管理全员参加，不能只靠几个专业人员，要充分调动广大职工在成本管理方面的积极性和创造性，最大限度地降低产品生产成本。

第七节 成本会计的发展前沿

随着社会的进步和经济的发展，企业的管理水平日益提高，成本会计正经历着从低级到高级的变化，会计电算化已经在大中型企业中普及，计算机几乎已经代替了人工记账。由于企业竞争的加剧，利润空间越来越薄，成本管理越来越受到重视，传统的成本计算方法正在受到挑战，完全成本法、倒推成本法、作业基础成本法等成本计算方法应运而生，特别是作业基础成本法正在成为被广泛应用的一种成本计算方法。

一、完全成本法

完全成本法在本章前述部分已经简单提及，它是指产品成本不仅包括直接费用和间接费用，而且要承担整个企业发生的管理费用的成本计算方法。这种成本计算方法与我国现行的制造成本法的最大区别就在于：在完全成本法下，产品成本要负担管理费用，而在制造成本法下，产品成本不负担管理费用。下面我们来分析一下完全成本法产生的背景。

由于计算机技术的发展，现在已经有很多企业在生产产品、推销产品或提供劳务等领域利用计算机辅助工作。在这种情况下，劳动生产率逐年提高，相反，企业的人工成本在逐年降低（尽管单位劳动力成本在逐年提高），这就对传统的成本会计产生冲击，再加上会计核算软件在成本核算中被广泛应用，成本会计人员必将改变工作重点，企业要求财务人员对生产流程的熟悉程度以及成本分析和成本控制水平日益提高。

从另一个角度考察，随着科技的进步，高科技企业的竞争核心日趋集中到产品的创新和产品的科技含量提高上，产品的研发成本也在逐年提高，相反，产品的制造成本在企业费用中的比例逐年下降，制造成本法越来越不能反映高科技企业产品成本的真实面目，采用完全成本法的呼声一浪高过一浪。制定现行会计制度时已经开始考虑这一因素对成本计算的影响，将无形资产的摊销由原来的“全部摊销到管理费用”，改为现在的“谁受益，谁负担”。也就是说，生产车间使用的无形资产摊销时，原来的会计制度规定全部计入管理费用，而现行会计制度则规定计入制造费用。但是应该注意，现在我国财务制度还是规定企业使用制造成本法。

二、倒推成本法

倒推成本法，亦称逆算成本法、倒流成本法，它是一种当产品完工或销售时，倒过来计算在产品、产成品等生产成本的简单的成本计算方法。倒推成本法与传统的成本计算方法方向正好相反。传统的生产成本的记录、归集和分配，是随着材料与产品实体的转移而转移，即生产成本的会计记录与生产成本发生的实物流程是同步的。

这种成本计算方法，适用于适时生产制度的企业，其最大优点是：核算非常简单，不需要有复杂的中间记录和核算。下面介绍一下倒推成本法产生的背景。

适时制生产制度产生于美国，盛行于日本。我国对适时制生产制度研究起步比较晚，我们应该大胆吸收、改进和完善。这种生产制度要求企业的存货管理和生产方法不断创新，其目标是仅在产品投产时取得材料，仅在商品销售时提供商品，将企业的存货维持在最低数量，基本实现“零库存”。这种生产制度会迫使供应商保证提供的材料100％合格，同时迫使生产企业生产的产品也100％合格，大幅度提高产品质量；大大降低了存货的库存量，降低了存货管理成本和管理风险，加快了流动资金的周转速度，提高了资金的利用效率；最大限度地减少了存货收发和价值评价等方面的会计处理工作，会计人员可以将更多的时间和精力放在成本管理方面，极大提高了成本管理的精准度和效率。正因为该种生产制度下的存货比较少，所以可以运用核算非常简单的成本计算方法，即倒推成本法。

另外，这种生产制度从客观上促进了物流业的蓬勃发展，使社会经济运行更趋合理，提高了社会资金的利用效率。

三、作业基础成本法

作业是指任何一个企业所进行的产品制造和提供产品或服务的连续的工作。作业基础成本法，是将所需要的作业成本分配到制造产品所需的一系列活动之中，然后把各系列活动的成本加总来计算产品成本的一种成本计算方法。这种成本计算方法比传统的成本计算方法更详细也更具体，目前它在竞争激烈和直接人工成本较低的行业中应用较多，如物流业广泛运用作业基础成本法计算相关服务的成本。

作业基础成本法与制造成本法的最大区别是分配费用的标准不同，前者分配费用的标准是作业次数，而后者分配费用的标准是工时。

知识体系总结

成本会计绪论

- 企业竞争力
  - 产品科技含量
  - 产品品质质量
  - 产品销售价格：依据产品制造成本确定
  - 产品使用成本：客户的使用及维护成本
- 理论成本
  - 物化劳动转移价值（c）：折旧费等+材料费
  - 活劳动价值（v）：工薪费用
- 制造成本（我国现行）
  - 直接费用：直接材料费+直接人工费
  - 制造费用：分配计入成本
- 完全成本
  - 直接费用：直接材料费+直接人工费
  - 制造费用：车间内分配计入成本
  - 管理费用：全厂分配计入成本
- 成本的作用
  - 1. 成本是补偿生产耗费的尺度
  - 2. 成本是评价企业管理水平的综合指标
  - 3. 成本是制定商品价格的重要依据
  - 4. 成本是企业进行经营决策的重要依据
- 支出
  - 收益性支出
    - 销售性支出：销售费用 } 期间费用
    - 管理性支出：管理费用 } 期间费用
    - 筹资性支出：财务费用 } 期间费用
    - 生产性支出
      - 直接材料费、直接人工费、制造费用 } 生产费用 } 产品成本
  - 资本性支出：固定资产等→折旧
    - 生产费用 } 产品成本
    - 期间费用
  - 营业外支出：不表现或转化为费用
  - 所得税支出：表现为费用
  - 利润分配性支出：不表现为费用
- 成本会计的职能
  - 1. 成本预测　2. 成本决策
  - 3. 成本计划　4. 成本控制
  - 5. 成本核算（主要职能）　6. 成本分析
  - 7. 成本考核
- 成本会计的任务
  - 1. 正确计算产品成本，及时提供成本信息
  - 2. 加强成本预测、决策，确立目标成本
  - 3. 编制成本计划（预算），实施成本控制
  - 4. 定期开展成本分析与考核，为企业决策提供依据，不断提高企业的成本管理水平
- 成本会计发展前沿
  - 1. 完全成本法
  - 2. 倒推成本法
  - 3. 作业基础成本法

课后综合实训

一、单项选择题

1. 成本会计是从（　　）中分离出来的一个分支。

A. 财务会计　　B. 管理会计　　C. 预算会计　　D. 农业会计

2. 商品的（　　）是由市场决定的，企业很难左右。

A. 个别制造成本　　B. 社会平均价格　　C. 个别价格　　D. 性能

3. 大多数消费者关心的主要是商品的（　　）。

A. 品牌　　B. 价格　　C. 性价比　　D. 性能

4. 在产品计算过程中，间接费用是指（　　）。

A. 管理费用　　B. 制造费用　　C. 财务费用　　D. 直接材料

5. 下列选项是劳动对象的是（　　）。

A. 机器设备　　B. 车间厂房　　C. 原材料　　D. 小工具

6. 下列名词中，其范围最小的是（　　）。

A. 支出　　B. 费用　　C. 成本　　D. 不能确定

7. 下列不形成费用的支出是（　　）。

A. 购买材料的支出　　B. 支付水电费

C. 职工薪酬支出　　D. 发放现金股利支出

8. 下列不形成成本的费用是（　　）。

A. 生产产品领用的材料　　B. 车间一般耗用领用的材料

C. 厂部电话费　　D. 车间水电费

9. 成本会计的核心职能是（　　）。

A. 成本预测　　B. 成本决策　　C. 成本核算　　D. 成本分析

10. 下列成本会计职能中，属于事中管理的是（　　）。

A. 成本预测　　B. 成本决策　　C. 成本控制　　D. 成本考核

11. 更能正确反映高科技产品生产成本的成本计算方法是（　　）。

A. 制造成本法　　B. 倒推成本法　　C. 作业基础成本法　　D. 完全成本法

12. 我国现行会计制度规定，企业进行成本计算必须采用（　　）。

A. 制造成本法　　B. 定额成本法　　C. 标准成本法　　D. 完全成本法

二、多项选择题

1. 下列各项中，属于物化劳动消耗的是（　　）。

A. 工薪费用　　B. 材料费用　　C. 计提折旧　　D. 无形资产摊销

2. 下列各项中，属于直接费用的是（　　）。

A. 直接材料　　B. 直接人工　　C. 制造费用　　D. 管理费用

3. 下列各项中，属于生产费用项目的是（　　）。

A. 直接材料　　B. 直接人工　　C. 制造费用　　D. 管理费用

4. 下列各项中，属于实际成本内容，但不属于理论成本内容的是（　　）。

A. 直接材料　　B. 停工损失　　C. 废品损失　　D. 管理费用

5. 在制造成本法下，下列各项计入产品成本的是（　　）。

A. 直接材料　　B. 制造费用　　C. 财务费用　　D. 管理费用

6. 不形成费用的支出有（　　）。

A. 购买材料支出　　B. 社会公益捐助支出

C. 购买设备支出　　D. 股东现金股利支出

7. 下列成本会计职能中，属于事后管理的是（　　）。

A. 成本预测　　B. 成本决策　　C. 成本核算　　D. 成本考核

8. 我国企业可以采用的成本会计机构组织分工方式可以是（　　）。

A. 集中核算方式　　B. 分散核算方式　　C. 凭证核算方式　　D. 账簿核算方式

三、判断题

1. 任何一个会计主体，只要发生经济行为，就要发生耗费，在会计上就要核算其成本。（　　）

2. 在制造成本法下，产品生产成本包括管理费用。（　　）

3. 资本性支出与收益性支出的区别是收益性支出直接抵减当期收益，而资本性支出是在一定会计期间内分期抵减各期的收益。（　　）

4. 在成本会计职能中，成本计划是核心职能，因为没有成本计划，成本分析也没有比较基础，成本考核也就失去依据。（　　）

5. 成本会计任务取决于成本会计人员的素质和能力，成本会计人员的能力很强，成本会计就可以实现企业经营管理的各方面要求。（　　）

6. 成本会计的职能不是一成不变的。（　　）

7. 企业要想提高产品的市场竞争力，必须在保证产品质量的基础上降低制造成本，从而降低销售价格。（　　）

8. 产品完全成本＝直接材料费＋直接人工费＋制造费用＋管理费用。（　　）

9. 理论成本与核算成本的口径是完全一致的。（　　）

10. 成本是制定商品价格的重要依据。（　　）

11. 我国现行会计制度规定，企业的产品成本计算必须使用制造成本法。（　　）

12. 所得税费用不构成企业的费用。（　　）

13. 费用是成本计算的基础，成本是对象化了的费用。（　　）

14. 在同一企业中，每月发生的生产费用一般和产品成本相等。（　　）

15. 成本会计工作必须建立在广泛的职工基础之上。（　　）

四、简答题

1. 简述费用和成本的联系与区别。

2. 调查研究德国汽车、日本汽车、美国汽车、中国汽车各自的优缺点，在成本方面哪国的汽车更具有竞争优势？

产品成本核算要求与一般程序

学习目标

正确理解成本会计的核算原则和产品成本核算要求，牢牢记住成本核算应该正确划分各种费用的五个界限；理解生产费用的含义，记住生产费用的主要分类。

学习重点：成本核算应该正确划分的五个界限；生产费用的主要分类。

学习难点：成本会计的核算原则；产品成本的核算要求。

第一节　成本会计的核算原则

为了保证成本信息的质量，充分发挥成本核算的作用，企业在成本核算过程中应遵循下列原则。

一、实际成本原则

产品成本发生时、产品完工时和销售产品结转销售成本时均应该按照实际成本计价，不得进行虚构或估计。具体确认和计算的方法按国家有关规定执行。

二、成本分期原则

成本分期是指成本核算应与整个会计分期保持一致，分别核算各期的产品成本。

三、一贯性原则

一贯性原则是指成本核算所采用的方法前后各期应该保持一致，不得随意变更。

四、合法性原则

合法性原则是指计入产品成本和费用的列支范围必须符合国家的法令、法规和制度的规定。

五、重要性原则

重要性原则是指在成本核算时，对主要产品以及成本有重大影响的费用，应该重点核算，力求精确。而对于成本影响不大的费用，可以简化核算，提高核算效率。

第二节　产品成本核算要求

成本核算就是对企业生产经营过程中实际发生的产品成本和期间费用进行计算，并进行相应的账务处理的过程。成本核算不仅是成本会计的基本任务，也是企业经营管理的重要组成部分。为了充分发挥成本核算的重要作用，在成本核算工作中，企业应始终贯彻落实成本核算的基本要求。

一、算管结合，算为管用

所谓“算管结合，算为管用”，就是应该加强成本核算与企业经营管理的结合。单纯的成本核算只是成本会计的一个方面，成本核算提供的成本信息应该满足企业经营管理和决策的需要。因此，成本核算不仅要对各项费用支出进行事后的核算，提供事后的成本信息，而且必须以国家有关的法律、法规、制度和与企业成本计划对应的消耗定额为依据，加强对各项费用支出事前、事中的审核和控制，并及时进行信息反馈。也就是说，对于合法、合理、有利于发展生产和提高经济效益的开支，要积极予以支持，否则，就要坚决加以抵制；对于已经无法制止的沉没成本，要追究有关人员的责任，并采取积极措施，防止以后不再发生类似事件；对于各项费用的发生情况以及费用脱离定额（或计划）的差异，要进行日常的计算和分析，及时进行反馈；对于定额或计划不符合实际的情况，要按规定程序和方法及时进行修订（一般一个会计年度修订一次）。

同时，在成本计算过程中，既要防止片面追求简化，以致不能为管理提供所需的信息；也要防止为算而算，搞烦琐哲学，脱离管理实际需要。成本核算应分清主次，区别对待；主要从细，次要从简；简而有理，细而有用。

另外，为了满足企业生产经营管理和决策的需要，成本核算不仅要按照国家有关法规、制度计算产品成本和各项期间费用，还应借鉴西方的一些成本概念和成本计算方法，为不同的管理目的提供不同的管理成本信息，如变动成本信息与固定成本信息、可控成本信息与不可控成本信息、作业成本信息等。

二、正确划分各种费用界限

我们在第一章第四节已经研究过各种费用的界限，只是相对比较粗略而已。在这里，我们进一步深化各种费用的界限，考虑了会计期间和生产费用种类两种因素。学习时可将两节的内容结合理解。

（一）正确划分各种支出的界限

企业的生产经营活动是多方面的，发生的支出也是多种多样的。除了与正常生产经营活动有关的支出外，还有资本性支出、营业外支出、利润分配支出等。所以，企业的支出并不一定都形成费用。在企业的各种支出中，只有与正常生产经营活动相关的支出，才能作为生产经营费用，计入产品成本或期间费用。

例如，企业购置和建造固定资产、无形资产和其他资产的支出，以及对外投资的支出等，都属于资本性支出，应计入有关资产的价值；企业发生的医疗卫生支出、集体福利支出等，应从企业计提的职工福利费中列支；企业因各种原因支付的滞纳金、罚款、违约金、赔偿金、各种捐款、赞助等，以及被没收的财物等，都与企业正常生产经营活动没有直接关系，不应该列入产品成本和期间费用，而应该列入营业外支出。

（二）正确划分产品生产成本和期间费用的界限

企业发生的各种收益性支出即生产经营费用，并不一定完全计入产品成本。只有为生产产品所发生的各种直接材料费用、直接人工费用以及间接生产费用等，才能计入产品成本；而为销售产品所发生的产品销售费用、为组织和管理企业生产经营活动所发生的管理费用、为筹集资金所发生的财务费用，虽然都是生产经营过程中发生的，但是与产品生产无直接关系，因而作为期间费用直接计入当期损益。企业不得随意混淆生产成本和期间费用的界限，以防止人为调节成本，从而人为调节利润。

（三）正确划分各个期间的费用界限

对于可以计入成本费用的支出，应当根据权责发生制原则，正确划分应由各个期间产品负担的费用界限。按权责发生制的要求，凡是本期已经发生的成本费用，不论其款项是否已经支付，都应当作为本期成本费用入账；凡是不属于本期的成本费用，即使款项已经在本期支出，也不应当作为本期成本费用入账。正确划分各期成本费用的界限，才能正确计算各期（月）产品成本和期间费用、正确计算各期（月）营业损益。

（四）正确划分各种产品的费用界限

企业在同一期间生产的产品往往不止一种，为了正确计算各种产品的成本，计入本期产品成本的各项费用，还必须在各种产品之间进行划分。凡是能分清由某种产品负担的直接费用，应直接计入这种产品的成本；凡是不能分清由哪种产品负担的直接费用，即有几种产品共同负担的费用，应当按照“谁受益，谁负担”的原则，采用合理的分配标准，在这些产品之间进行分配之后，再计入对应产品的成本。

（五）正确划分完工产品和在产品的费用界限

企业本期的生产费用，在各种产品之间进行分配后，各种产品本期应负担的费用就确定了。而企业一定时期投产的产品不一定全部完工，往往存在着一定数量的在产品，这就需要采用适当的方法，将生产费用在完工产品和期末在产品之间进行分配。为了正确计算出本期完工产品的实际总成本和单位成本，必须正确划分本期完工产品和期末在产品的成本费用界限。企业期末计算产品成本时，应当注意核实期末在产品的数量和完工程度，采用合理的分配方法，将已经计入该种产品成本的生产费用在本期完工产品和期末在产品之间进行分配，正确计算出本期完工产品的实际总成本和单位成本。企业不得以计划成本、估计成本或者定额成本等代替实际成本，不得任意压低或提高完工产品成本或期末在产品成本。为了保证准确地将生产费用分配给完工产品和期末在产品，产品成本的分配方法一经确定，不得随意改变。

三、加强成本核算的基础工作

为保证成本会计工作的顺利进行，提高成本核算的质量，就必须做好各项基础工作。成本会计的基础工作包括以下几方面。

（一）建立健全原始记录制度

原始记录是反映企业生产经营活动的原始资料，是企业进行成本预测、编制成本计划、进行成本核算、分析消耗定额和成本计划执行情况的重要依据。企业必须建立健全原始记录制度，及时提供真实可靠、内容完整的原始记录。企业各种原始记录的取得、登记、传递和保管等方面的工作程序和责任都要在原始记录制度中予以明确，保证有章可循。企业原始记录制度主要包括以下几类：反映材料等物资变动的原始记录，如领料单、退料单、材料盘点盘亏报告表等；反映生产经营活动及其成本的原始记录，如生产通知单、产品入库单、废品通知单等；反映劳动耗费的原始记录，如考勤记录、加班加点记录、工资结算单等。

（二）建立健全定额管理制度

产品的各项消耗定额，是结合企业当前的生产条件和技术水平，以及企业生产经营中的各项实际耗费情况所规定的数量或金额标准。各项定额是企业编制成本计划、实施成本控制和进行成本分析的重要依据，是企业开展经济核算、加强成本管理的基础。企业从总部到生产单位以及生产班组都应建立和健全定额管理制度。在定额管理制度中，应当明确企业定额的内容或种类，制定和修订定额的程序，以及定额完成情况的检查、考核和分析方法等。企业定额按其反映的内容，主要包括原材料消耗定额、燃料及动力消耗定额、工具模具消耗定额、工时消耗定额和各项费用（如制造费用和期间费用）定额等。企业制定的定额应当切实可行，既不能过高，也不能过低。另外，企业的定额要随着企业生产条件、技术水平和管理要求的变化及时修订。

（三）建立健全计量验收制度

计量验收制度是对各项财产物资的收、发、领、退如何进行正确的数量计算的制度，它是正确计算成本费用的前提。为了准确进行成本核算，加强成本管理，就要对材料物资等的收、发、领、退和结存情况进行计算，建立健全各种财产物资的计量验收制度，明确计量器具标准，确定质量验收的程序和机构，以及各项财产物资的收、发、领、退的程序和手续要求等。为此，企业应当根据实际情况，配备各种必要的度、量、衡具和有关的仪器、仪表等计量工具，并定期进行检修、校正；企业应当设立监测机构，指定专人负责计量验收工作。另外，企业还要做好财产清查工作。企业应当定期或不定期地进行财产清查，及时处理财产物资的盘盈、盘亏、毁损、报废，做到账实相符，确保成本费用计算的真实性和正确性。

（四）建立健全内部结算价格制度

内部结算价格是指企业内部各单位之间相互提供原材料、自制零部件、半成品和劳务（如修理、供气、运输等）时，相互之间进行结算所采用的价格。建立和健全内部结算价格制度，以合理的内部结算价格作为企业内部结算和考核的依据，不仅可以简化成本核算工作，而且有助于分清内部各单位之间的经济责任，便于考核和分析企业内部各单位成本预算或成本计划的执行情况。

上述四个方面既是成本核算的基础工作，也是企业成本会计以及财务管理过程中必须加强的工作。在四项基础工作中，建立健全原始记录、定额管理和计量验收制度是最基本的三项工作。如果没有这三个方面的基础工作，成本会计和其他管理工作就无法进行。

四、完善成本责任制度

为了调动各方面的积极性，提高成本核算的质量，考核各项责任单位的成本水平，企业必须完善成本责任制度，以进一步降低产品成本，提高企业经济效益。

（一）建立健全责任成本制度

责任成本是指以各责任单位主体作为成本计算对象所计算的成本。产品成本往往不能反映每一责任主体的工作业绩，无法将责任单位成本的高低直接与其应承担的责任和经济效益相联系。因此，在满足产品成本核算需要的前提下，还应创造条件，计算出每个责任单位的责任成本，便于成本考核与分析。

（二）建立健全内部成本管理体系

内部成本管理体系是一个非常复杂的系统，它涉及企业的所有部门和全体职工。它的设立是否完善，运行是否合理，直接关系到责任成本制度的实施与运行。因此，应当建立一个设计合理、高速有效的内部成本管理体系，只有这样才能保证成本制度的顺利实施。

（三）建立健全成本考核制度

企业在计算产品成本的同时，要对每一产品成本的升降情况以及各责任单位的成本情况进行必要的考核与分析。要对成本进行考核，就要做好诸如成本指标、各项定额、消耗数量的制定等方面的基础工作，建立一整套成本考核资料的收集、整理、对比、计算等方法和程序，使成本考核形成制度，促使成本指标不断降低。

（四）建立健全成本责任奖惩制度

建立健全成本责任奖惩制度，就是将成本工作的好坏直接与各责任单位及职工个人的经济利益挂钩，以鼓励先进，鞭策后进，充分调动各部门及人员不断降低产品成本的积极性，促进企业经济效益的不断提高。

五、正确确定财产物资的计价和价值结转方法

企业的生产经营过程，同时是各种物化劳动和活劳动的耗费过程，在劳动耗费中的生产资料消耗的价值，要转移到产品成本和期间费用中去。因此，这些财产物资的计价和价值结转方法，也会影响产品成本和期间费用水平。如流动资产中，材料成本的组成内容、材料按实际成本进行核算时发出材料单位成本的计价方法、材料按计划成本进行核算时材料成本差异率的计算；固定资产中，固定资产原值的计价方法、折旧方法、折旧率的种类及高低、折旧期限长短等；与固定资产和流动资产共同相关的，固定资产与周转材料的划分标准、周转材料的摊销方法和摊销期限等。为了正确计算产品成本和期间费用，对于各种财产物资的计价和价值的结转，都应当采用既合理又简便的方法。国家有统一规定的，应采用国家统一规定的方法。这些方法一经确定，不得随意变更，要保持相对稳定，以保证成本信息的可比性。

六、选择适当的成本计算方法

产品成本是在生产过程中形成的。产品生产工艺特点、生产组织和管理要求的不同，使得确定的产品成本计算对象不同，进而对产品成本计算方法的选择产生极其重要的影响。成本计算方法选择是否适当，将直接影响产品成本计算结果的准确性。因此，企业在进行成本计算时，应根据企业生产的具体情况，选择适合于本企业特点和要求的成本计算方法。在同一企业里，可以采用一种成本计算方法，也可以采用多种成本计算方法，即多种成本计算方法同时使用或多种成本计算方法结合使用。成本计算方法一经确定，一般不得随意变更。

第三节　生产费用的分类

工业企业生产经营过程中的耗费是多种多样的，为了科学地进行成本管理，正确计算产品成本，需要对种类繁多的费用进行合理分类。生产费用可以按不同的标准分类，其中

最基本的是按生产费用的经济内容分类和按生产费用的经济用途分类。

一、生产费用按经济内容分类

生产费用的经济内容，是指构成生产费用的费用项目本身的性质。生产费用按经济内容分类，也就是生产费用按费用性质分类。生产经营过程中的生产费用的耗费，不外乎是劳动对象、劳动手段和活劳动三个方面的耗费。这种按费用的经济内容（或性质）不同所做的分类，在会计上称为费用要素。按照费用要素对生产费用进行的分类，称为要素费用。应该注意：费用要素是对生产费用进行分类的“目录”，要素费用是依据费用要素对生产费用分类的“结果”。要素费用一般有以下几种。

（一）外购材料

外购材料是指企业为进行生产经营活动而耗用的一切从外单位购进的原料及主要材料、半成品、辅助材料、修理用备件和周转材料等。

（二）外购燃料

外购燃料是指企业为进行生产经营活动而耗用的一切从外单位购进的各种固体、液体和气体燃料。

（三）外购动力

外购动力是指企业为进行生产经营活动而耗用的一切从外单位购进的电力、高压蒸汽等各种动力。

（四）职工薪酬

职工薪酬是企业为进行生产经营活动而发生的各种薪酬，包括工资、福利费以及按照工资比例计提的工会经费、教育经费、五险一金等。

（五）折旧费

折旧费是指企业按照规定的固定资产折旧方法计算提取的折旧费用。

（六）利息费用

利息费用是指企业因筹集资金而发生的计入期间费用的利息支出减去利息收入后的净额。

（七）税金

税金是指计入企业管理费用的各种税费，如房产税、车船使用税、土地使用税、印花税等。

（八）其他支出

其他支出是指不属于以上各要素但应计入产品成本或期间费用的费用支出，如差旅费、租赁费、邮电费、保险费等。

生产费用按经济内容分类形成的费用要素，说明了企业在生产经营过程中消耗了哪些性质的费用、消耗了多少，便于了解生产费用的构成，有利于加强生产费用的核算和管理。但这种分类不能反映生产费用的用途和发生地点，不能确定费用支出和各种产品之间的关系，不便于分析产品成本升降的原因以及费用支出是否合理。

二、生产费用按经济用途分类

生产费用的经济用途，是指生产费用在生产产品过程中的实际用途。成本是对象化的费用。计入产品成本的生产费用，由于在生产过程中的用途不同，有的直接用于产品生产，有的间接用于产品生产。因此，为了具体反映计入产品成本的生产费用的各种用途，提供产品成本构成情况的资料，还应将生产费用按照经济用途来分类。生产费用按经济用途分类的结果，简称产品成本项目或成本项目。工业企业成本项目一般分为以下几种。

（一）直接材料

直接材料是指直接用于产品生产，并构成产品实体或有助于产品形成的原料及主要材料、半成品、辅助材料等。

（二）直接人工

直接人工是指直接从事产品生产职工的工资、福利费、工会经费、教育经费、五险一金等各项薪酬。

（三）燃料及动力

燃料及动力是指直接用于产品生产的各种燃料和动力费用。

（四）制造费用

制造费用是指间接用于产品生产的各项费用，以及虽然直接用于产品生产，但不便于直接计入产品成本，因而没有专设成本项目的费用。制造费用是企业为组织和管理车间产品生产而发生的，包括企业内部各生产单位的管理人员工资及福利费、固定资产折旧费、修理费、租赁费（不包括融资租赁费）、机物料消耗、取暖费、水电费、办公费、运输费、保险费、设计制图费、实验检验费、劳动保护费、季节性或修理期间的停工损失以及其他制造费用。

当然，按照经济用途对生产费用做划分的成本项目并不是固定不变的，企业可以根据自身的生产特点和管理要求对上述成本项目进行适当调整。对于管理上需要单独反映、控制和考核的费用，以及在产品成本中所占比重较大的费用，应专设成本项目予以核算；否则，为了简化核算，不必专设成本项目。例如，废品损失在产品成本中所占比重较大，在管理上需要对其进行重点控制和考核，就应单独设置“废品损失”成本项目对其进行核算。又如，如果工艺上所耗用的燃料和动力不多，为了简化核算，可以将其中的燃料费用并入“直接材料”成本项目，将其中的动力费用并入“制造费用”成本项目。

三、生产费用的其他分类

生产费用除了按照经济内容和经济用途进行分类以外，还可以采用其他的标准，根据特殊的用途进行分类。

（一）按与生产工艺的关系分类

按与生产工艺的关系，企业计入产品成本的各项生产费用可以分为直接生产费用和间接生产费用。直接生产费用是指产品生产工艺过程本身引起的、直接用于产品生产的各项费用，如原材料费用、生产工人的工资及福利等。间接生产费用是指与产品生产工艺过程没有直接的联系，间接用于产品生产的各项费用，如物料消耗、辅助生产工人工资及福利费、车间厂房折旧费等。

（二）按计入产品成本的方法分类

按计入产品成本的方法划分，生产费用可以分为直接计入费用和间接分配计入费用。直接计入费用是指可以分清属于哪一种产品耗用，能够直接计入某种产品成本的费用。间接分配计入费用是指不能分清由哪种产品耗用，不能直接计入某种产品成本，而需要采用一定的分配标准分配计入各有关产品成本的费用。

注意：直接费用不一定是直接计入费用，间接费用也不见得一定要分配后计入。当生产几种产品共用一种直接材料时，要分配后计入；当辅助生产车间只生产一种产品或只提供一种劳务时，计提的折旧费等间接费用也可以直接计入生产成本。所以，可以得到下列结论：

直接费用≠直接计入费用

间接费用≠间接分配计入费用

此外，费用还有其他的分类，如按费用与产品产量的关系可分为变动费用（变动成本）和固定费用（固定成本）。

第四节　成本核算的账户设置与一般程序

成本核算的一般程序，就是将生产经营过程中发生的各项费用按经济用途归类反映，对生产费用和期间费用进行分类核算的过程。为了准确计算出各成本对象的成本和期间费用，有必要建立一个完整的账户体系。

一、成本核算的账户设置

（一）产品成本（生产费用）核算的账户设置

为了核算和监督企业生产过程中发生的各项费用，正确计算产品成本和劳务成本，企业必须设置成本类账户，组织生产费用的总分类核算和明细分类核算，计算产品和劳务的实际总成本和单位成本。

不同行业的企业，可以根据本行业生产特点和成本管理的要求，确定成本类账户的名称和核算内容。工业企业一般设置“生产成本”和“制造费用”等成本费用类账户，施工企业一般设置“工程施工”等成本类账户，交通运输企业一般设置“劳务成本”等成本类账户。下面，主要介绍工业企业“生产成本”和“制造费用”两个账户。

1.“生产成本”账户

“生产成本”账户用来核算企业进行工业性生产，包括生产各种产品（包括产成品、自制半成品和提供劳务）、自制材料、自制工具、自制设备等所发生的各项生产费用，计算产品和劳务的实际成本。

工业企业的生产根据各生产单位任务的不同，可以分为基本生产和辅助生产。基本生产是指为完成企业主要生产任务而进行的产品生产或劳务供应。辅助生产是指为企业基本生产单位或其他部门服务而进行的产品生产或劳务供应，如企业内部的供水、供电、供气、自制材料、自制工具和运输、修理等经济活动。企业辅助生产单位提供的产品和劳务，虽然有时也对外销售一部分，但主要是服务于企业基本生产单位和管理部门。

由于企业生产分为基本生产和辅助生产，根据企业生产费用核算和产品成本计算的需要，一般可以在“生产成本”这一总分类账户下，分设“基本生产成本”和“辅助生产成本”两个二级账户；也可以将“生产成本”账户分设为“基本生产成本”和“辅助生产成本”两个总分类账户；业务量较小的企业，还可以将“生产成本”和“制造费用”两个总分类账户合并为“生产费用”一个总分类账户。本书按照一般工业企业的情况，设置“生产成本”和“制造费用”两个成本费用类总分类账户，在“生产成本”总分类账户下，设置“基本生产成本”和“辅助生产成本”两个二级账户。

“生产成本——基本生产成本”账户的借方，登记企业从事基本生产活动的生产单位（车间、分厂）为生产产品或提供劳务所发生的直接材料费用、直接人工费用、其他直接费用和转入的基本生产单位分配结转的制造费用；该账户的贷方，登记结转的基本生产完工入库产品成本和已完成结转的劳务成本；该账户的期末余额在借方，表示基本生产单位期末尚未完工的在产品成本。该账户的格式见表 2-1。

表 2-1　　基本生产成本明细账

产品名称：　　　　　　　年　　月　　日　　　　　月末在产品数量：　　件

本月投产数量：　　件　　　本月完工产品数量：　　件　　　　　金额单位：元

年		凭证号数	摘要	成本项目			合计
月	日			直接材料	直接人工	制造费用	

“生产成本——辅助生产成本”账户的借方，登记企业从事辅助生产活动的生产单位（车间、分厂）所发生的各项直接费用和从“制造费用”账户转入的辅助生产单位发生的

制造费用；该账户的贷方，登记结转的辅助生产单位完工入库产品（如自制材料、工具等）成本和分配给各受益对象的已完成劳务（如修理服务）成本；该账户的期末余额在借方，表示辅助生产单位期末尚未完工的在产品（如自制材料、工具等）成本，提供劳务的辅助生产车间期末一般无余额。该账户的格式见表2－2。

表2－2　　辅助生产成本明细账

产品名称：　　年　月　日　　月末在产品数量：　件

本月投产数量：　件　　本月完工产品数量：　件　　金额单位：元

年		凭证号数	摘要	成本项目			合计
月	日			直接材料	直接人工	制造费用	

为了正确计算各种产品和劳务的实际总成本，在按照企业生产单位设置的生产成本二级账户下，还应按照各个生产单位的成本核算对象，设置产品（劳务）生产成本明细账。按成本核算对象设置的产品（劳务）生产成本明细账，用来归集成本核算对象所发生的全部生产费用，并计算出该对象的完工产品（劳务）实际总成本和期末在产品（劳务）成本。因此，产品（劳务）生产成本明细账也称产品（劳务）实际总成本和期末在产品（劳务）成本明细账。因此，产品成本二级账和辅助生产成本二级账，以及按成本计算对象设置的生产成本明细账，都应当按成本项目设专栏组织生产费用的核算和产品成本的计算。期末，“生产成本”总分类账户应与所属的生产成本二级账户核对；生产成本二级账户应与所属的生产成本明细账（产品成本计算单）核对。不设生产成本二级账户的企业，“生产成本”总分类账户直接与所属的产品生产成本明细账（产品成本计算单）核对。

2.“制造费用”账户

“制造费用”账户用来核算企业各生产单位（分厂、车间）为生产产品和提供劳务所发生的各项间接费用。该账户的借方，登记企业各生产单位为生产产品和提供劳务而发生的各项间接费用；该账户的贷方，登记期末分配结转（转入“生产成本”等账户）的制造费用；除季节性生产企业或按计划成本核算制造费用的企业外，期末结转以后该账户应无余额。

“制造费用”账户应当按照企业生产单位设置明细账，并按费用项目设专栏组织明细核算，其格式见表2－3。同时应该设置制造费用分配表，其格式见表2－4。

表2－3　　制造费用明细账

车间名称：　　年　月　　单位：元

年		凭证号数	摘要	费用项目						
月	日			材料费用	人工费用	动力费用	折旧费用	修理费用	其他费用	合计

表 2-4　**制造费用分配表**

车间：　　　　年　月　　　　单位：元

受益产品	分配标准	分配率	分配金额
合计			

会计主管：　　　　会计：　　　　制表：

（二）“长期待摊费用”账户的设置

为了正确划分各期费用的界限，企业应当设置“长期待摊费用”账户。长期待摊费用是指企业已经发生（支出），摊销期限在 1 年以上（不含 1 年）的各项待摊费用，包括摊销期限在 1 年以上的租入固定资产的改良支出及其他摊销期在 1 年以上的费用。

长期待摊费用的发生和摊销是通过“长期待摊费用”账户核算的。该账户的借方登记企业发生（支出）的各项长期待摊费用，贷方登记分期摊销计入制造费用、管理费用、销售费用的数额；期末余额在借方，表示企业已经发生（支出）尚未摊销完毕的长期待摊费用数额。

应当合理估计长期待摊费用的摊销期限，如租入固定资产的改良支出应当在租赁期限与租赁资产尚可使用年限两者孰短的期限内平均摊销。

（三）期间费用核算的账户设置

为了正确核算计入当期损益的期间费用，企业应当设置“销售费用”“管理费用”“财务费用”账户。

1.“销售费用”账户

销售费用是指企业在销售商品和材料、提供劳务的过程中发生的各种费用，包括保险费、包装费、展览费和广告费、商品维修费、预计产品质量保证损失、运输费、装卸费以及为销售本企业商品而专设的销售机构（含销售网点、售后服务网点等）的职工薪酬、业务费、折旧费、固定资产修理费等经营费用。销售费用的发生和结转是通过“销售费用”账户核算的。该账户的借方登记企业本期发生的各项销售费用，贷方登记期末转入“本年利润”账户的销售费用数额，期末结转后该账户没有余额。

2.“管理费用”账户

管理费用是指企业为组织和管理企业生产经营活动所发生的管理费用，包括企业在筹建期间发生的开办费、董事会和行政管理部门在企业的经营管理中发生或者应由企业统一负担的公司经费（包括行政管理部门职工薪酬、物料消耗、低值易耗品摊销、办公费和差旅费等）、工会经费、董事会费（包括董事会成员津贴、会议费和差旅费等）、聘请中介机构费、咨询费（含顾问费）、诉讼费、业务招待费、房产税、车船使用税、土地使用税、印花税、技术转让费、矿产资源补偿费、研究费用、排污费等。管理费用的发生和结转是通过“管理费用”账户核算的。该账户的借方登记企业本期发生的各项管理费用，贷方登记期末转入“本年利润”账户的管理费用数额，期末结转后该账户没有余额。

3. **“财务费用”账户**

财务费用是指企业为筹集生产经营所需资金等而发生的筹资费用，包括利息支出（减利息收入）、汇兑差额以及相关的手续费、企业发生的现金折扣或收到的现金折扣等。财务费用的发生和结转是通过“财务费用”账户核算的。该账户的借方登记企业本期发生的各项财务费用，贷方登记期末转入“本年利润”账户的财务费用数额，期末结转后该账户没有余额。

二、成本核算的一般程序

（一）确定成本计算对象

成本计算对象是生产费用的归集对象和生产耗费的承担者，是设置生产成本明细账归集费用、计算产品成本的前提。工业企业可以按产品品种、产品批别、产品生产步骤来设置成本计算对象。

（二）对企业发生的各项费用进行审核和控制

对企业生产经营过程中发生的各项费用支出，要根据有关的法规、制度和成本、费用的开支范围进行严格的审核和控制，确定各项费用是否应该开支，开支的费用是否应该计入产品成本和期间费用。然后将应该计入的费用，按产品成本项目和各种期间费用的费用项目，直接计入或者按照一定标准分配计入各有关产品成本和期间费用。

（三）生产费用的归集和分配

生产费用的归集和分配主要包含两个方面的内容：一是生产费用在各种产品之间按照成本项目进行归集和横向分配；二是各种产品成本在完工产品和在产品之间进行纵向分配。

将应计入产品成本的各项费用在各种产品之间按照成本项目进行归集和横向分配，是指按照权责发生制和会计分期原则，将应计入本期产品成本的各产品的直接费用直接计入各产品成本明细账的相应成本项目；对应计入本期产品成本，但又不能具体分清受益产品的间接费用，应先通过有关成本账户进行归集，然后选择适当的标准在各种产品之间进行分配，再计入各种产品成本明细账的相应成本项目。

将各种产品的成本在完工产品和期末在产品之间进行纵向分配，是指将计入各种产品的本期生产费用连同期初在产品成本，采用与企业生产特点相适用的成本计算方法，在本期完工产品和期末在产品之间进行分配，计算出本期完工产品的实际总成本和单位成本。

（四）结转本期完工产品的生产成本

期末，按照一定方法计算出本期完工产品的总成本后，应当将本期完工入库产品的总成本结转到“库存商品”等账户之中。

（五）结转期间费用

在成本核算过程中，对不应该计入产品成本的各项期间费用进行正确的归集，并在期末将期间费用结转到“本年利润”账户之中。

从产品或劳务成本计算的实操角度看，上述五个步骤中，第三步“生产费用的归集与分配”是成本核算的核心，也是我们现在学习的重中之重。生产费用的归集与分配可以概括为“三合三分”，“合”是指生产费用的归集，通过对应的明细账完成，“分”是指生产费用的分配，通过对应的分配表实现。在“合”与“分”两项实操技能中，“分”又是重点中的重点。下面将生产费用的归集与分配阐述如下：

（1）第一次归集与分配，在辅助生产车间设置并登记辅助生产费用明细账，归集本月辅助生产费用，再按一定分配标准和方法编制辅助生产费用分配表，在全厂各个受益部门之间进行分配。

（2）第二次归集与分配，依据成本项目（直接材料费用、直接人工费用、制造费用）分别编制或设置发出材料汇总表、工资费用汇总表、制造费用明细账等归集本月生产费用，再分别按一定标准和方法在同一车间不同产品之间分配本月生产费用。

（3）第三次归集与分配，是按产品分别设置并登记基本生产成本明细账，在账内按一定标准和方法在本月完工产品和月末在产品之间分配生产费用，最后计算出本月完工产品的总成本和单位成本。

上述三个步骤是成本核算实操的核心与精髓，切切牢记！详细内容将在第三章和第四章详细讲述。

知识体系总结

一、实操点睛

本章贴近实操的知识和技能主要有三点：第一，正确划分各种费用的界限；第二，费用按照经济用途、生产工艺及计入成本的方式的分类；第三，产品或劳务成本核算的一般程序。

二、知识框架

成本会计的核算原则	一、实际成本原则
	二、成本分期原则
	三、一贯性原则
	四、合法性原则
	五、重要性原则

产品成本核算要求	一、算管结合，算为管用			
	二、正确划分各种费用界限	1. 正确划分各种支出的界限		
		2. 正确划分产品生产成本和期间费用的界限		
		3. 正确划分各个期间的费用界限		
		4. 正确划分各种产品的费用界限		
		5. 正确划分完工产品和在产品的费用界限		
	三、加强成本核算的基础工作	1. 建立健全原始记录制度		
		2. 建立健全定额管理制度		
		3. 建立健全计量验收制度		
		4. 建立健全内部结算价格制度		
	四、完善成本责任制度	1. 建立健全责任成本制度		
		2. 建立健全内部成本管理体系		
		3. 建立健全成本考核制度		
		4. 建立健全成本责任奖惩制度		
	五、正确确定财产物资的计价和价值结转方法			
	六、选择适当的成本计算方法			
生产费用的分类	一、生产费用按经济内容分类	1. 外购材料	4. 职工薪酬	7. 税金
		2. 外购燃料	5. 折旧费	8. 其他支出
		3. 外购动力	6. 利息费用	
	二、生产费用按经济用途分类	1. 直接材料	3. 燃料及动力	
		2. 直接人工	4. 制造费用	
	三、按与生产工艺的关系分类	1. 直接生产费用		
		2. 间接生产费用		
	四、按计入产品成本的方法分类	1. 直接计入费用		
		2. 间接分配计入费用		
成本核算的账户设置	一、产品成本（生产费用）核算的账户设置	1. 生产成本	基本生产成本	
			辅助生产成本	
		2. 制造费用		
	二、“长期待摊费用”账户的设置			
	三、期间费用	管理费用、销售费用、财务费用		
成本核算的一般程序	一、确定成本计算对象			
	二、对企业发生的各项费用进行审核和控制			
	三、生产费用的归集和分配			
	四、结转本期完工产品的生产成本			
	五、结转期间费用			

课后综合实训

一、单项选择题

1. 下列作为产品核算成本的是（　　）。

A. 计划成本　　B. 估计成本　　C. 实际成本　　D. 标准成本

2. 生产费用按经济用途分类的结果，简称产品成本项目或成本项目。下列各项属于成本项目的是（　　）。

A. 折旧费　　B. 外购材料　　C. 职工薪酬　　D. 制造费用

3. “制造费用”账户的贷方登记（　　）。

A. 领用机物料金额　　B. 结转车间管理人员工资

C. 计提车间设备折旧费　　D. 结转制造费用

4. 制造费用的归集是通过（　　）进行的。

A. 制造费用分配表　　B. 制造费用明细账

C. 制造费用汇总表　　D. 原始凭证

5. 下列不记入“管理费用”账户的项目是（　　）。

A. 房产税　　B. 业务招待费　　C. 设备试车费用　　D. 诉讼费

6. 产品成本核算原则是提高产品成本核算质量的重要保证，产品成本核算有多条原则和要求，下列（　　）原则是其内容之一。

A. 实际成本核算　　B. 重要性　　C. 一致性　　D. 可靠性

7. 下列属于产品成本核算首要程序的是（　　）。

A. 确定成本计算期　　B. 生产费用的归集和分配

C. 确定成本项目　　D. 确定成本计算对象

8. 企业只有一个生产车间，并且只生产 A 产品，企业采用制造成本法计算产品成本，本月管理费用 5 000 元，生产费用 8 000 元，月初在产品成本 1 000 元，月末在产品成本 2 000 元，本月完工产品总成本是（　　）元。

A. 13 000　　B. 8 000　　C. 7 000　　D. 6 000

二、多项选择题

1. 下列属于期间费用的是（　　）。

A. 管理费用　　B. 制造费用　　C. 所得税费用　　D. 财务费用

2. 下列应该计入管理费用的项目有（　　）。

A. 业务招待费　　B. 董事会费　　C. 房产税　　D. 排污费

3. 下列应该计入财务费用的项目有（　　）。

A. 固定资产建造期间借款利息　　B. 固定资产筹建期间借款利息

C. 借款手续费　　D. 现金折扣

4. 外购材料包括（　　）。

A. 外购原料　　B. 外购半成品　　C. 外购备件　　D. 外购周转材料

5. 要素费用包括（　　）。

A. 直接材料　　B. 外购材料　　C. 职工薪酬　　D. 税金

6. 费用要素中的税金包括（　　）。

A. 房产税　　B. 车船使用税　　C. 增值税　　D. 所得税

7. 费用要素中的职工薪酬包括（　　）。

A. 工资　　B. 福利费　　C. 失业保险　　D. 住房公积金

8. 按与生产工艺的关系，企业计入产品成本的各项生产费用，可以分为（　　）。

A. 直接生产费用　　B. 直接计入费用

C. 间接分配计入费用　　D. 间接生产费用

9. 按计入产品成本的方法划分企业计入产品成本的各项生产费用，可以分为（　　）。

A. 直接计入费用　　B. 间接分配计入费用

C. 直接生产费用　　D. 间接生产费用

10. “生产成本”账户的借方登记（　　）。

A. 生产产品领用的材料　　B. 分配的生产工人工资

C. 分配的制造费用　　D. 完工入库产品

11. 一般工业企业在成本计算中设置的账户包括（　　）账户。

A. “原材料”　　B. “直接人工”　　C. “制造费用”　　D. “管理费用”

三、判断题

1. 成本分期是指成本核算应与整个会计分期保持一致，分别核算各期的产品成本。（　　）

2. 一贯性原则是指成本核算所采用的方法前后各期应该保持一致，不得变更。（　　）

3. 合法性原则是指计入产品成本费用的列支范围，必须符合国家的法令、法规和制度的规定。（　　）

4. 重要性原则是指在成本核算时，对主要产品以及成本有重大影响的费用应该重点核算，力求精确。（　　）

5. 核算成本时，对于对成本影响不大的费用，可以简化核算，以提高核算效率。（　　）

6. 对于合法、合理、有利于发展生产和提高经济效益的开支，要积极予以支持，否则就要坚决加以抵制。（　　）

7. 在同一企业里，可以采用一种成本计算方法，也可以采用多种成本计算方法，即多种成本计算方法同时使用或多种成本计算方法结合使用。（　　）

8. 生产经营过程中的生产费用的耗费，不外乎是劳动对象、劳动手段和活劳动三个方面的耗费。（　　）

9. 按照费用要素对生产费用进行的分类，称为要素费用。（　　）

10. 费用要素是对生产费用进行分类的“目录”，要素费用是依据费用要素对生产费用分类的“结果”。（　　）

11. 生产费用按经济用途分类的结果，简称产品成本项目或成本项目。（　　）

12. 直接生产费用都是直接计入产品成本的。（　　）

13. 间接生产费用不一定都是间接计入产品成本。（　　）

14. 按费用与产品质量的关系，可分为变动费用和固定费用。（　　）

15. 业务量较小的企业，可以将“生产成本”和“制造费用”两个总分类账户合并为“生产费用”一个总分类账户。（　　）

四、简答题

1. 简要说明产品成本的核算要求。

2. 简述成本核算应该划分的五个界限。

3. 简述生产费用归集和分配的三个步骤。

第三章 要素费用的归集与分配

学习目标

理解生产费用归集与分配等核算程序，知道相关部门的责任和分工；深刻理解并灵活运用共耗生产费用的分配方法，掌握料、工、费及辅助生产费用的列式计算，并能熟练编制相关分配表（列表计算）；能根据分配表编制会计分录。

学习重点：生产费用归集与分配的程序和方法，主要共耗费用的列式计算与列表计算，依据共耗费用分配表编制会计分录。

学习难点：生产费用归集与分配的程序，共耗费用分配的方法及列式计算与列表计算。

产品的生产成本，是以产品为对象归集的生产耗费，其包括的内容十分广泛，既有材料耗费、人工耗费、动力耗费，又有辅助生产部门提供的产品或劳务耗费，还包括企业生产部门为组织和管理产品生产而发生的耗费，以及产品生产过程中发生的停工损失和废品损失等。产品成本的构成要素基本涵盖了成本核算的主要内容，是进行产品成本计算的基础。在内容编排上，本章先介绍生产费用分配的通用方法，学生可举一反三，理解和掌握料、工、费等成本项目的分配。

第一节 共耗费用的分配方法

共耗的生产费用归集后，就应按照一定的方法进行分配。这里介绍的共耗生产费用分配，包括费用的三大分配：第一，辅助生产费用在各个受益单位之间的分配（横向分配）；第二，费用在同一车间不同产品之间的分配（横向分配）；第三，费用在同一产品的完工产品和月末在产品之间的分配（纵向分配）。本教材之所以将分配方法进行归纳提炼，总结出一整套费用分配方法，是为了简化成本计算中纷繁的公式理解和记忆，提高学习效率，增强学习效果。

一、正比例分配法

（一）正比例分配问题的提出

案例 3-1：天龙公司于 2016 年 3 月 9 日同车购入甲材料 500 千克，单价 5 元，乙材料 1 500 千克，单价 10 元，共发生运杂费 600 元，按两种材料的重量比例分配运杂费。

解：计算如下：

（1）运杂费分配标准：

甲材料分配标准＝500（千克）

乙材料分配标准＝1 500（千克）

分配标准总额＝500＋1 500＝2 000（千克）

（2）运杂费分配率：

运杂费分配率＝600÷2 000＝0.30（元/千克）

（3）运杂费分配金额：

甲材料分配金额＝0.30×500＝150（元）

乙材料分配金额＝0.30×1 500＝450（元）

（二）正比例分配公式总结

由案例 3-1 我们不难总结出共耗费用分配公式，具体如下：

（1）分配标准总额计算公式：

分配标准总额＝$分配标准_{甲}$＋$分配标准_{乙}$

（2）共用费用分配率计算公式：

共用费用分配率＝待分配费用÷分配标准总额

（3）分配金额计算公式：

甲分配的费用＝共用费用分配率×$分配标准_{甲}$

乙分配的费用＝共用费用分配率×$分配标准_{乙}$

上述公式是费用在两种产品之间的分配，也可以推广到费用在 n 种产品之间的分配，公式思路不变。在计算过程中，如果费用分配率是经过四舍五入保留的，可能出现“$分配金额_{甲}$＋$分配金额_{乙}$≠分配总额”的现象，从而产生偏差，这种偏差称作尾差，尾差一般由最后一项产品或对象负担。分配费用的最后一项不能用上述“乙分配的费用＝共用费用分配率×$分配标准_{乙}$”的公式，而是运用倒挤的方法，计算公式如下：

乙分配的金额＝待分配费用－甲分配的金额

案例 3-2：太盛有限责任公司于 2016 年 3 月 20 日同车购入甲材料 800 千克，单价 20 元，乙材料 2 800 千克，单价 50 元，共发生运杂费 500 元，材料已验收入库。试进行公共运杂费分配。

解：列式计算如下：

（1）计算各材料分配标准和分配标准总额：

甲材料分配标准＝800（千克）

乙材料分配标准＝2 800（千克）

分配标准总额＝800＋2 800＝3 600（千克）

（2）计算分配率：

运杂费分配率＝500÷3 600＝0.14（元/千克）

（3）计算分配金额：

甲材料分配的运杂费＝0.14×800＝112（元）

乙材料分配的运杂费＝500－112＝388（元）

在案例 3－2 的计算过程中，共用运杂费的分配率是经过四舍五入处理的结果，很容易产生误差，所以应该采用倒挤的方法计算。

如果乙材料分配的运杂费是按照分配率计算，计算结果如下：

乙材料分配的运杂费＝0.14×2 800＝392（元）

很明显，112＋392＝504≠500。

以上共用费用分配的计算公式和计算步骤不仅适用于采购材料时共耗运杂费的分配，而且可以解决“共耗材料费用”“共耗薪酬费用”“制造费用”等费用的分配以及费用在完工产品与月末在产品之间的分配等问题。计算步骤遵循计算分配标准、计算分配率、计算分配额的顺序。

正比例分配共耗费用可高度概括为“一标二率三分配”。

思考：有甲、乙、丙三人合租一套住房，卫生要保持良好，客厅、卫生间、厨房由三人一起打扫，预计共需 9 个工时。丙有事外出，拿出 45 元现金给甲、乙两人，作为替自己打扫卫生的酬劳。乙打扫 4 小时后身体不适，剩余工作全部由甲完成。问丙给的 45 元钱如何分配最为合理？下列分配你认为是否合理？

分配率＝45÷（1＋2）＝15（元）

甲分配金额＝15×2＝30（元）

乙分配金额＝15×1＝15（元）

（三）正比例分配法的演变

正比例分配法计算比较简单，易学易懂，得到广泛运用。这种方法还可以演变出很多其他方法，下面我们展开讨论。

1. 系数分配法

案例 3－3：2016 年 12 月 31 日，二车间本月投产 C 产品 1 000 件，材料耗用定额 3 千克；投产 D 产品 2 000 件，材料耗用定额 5 千克。C、D 产品本月共耗用甲材料 26 000 元，材料在生产开始时一次投入。求 C、D 两种产品分配的甲材料费用。

解：列式计算如下：

（1）计算各产品分配标准和分配标准总额：

C 产品分配标准＝3×1 000＝3 000（千克）

D 产品分配标准＝5×2 000＝10 000（千克）

分配标准总额＝3 000＋10 000＝13 000（千克）

（2）计算材料费用分配率：

材料费用分配率＝26 000÷13 000＝2（元/千克）

（3）计算分配金额：

C 产品分配的材料费用＝2×3 000＝6 000（元）

D 产品分配的材料费用＝26 000－6 000＝20 000（元）

案例 3－4：2016 年 12 月 31 日，二车间本月投产 C 产品 1 000 件，投产 D 产品 2 000 件，材料在生产开始时一次投入。每件 C 产品的材料消耗是 D 产品的 60％，C、D 产品本月共耗用甲材料 26 000 元。求 C、D 两种产品分配的甲材料费用。

解：设单位 D 产品的材料消耗系数为 1，那么单位 C 产品的消耗系数为 0.6。

（1）计算分配标准和分配标准总额：

C 产品分配标准＝0.6×1 000＝600（件）

D 产品分配标准＝1×2 000＝2 000（件）

分配标准总额＝600＋2 000＝2 600（件）

（2）计算材料费用分配率：

材料费用分配率＝26 000÷2 600＝10（元/件）

（3）计算分配金额：

C 产品分配的材料费用＝10×600＝6 000（元）

D 产品分配的材料费用＝26 000－6 000＝20 000（元）

通过案例 3－3 和案例 3－4 的比较可以看出，系数分配法是由正比例分配法演变过来的，从理论上说，两者的计算结果完全相等。从广义上看，本教材后面讲到的“约当产量”是系数分配法的演变。系数分配法可以概括为“一标（系数折合）二率三分配”。

2. 计划分配率分配法

采用正比例分配法，必须先计算分配标准和分配率，然后才能计算分配金额。月复一月都要计算，非常烦琐。在成本会计实务中，对于企业管理水平高、实际分配率比较稳定的企业，可以简化费用分配的计算过程，直接采用计划分配率分配法进行分配。采用计划分配率分配法分配的费用主要有制造费用和辅助生产费用。计划分配率是依据本年实际成本资料和次年预算成本资料综合求得，确定后在新的年度内不得随意变更。我们在学习时，运用计划分配率分配法进行分配，不需要求出计划分配率，题目会直接给出。

（1）制造费用按计划分配率分配法分配。

案例 3－5：2016 年 12 月，二车间发生制造费用 5 000 元，A 产品实际耗用 2 000 工时，B 产品实际耗用 3 020 工时，二车间制造费用计划成本为 1 元/工时，按照计划成本计算两种产品分配的制造费用。

解：

A 产品分配的制造费用＝1×2 000＝2 000（元）

B 产品分配的制造费用＝1×3 020＝3 020（元）

二车间本月制造费用超支金额＝实际发生金额－计划分配总额

＝5 000－（2 000＋3 020）＝－20（元）

按照计划成本分配制造费用，超支部分在 1～11 月不再分配，到每年的 12 月将累计差异进行再分配，分别计入产品成本。很明显，使用计划分配率的企业，月末“制造费用”账户结转后很可能有期末余额。

通过上面的计算可以看出，计划分配率分配法计算特别简单，但这种分配方法适合计划制订比较准确、管理水平比较高的企业。

案例 3-6：承案例 3-5，该企业“制造费用”账户 1～11 月累计余额是贷方 500 元，1～11 月累计 46 980 工时，其中，A 产品工时为 28 000 小时，B 产品工时为 18 980 小时。试进行制造费用年末调整。

解：

全年制造费用总差异额＝－500＋（－20）＝－520（元）

全年 A、B 两种产品累计工时：

A 产品累计工时＝28 000＋2 000＝30 000（小时）

B 产品累计工时＝18 980＋3 020＝22 000（小时）

制造费用差异率＝－520÷（30 000＋22 000）＝－0.01（元/小时）

A 产品分配差异额＝30 000×（－0.01）＝－300（元）

B 产品分配差异额＝－520－（－300）＝－220（元）

编制会计分录如下：

借：生产成本——基本生产成本（A 产品）　　300

——基本生产成本（B 产品）　　220

贷：制造费用　　520

思考：在案例 3-6 中，11 月制造费用分配结转后，其余额是多少？

（2）辅助生产费用按计划分配率分配法分配。

辅助生产费用按照计划分配率分配法进行分配，其核算方法与制造费用按照计划分配率分配法分配的方法基本一样，不同点就在于对脱离计划成本的差异处理不同。制造费用对脱离计划的差异的处理为：等到每年的年末，将 12 个月的总差异再“单独”分配一次。对辅助生产费用脱离计划的差异的处理为：将每月月末脱离计划成本的差异直接全部转入管理费用。辅助生产费用的具体核算将在本章第四节详细介绍，在此不予赘述。

思考：正比例分配法、系数分配法、计划分配率分配法之间的关系是什么？

二、倒挤法

倒挤法是指要计算一种产品（如乙产品）负担的费用，首先规定或计算出另一种产品（如甲产品）负担的费用，然后用费用总额减去甲产品负担的费用，就可求出乙产品负担的费用。该方法适用的情况有：采用正比例分配法时尾差的处理和运用在产品定额成本法求完工产品成本。

在《基础会计学》中我们已经学习过求期末余额的公式：

期末余额＝期初余额＋本月增加额－本月减少额

要直接求“本月减少额”比较困难，可以采用倒挤法求得，将上述公式移项得：

本月减少额＝期初余额＋本月增加额－期末余额

具体到“生产成本——基本生产成本”账户，可以得到：

本月完工产品＝期初在产品＋本月投入－期末在产品

案例 3-7：2016 年 3 月，已知甲产品月初在产品为 100 件，在产品单位定额成本为

50 元，本月投产甲产品 1 500 件，本月发生成本费用共计 205 000 元，本月完工甲产品 1 300件，用定额成本法计算甲产品完工总成本和单位成本。

解：

月末在产品数量＝100＋1 500－1 300＝300（件）

月末在产品成本＝50×300＝15 000（元）

完工甲产品总成本＝（50×100＋205 000）－15 000＝195 000（元）

完工甲产品单位成本＝195 000÷1 300＝150（元/件）

通过上述的讲解，我们不难总结出共耗费用分配的思路，主要有"正比""倒挤"两种。

三、数学模型分配法

数学模型分配法，是指首先由专家对某种特定费用分配问题建立数学模型，直接套用数学模型求出共耗费用的分配率，最后求得分配金额。数学模型分配法的实质还是正比例分配法，只是求得分配率的方法不同而已。本章将要介绍的分配辅助生产费用的代数分配法就是属于数学模型分配法。

第二节　材料费用的归集与分配

一、材料的分类

材料是工业企业生产过程的劳动对象，是生产过程不可缺少的物质要素。根据材料在生产过程中的作用，可以将其分为：

（1）原料及主要材料。它们构成产品的实体。

（2）辅助材料。对产品生产只起到辅助作用，即可以构成产品实体，也可以不构成产品实体。

（3）燃料。

（4）修理用备件。

（5）周转材料。周转材料进一步分为包装物和低值易耗品两类。

二、材料费用的核算流程

企业的材料费用归集是通过原材料汇总表进行的，而材料费用分配是通过材料费用分配表进行的。为了规范成本会计工作，整个的材料费用归集与分配过程应遵循一定的流程。

材料费用的核算流程是：由各个使用部门签发领料单，仓库依据领料单发出材料，到月末按类别整理领料单并编制发出材料汇总表，交予财务科进行相关的成本核算。财务科依据受益对象，遵循“谁受益，谁负担”的原则编制材料费用分配表，据以进行账务处理。材料费用的核算流程见图 3-1。

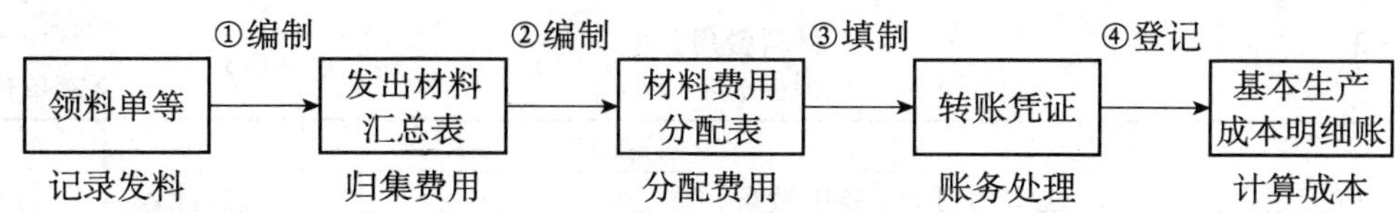

图 3-1　材料费用的核算流程

材料费用的核算步骤如下：

（1）编制发出材料汇总表，归集材料费用。

（2）编制材料费用分配表，分配材料费用。

（3）填制转账凭证，登记基本生产成本明细账等。

（一）编制发出材料汇总表，归集材料费用

依据领料单、限额领料单、领用材料记录簿编制发出材料汇总表，归集材料费用。领料单见表 3-1，发出材料汇总表见表 3-2。

表 3-1　　领料单

仓库：　　2016 年 8 月 12 日　　No. 007635

材料编号	材料类别	材料名称	材料规格	计量单位	数量		实际价格	
					请领	实发	单价	金额
合计								
材料用途					领用部门		发料部门	
					负责人	领料人	核准人	发料人

表 3-2　　发出材料汇总表

2016 年 8 月 31 日　　单位：元

材料类别＼领用部门		基本生产			车间管理	企业管理	合计
		甲产品	乙产品	甲乙共用			
原材料	原材料——A	20 700	700				20 700
	原材料——B	5 000	800				5 800
	原材料——C			5 000		1 000	6 000
	修理备件				1 200	2 000	3 200
	燃料				90 000	10 000	100 000
	合计	25 000	1 500	5 000	91 200	13 000	135 700

会计主管：　　会计：　　制表：

（二）编制材料费用分配表，分配材料费用

依据发出材料汇总表，遵循“谁受益，谁负担”原则分配材料费用，并编制材料费用分配表。材料费用分配表表样见表 3－3。

表 3－3　　材料费用分配表

2016 年 8 月 31 日　　金额单位：元

应记账户		成本项目	分配计入			直接计入	合计
			耗用数量（千克）	分配率	分配额		
基本生产成本	甲产品	直接材料	1 500	2	3 000	25 000	28 000
	乙产品	直接材料	1 000	2	2 000	1 500	3 500
	小计		2 500	2	5 000	26 500	31 500
制造费用	一车间	设备备件				1 200	1 200
		燃料				90 000	90 000
管理费用	厂部	A 材料				1 000	1 000
		备件				2 000	2 000
		燃料				10 000	10 000
合计					5 000	130 700	135 700

会计主管：　　会计：　　制表：

（三）填制转账凭证，登记基本生产成本明细账等

材料费用核算的直接依据为材料费用分配表。进行账务处理时，借记“生产成本——基本生产成本”“生产成本——辅助生产成本”“管理费用”“制造费用”“销售费用”等账户，贷记“原材料”账户。会计分录模板如下：

借：生产成本——基本生产成本（甲产品）　　甲产品汇总金额
　　　　　　——基本生产成本（乙产品）　　乙产品汇总金额
　　制造费用——一车间　　一般耗用汇总金额
　　管理费用　　厂部汇总金额
　　贷：原材料——A 材料　　耗用金额
　　　　　　　——B 材料　　耗用金额

依据材料费用分配表填制转账凭证后，继而应该登记基本生产成本明细账。基本生产成本明细账的样本见表 3－4。

表 3－4　　基本生产成本明细账

产品名称：甲产品　　2016 年 12 月 31 日　　月末在产品数量：　件

本月投产数量：　件　　本月完工产品数量：　件　　金额单位：元

2016 年		凭证号数（略）	摘要	成本项目			合计
月	日			直接材料	直接人工	制造费用	
12	1		月初在产品成本				
12	31		直接材料分配表				
12	31		直接人工分配表				

续前表

2016 年		凭证号数（略）	摘要	成本项目			合计
月	日			直接材料	直接人工	制造费用	
12	31		制造费用分配表				
12	31		生产费用合计				
12	31		结转完工产品成本				
12	31		月末在产品成本				
			完工产品单位成本				

三、材料费用的分配方法

生产费用按照计入成本的方式可以分为直接计入费用和分配计入费用。如果车间存在多种产品共耗一种材料的情况，材料费用需要分配计入，这时必须编制材料费用分配表。如果车间没有共耗材料费用，可直接根据发出材料汇总表进行核算。

（一）材料费用的分配方法

1. 分配标准

材料费用的分配标准有实际耗用量、定额耗用量、计划耗用量、计划耗用费用等。这些材料费用分配标准各有特点，企业可根据实际情况选用。

按定额耗用量或按定额耗用费用比例分配材料费用，如果月初、月末在产品变动较大，需要考虑在产品对分配的影响。但如果材料在生产一开始一次投入，则不需要考虑在产品变动对分配的影响，生产的数量是指投产数量。每种产品的分配标准计算公式如下：

某产品分配标准＝(月末在产品数量－月初在产品数量）×在产品耗用定额＋完工产品数量×完工产品耗用定额

材料费用分配率和分配额计算公式不变。“月末在产品数量－月初在产品数量”也可表述为在产品增量。

2. 分配方法

材料费用的分配主要采用正比例分配法。具体公式和步骤如下：

（1）计算分配标准总额：

分配标准总额＝分配标准$_{甲}$＋分配标准$_{乙}$

（2）计算直接材料分配率：

直接材料分配率＝待分配费用÷分配标准总额

（3）计算各产品分配的直接材料费用：

甲分配的直接材料费用＝直接材料分配率×分配标准$_{甲}$

乙分配的直接材料费用＝直接材料分配率×分配标准$_{乙}$

如果共用费用分配率经过四舍五入处理，最后一种产品分配的费用必须采用倒挤法求得，计算公式如下：

乙分配的直接材料费用＝待分配费用－甲分配的直接材料费用

上述公式是材料费用在两种产品之间的分配，这组公式可以推广到材料费用在多种产品之间的分配。

（二）材料费用分配举例

产品定额耗用量的计算公式为：

产品定额耗用量＝耗用量定额×本期投产产品数量

说明：定额耗用量与实际耗用量相对，是根据耗用量定额计算的，在运用时千万注意！

案例3－8：2016年12月31日，一车间本月投产A产品3 000件，材料在生产开始时一次投入，A产品材料耗用定额为2千克；投产B产品1 200件，B产品材料耗用定额为3千克。A、B产品本月共耗用甲材料19 200元。求A、B两种产品分配的甲材料费用，并编制会计分录。

解：列式计算：

（1）计算产品的材料定额耗用量：

A产品的材料定额耗用量＝3 000×2＝6 000（千克）

B产品的材料定额耗用量＝1 200×3＝3 600（千克）

耗用总量＝6 000＋3 600＝9 600（千克）

（2）计算材料费用分配率：

材料费用分配率＝19 200÷9 600＝2.00（元/千克）

（3）计算产品分配的材料费用：

A产品分配的材料费用＝6 000×2.00＝12 000（元）

B产品分配的材料费用＝3 600×2.00＝7 200（元）

列表计算，见表3－5。

表3－5

材料费用分配表

2016年12月31日

金额单位：元

应记账户		成本项目	分配计入			直接计入	合计
			耗用数量（千克）	分配率	分配额		
基本生产成本	A产品	直接材料	6 000	2	12 000		12 000
	B产品	直接材料	3 600	2	7 200		7 200
	合计	—	9 600	2	19 200		19 200

会计主管：　　　　会计：　　　　制表：

依据材料费用分配表编制会计分录如下：

借：生产成本——基本生产成本（A产品）　　12 000

　　　　　　——基本生产成本（B产品）　　7 200

　贷：原材料——甲材料　　19 200

说明：企业在进行成本核算时，完全使用“列表”计算产品成本，根本不使用“列式”计算。但我们学习成本计算时，应该首先学会“列式”计算，理解成本计算原理；然后学会“列表”计算，为成本会计实务操作打下坚实基础。

说明：在实际工作中，材料费用的分配核算并不是从企业材料发出的总分类核算中单独抽出进行的，而是作为材料发出总分类核算的内容一并进行。因此，发出材料的总分类核算也根据发出材料汇总表进行，而不是直接根据材料费用分配表进行。那么，如何处理材料费用分配表与发出材料汇总表的编制关系呢？一般有以下几种方法供选择：

(1) 材料核算人员根据领退料单汇总编制发出材料汇总表，登记有关总账科目，进行材料发出的总分类核算；然后将与成本、费用有关的领退料单交给成本核算人员据以编制材料费用分配表，登记有关的成本、费用明细账，进行材料费用的明细核算。

(2) 成本核算人员根据领退料单编制材料费用分配表，进行材料费用的明细核算；然后将分配表或其中的一联交材料核算人员，由材料核算人员根据材料费用分配表和其他方面的发料（如发出材料委托外单位加工、发出材料进行销售等）凭证，汇总编制发出材料汇总表，进行材料发出的总分类核算。

(3) 材料核算人员按照成本、费用核算的要求，根据领退料单的具体用途归类汇编发出材料汇总表，代替材料费用分配表，进行材料发出的总分类核算；然后将发出材料汇总表或其中的一联交成本核算人员，据以进行材料费用的明细核算。

(4) 材料核算人员和成本核算人员根据各自所持的领退料单的一联，分别编制发出材料汇总表和材料费用分配表，在相互核对以后，由材料核算人员和成本核算人员分别进行材料发出的总分类核算和材料费用的明细核算。这种做法的核算工作量较大，但可以发挥材料发出核算与材料费用分配核算的相互核对作用，提高核算的正确性。

案例 3-9：2016 年 12 月，一车间材料陆续投入。完工 A 产品 3 000 件，完工产品材料耗用定额为 2 千克；月初在产品 200 件，月末在产品 500 件，在产品耗用定额为 1 千克。完工 B 产品 1 200 件，B 产品材料耗用定额为 3 千克；月初在产品 400 件，月末在产品 100 件，在产品材料耗用定额为 2 千克。A、B 产品共耗用甲材料 19 200 元。求 A、B 两种产品分配的甲材料费用。

解：列式计算：

(1) 计算产品的材料定额耗用量：

A 产品的材料定额耗用量＝3 000×2＋（500－200）×1＝6 300（千克）

B 产品的材料定额耗用量＝1 200×3＋（100－400）×2＝3 000（千克）

耗用总量＝6 300＋3 000＝9 300（千克）

(2) 计算材料费用分配率：

材料费用分配率＝19 200÷9 300＝2.06（元/千克）

(3) 计算产品分配的材料费用：

A 产品分配的材料费用＝6 300×2.06＝12 978（元）

B 产品分配的材料费用＝19 200－12 978＝6 222（元）

（三）燃料及周转材料等费用的分配

燃料、辅助材料、周转材料（包括低值易耗品和包装物）等费用的分配与材料的分配方法基本一样，其差别就是进行账务处理时所使用的会计账户不同。燃料及周转材料等费用分配的具体方法可比照材料费用的分配方法执行。

另外，燃料、周转材料的核算在财务会计中也有专门的论述，相关知识可参阅财务会计有关章节，在此不再赘述。

课堂巩固练习：2016 年 8 月，企业一车间本月投产甲、乙、丙产品，材料在生产开始时一次投入。三种产品生产共用 A 材料，本月三种产品共计消耗 A 材料 294 500 元。三种产品的产量分别为 5 000 件、8 000 件、7 000 件，三种产品的定额材料费用为 10 元、15 元、20 元。另外，甲产品还单独使用 B 材料 25 000 元。要求：

（1）试计算三种产品应负担的材料费用；

（2）编制材料费用分配表（见表 3-6，可直接在教材上完成，后同）；

（3）编制相关会计分录。

表 3-6 **材料费用分配表**

年 月 日

金额单位：元

应记账户		成本项目	分配计入			直接计入 ④	合计 ⑤=③+④
			耗用数量（千克） ①	分配率 ②=∑③/∑①	分配额 ③=②×①		
基本生产成本	甲产品	直接材料					
	乙产品	直接材料					
	丙产品	直接材料					
	小计	—					
合计							

会计主管： 会计： 制表：

注：“∑”是合计的意思。

第三节 职工薪酬费用的归集与分配

一、职工薪酬费用的计算

（一）职工薪酬的内容

职工薪酬是指企业为获得职工提供的服务而给予各种形式的报酬以及相关的支出。具体内容包括：

（1）职工工资、奖金、津贴和补贴。

（2）职工福利费。

（3）医疗保险费、养老保险费、失业保险费、工伤保险费和生育保险费等社会保险费。

（4）住房公积金。

（5）工会经费和职工教育经费。

(6) 非货币性福利。

其中，第 (3) 项和第 (4) 项简称为“五险一金”。从 2017 年开始，将医疗保险与生育保险进行合并。

(二) 工资总额的组成

工资总额包括计时工资、计件工资、奖金、津贴和补贴、加班加点工资、特殊情况下支付的工资等。

(三) 工资费用的原始记录

工资费用的原始记录主要包括职工考勤记录、产量记录、职工计时工资级别和计时标准工资等。

(四) 工资费用的计算

工资费用的计算应依据相关原始记录进行，计算方法主要有计时工资和计件工资两种。有一部分企业采用计时工资加计件工资的方法。工资费用的计算为工资结算表的编制准备了基础数据资料。

1. 计时工资

计时工资是根据考勤记录和工资级别对应工资标准进行计算。计时工资有月薪制和日薪制两种。

(1) 日薪制。

在日薪制下，应付给职工的计时工资按日标准工资率乘以职工的出勤天数或工时计算。临时工的工资一般采用日薪制。计算公式为：

应付某职工工资金额＝出勤天数×日标准工资率

(2) 月薪制。

在计时工资中，月薪制应用最为广泛，所以本教材重点介绍。具体运用时有两种方法：一是出勤法，即按照月标准工资扣减缺勤工资计算计时工资；二是缺勤法，即按照出勤天数换算的日工资率计算缺勤的计时工资，然后从月工资总额中扣除求得。按 30 天计算日工资率，节假日及星期天照付工资，如果员工的请假时间有节假日或星期天，则照扣工资；按 21 天计算日工资率，节假日及星期天不付工资，如果员工的请假时间有节假日或星期天，则不扣工资。

1) 日工资标准的计算。每月固定按 30 天计算日工资率，计算公式为：

$$日工资率=\frac{月标准工资}{30\text{ 天}}$$

每月固定按 21 天计算日工资率，计算公式为：

$$日工资率=\frac{月标准工资}{21\text{ 天}}$$

2) 应付计时工资的计算方法。采用出勤法（正算法）计算的应付月工资：

应付月工资＝日标准工资× 出勤天数＋病假天数×日工资率×（1－病假扣款率）

采用缺勤法（倒算法）计算的应付月工资：

应付月工资＝月标准工资－事假天数×日工资率－病假天数×日工资率×病假扣款率

思考： 每月固定按 21 天计算日工资率中的 21 天是如何计算出来的？

思考： 张三所在的企业按照 30 天计算日工资率，采用双休日。2016 年 8 月 12 日（周五）请事假 2 天（周五和周一），8 月 16 日（周二）正常上班。领取 8 月份工资时，张三发现被扣减了 4 天的工资，他非常气愤，马上冲到财务科理论。请你代表财务科向张三解释。

知识窗

我国法定假日是：双休日，春节 3 天、清明 1 天、端午 1 天、中秋 1 天等民俗节日假，元旦假 1 天，国庆假 3 天和五一假 1 天。双休 104 天，节日假 11 天。

案例 3-10： 某企业按照 21 天计算日工资率，职工刘丽的月标准工资为 1 470 元，本月应发放补贴 300 元。本月刘丽请病假 2 天、事假 1 天，出勤 19 天。病假工资支付率为 80%。求本月应该支付给刘丽的工资金额。

解：

刘丽的日工资率＝1 470÷21＝70（元/天）

按出勤计算的应付工资额＝70×19＋70×2×80%＋300＝1 742（元）

按缺勤计算的应付工资额＝1 470－70×2×（1－80%）－70×1＋300＝1 672（元）

说明： 应付月工资是根据假设每月均为 21 天或 30 天计算的，但在实际工作中，每月的天数是有变化的，所以对同一个职工来说，按照出勤法和缺勤法计算出来的月工资额往往有一定的差异。因此，企业一旦采用了某种工资计算方法，应保持相对的稳定，不得随意变更。

思考： 如果企业采用缺勤法计算应付工资，职工大月请假 1 天和平月请假 1 天，哪种情况被扣掉的工资更多？

2. 计件工资

计件工资是根据职工生产的合格品的实际数量来计算工资的一种方法。计件工资按照对象可以分为个人计件工资和小组计件工资两种。

（1）个人计件工资。

个人计件工资是以职工个人为对象计算的一种计件工资。要计算个人计件工资，首先要正确理解产生废品的两种情况：第一种，因职工本人操作不当而产生的废品称作工废废品；第二种，不属于职工个人操作不当，而是因企业提供的材料或上一道工序生产的半成品不合格导致生产出的不合格产品称为料废废品。应该注意，产生工废废品不应该支付给职工工资，但产生料废废品应该照样支付给职工工资。个人计件工资的计算公式是：

个人计件工资＝∑（个人合格产品数量＋个人料废废品数量）×单位产品计件工资

在实际工作中，多数企业除了要支付职工计件工资外，还要支付部分计时工资以及各种补贴、奖金等。

案例 3-11： 企业职工丁一本月生产 A 产品 200 件，全部都合格，单位产品计件工资 5 元；生产 B 产品 100 件，工废废品 1 件，料废废品 2 件，单位产品计件工资 6 元。计算丁一本月计件工资总额。

解：

丁一计件工资总额＝5×200＋6×（100＋2）＝1 612（元）

（2）小组计件工资。

现在企业的生产往往采用班、组合作形式，还有很多企业安装了流水线，这就使得个人计件工资很难单独计算，小组计件工资便应运而生。小组计件工资的计算分为两步：第一步，计算本班组应得的计件工资总额；第二步，按照一定的标准和方法计算小组内部每一位职工的计件工资。小组计件工资的计算公式如下：

小组计件工资＝∑（小组合格产品数量＋小组料废废品数量）× 单位产品计件工资

案例 3－12：2016 年 8 月，太阳公司甲产品流水线早班共有 5 名职工，本月生产甲产品 3 120 件，其中 3 110 件合格，工废废品 6 件，料废废品 4 件，单位产品计件工资 6 元。公司按 21 天计算日工资率。流水线的 5 名职工工资级别和出勤工时资料见表 3－7。

表 3－7　　小组内职工计件工资资料

姓名	工资级别	标准工资（元）	出勤天数	小时计件工资	计件工资
丁一	8	2 800	20		
张三	7	2 600	21		
李四	7	2 600	16		
王五	6	2 400	21		
秦六	3	1 800	22		
合计	—	—	—	—	—

会计主管：　　　　会计：　　　　制表：

要求：（1）计算小组计件工资；

（2）按照计时工资比例计算小组内 5 名职工每人应分得的计件工资，并列表说明。

解：（1）列式计算小组计件工资：

小组计件工资＝6×（3 120－6）＝18 684（元）

（2）列式计算小组内职工的个人计件工资：

1）每一名职工的计时工资率：

丁一的计时工资率＝$\frac{2\ 800}{21}$＝133.33（元/天）

张三的计时工资率＝$\frac{2\ 600}{21}$＝123.81（元/天）

李四的计时工资率＝$\frac{2\ 600}{21}$＝123.81（元/天）

王五的计时工资率＝$\frac{2\ 400}{21}$＝114.29（元/天）

秦六的计时工资率＝$\frac{1\ 800}{21}$＝85.71（元/天）

2）每一名职工的计时工资：

丁一的计时工资＝133.33×20＝2 666.60（元）

张三的计时工资＝123.81×21＝2 600.01（元）

李四的计时工资＝123.81×16＝1 980.96（元）

王五的计时工资＝114.29×21＝2 400.09（元）

秦六的计时工资＝85.71×22＝1 885.62（元）

3）每一名职工的计件工资：

计件工资总额与计时工资总额比率＝18 684÷11 533.28＝1.62

丁一的计件工资＝2 666.60×1.62＝4 319.89（元）

张三的计件工资＝2 600.01×1.62＝4 212.02（元）

李四的计件工资＝1 980.96×1.62＝3 209.16（元）

王五的计件工资＝2 400.09×1.62＝3 888.15（元）

秦六的计件工资＝18 684－（4 319.89 ＋4 212.02＋3 209.16 ＋3 888.15）

＝3 054.78（元）

列表计算小组内职工个人计件工资，见表 3－8。

表 3－8　　小组内职工计件工资计算表

小组名称：流水线早班　　2016 年 8 月 31 日　　单位：元

姓名	工资级别	标准工资	出勤天数	日工资率	计时工资额	计件、计时工资比率	职工个人计件工资
列次	A	B	C	D＝B÷21	E＝C×D	F＝G÷E	G＝E×F
丁一	8	2 800.00	20	133.33	2 666.60		4 319.89
张三	7	2 600.00	21	123.81	2 600.01		4 212.02
李四	7	2 600.00	16	123.81	1 980.96		3 209.16
王五	6	2 400.00	21	114.29	2 400.09		3 888.15
秦六	3	1 800.00	22	85.71	1 885.62		3 054.78
合计	—	12 200.00	—	—	11 533.28	1.62	18 684.00

会计主管：　　会计：　　制表：

二、职工薪酬费用的核算流程

工资费用计算工作准备妥当后，就应该进入薪酬费用的核算程序。薪酬费用核算主要包括工薪结算表、工薪汇总表、工薪分配表三个主要表格，这三张表格彼此相连、环环相扣。如果企业实行的是比较复杂的计件工资，财务人员还要在编制工薪结算表前编制职工计件工资计算表。薪酬费用的具体核算程序包括：

（1）依据工薪计算表，编制工薪结算表。

（2）根据工薪结算表，编制工薪汇总表。

（3）根据工薪汇总表，编制工薪分配表。

（4）根据工薪分配表，填制转账凭证，并登记基本生产成本明细账。

（5）根据工薪分配表和计提比例编制其他薪酬费用计提表。

（6）根据其他薪酬费用计提表，填制转账凭证，并登记基本生产成本明细账。

在职工薪酬核算的六个步骤中，第（3）步中的工薪分配和第（5）步中的其他薪酬费用计提表是该部分的重点和难点。

提示：工薪结算表、工薪汇总表、工薪分配表三张表的内容相同，只是分类的原则不同。

思考：应付工资和实发工资的区别是什么？上述三张表格的数量联系是什么？

薪酬费用包括两大部分：第一部分是指职工的工资部分；第二部分是指按照工资总额的一定比例计提的福利费、工会经费、教育经费、“五险一金”等各项相关费用。相应的，人工费用的核算分配流程也是分为两个部分：第一部分是核算职工工资，其程序是：首先由各个部门有关人员或由财务人员以职工个人为基本单位编制工薪结算表，再以部门为基本单位编制工薪汇总表，最后按照受益对象选择一定的方法编制工薪分配表。第二部分是核算按照工资总额的一定比例计提的福利费、工会经费、教育经费、“五险一金”等各项相关费用，直接依据工薪分配表并按照一定比例进行计提。薪酬费用的核算流程见图 3－2。

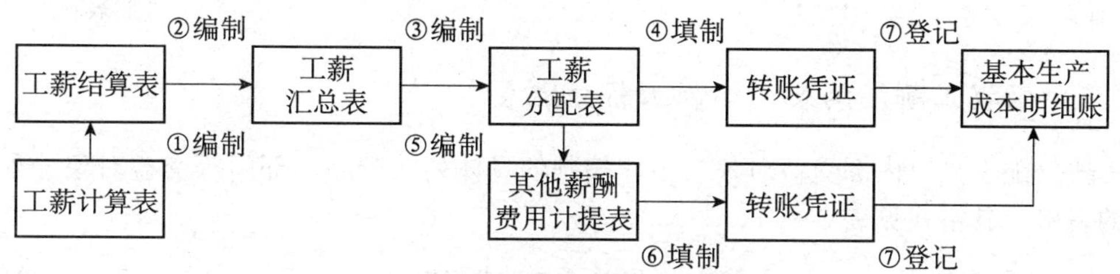

图 3－2　薪酬费用的核算流程

（一）依据工薪计算表，编制工薪结算表

工薪结算表是依据工薪计算表，以职工个人为主体编制的，详细列明了各个工薪项目，包括“应付工资”和“实发工资”等，其格式见表 3－9。工薪结算表至少一式三份，职工签字后用于财务记账一份，企业人力资源管理部门留存一份，提供给职工一份（俗称工资条）。

表 3－9　　青岛先瑞塑编有限责任公司 2016 年 12 月工薪结算表　　单位：元

序号	编号	职工姓名	基本工资	浮动工资	……	应付工资	……	其他扣项	实发工资	签名
01	001	张三	500	100	…	2 200	…	200	1 800	
02	002	李四	550	100	…	2 560	…	220	1 830	
03	003	王五	400	100	…	2 120	…	150	1 680	
04	004	秦柳	480	100	…	2 059	…	145	1 580	
⋮	⋮	⋮	⋮	⋮	⋮	⋮	⋮	⋮	⋮	
25	025	……	…	…	…	…	…	…	…	
合计			12 000	2 500	…	53 860	…	4 800	43 800	

会计主管：　　　　　　　　会计：　　　　　　　　制表：

（二）根据工薪结算表，编制工薪汇总表

工薪汇总表是依据工薪结算表，以内部部门为主体编制的，详细列明了各个工薪项目的合计数额，包括“应付工资总额”和“实发工资总额”等，其格式见表 3－10。

表 3-10　　青岛先瑞塑编有限责任公司 2016 年 12 月工薪汇总表　　单位：元

序号	编号	部门名称	基本工资	浮动工资	……	应付工资总额	……	住房公积金	其他扣项	实发工资总额
01	A01	办公室	18 000	12 000	…	35 000	…	…	15 600	30 000
02	A02	财务科	5 000	3 000	…	15 000	…	…	7 800	18 000
03	B01	拉丝车间	…	…	…	…	…	…	…	…
04	B02	圆织车间	…	…	…	…	…	…	…	…
07	C02	机修车间	…	…	…	…	…	…	…	…
合计			…	…	…	…	…	…	…	…

会计主管：　　会计：　　制表：

（三）根据工薪汇总表，编制工薪分配表

工薪分配表是以内部受益对象为主体编制的具体列明产品、部门等受益对象分配工薪金额的表格，其格式见表 3-11。

表 3-11　　2016 年 12 月工薪分配表　　单位：元

部门	受益对象	金额	备注
办公室	管理费用	90 000	
财务科	管理费用	52 000	
供应科	管理费用	12 000	
拉丝车间	基本生产成本——塑料丝	260 000	
	制造费用——拉丝车间	30 000	
圆织车间	基本生产成本——圆织布	250 000	
	制造费用——圆织车间	12 000	
机修车间	辅助生产成本——机修	26 000	
合计		732 000	

会计主管：　　会计：　　制表：

（四）根据工薪分配表，填制转账凭证，并登记基本生产成本明细账

对薪酬费用进行账务处理时，依据工薪分配表借记“生产成本——基本生产成本”“生产成本——辅助生产成本”“管理费用”“制造费用”“销售费用”等账户，贷记“应付职工薪酬——工资”账户。会计分录模板如下：

借：生产成本——基本生产成本（甲产品）　　甲产品分配金额
　　　　　　——基本生产成本（乙产品）　　乙产品分配金额
　　制造费用——某车间　　某车间分配金额
　　管理费用　　厂部分配金额
　　贷：应付职工薪酬——工资　　工资费用总额

（五）根据工薪分配表和计提比例编制其他薪酬费用计提表

以职工福利费为例，编制的计提表见表 3-12。

表 3-12　**职工福利费计提表**

2016 年 12 月 31 日　单位：元

应记账户		成本项目	计提基数（元）	计提比例	计提金额
基本生产成本	A 产品	福利费			
	B 产品	福利费			
制造费用		福利费			
管理费用		福利费			
合计		—			

会计主管：　会计：　制表：

（六）根据其他薪酬费用计提表，填制转账凭证，并登记基本生产成本明细账

依据福利费计提表、工会经费计提表、教育经费计提表、“五险一金”计提表等，借记“生产成本——基本生产成本”“生产成本——辅助生产成本”“管理费用”“制造费用”“销售费用”等账户，贷记“应付职工薪酬——福利费”等账户。会计分录模板如下：

借：生产成本——基本生产成本（甲产品）　甲产品计提金额
　　　　　　——基本生产成本（乙产品）　乙产品计提金额
　　制造费用——某车间　某车间计提金额
　　管理费用　厂部计提金额
　　贷：应付职工薪酬——福利费等　福利费等计提总额

三、职工薪酬费用的分配方法

薪酬费用的分配与材料费用的分配非常相似，如果车间存在多种产品共用同一部分工人工作时，薪酬费用需要分配后计入，企业须编制薪酬分配表。如果车间没有共耗薪酬费用的情况，可直接根据工薪汇总表直接计入。当然，企业规模比较小或者成本核算比较简单时，可以将工薪汇总表和工薪分配表合并。

（一）薪酬费用的分配方法

1. 分配标准

薪酬费用的分配标准主要有实际耗用工时、定额工时、计划工时、计划耗用费用等。这些薪酬费用分配标准各有特点，企业可根据实际情况选用。

工薪费用、制造费用按定额工时进行分配，如果月初、月末在产品变动较大，需要考虑在产品对分配的影响。分配标准的计算公式如下：

某产品分配标准＝（月末在产品数量－月初在产品数量）×在产品耗用定额＋完工产品数量×完工产品耗用定额

分配率和分配金额公式仍按原公式计算。

2. 分配方法

工薪费用的分配主要采用的是正比例分配法。具体分配公式和步骤如下：

（1）计算分配标准总额：

分配标准总额＝分配标准$_{甲}$＋分配标准$_{乙}$

（2）计算工薪费用分配率：

工薪费用分配率＝待分配费用÷分配标准总额

（3）计算分配金额：

甲分配的费用＝工薪费用分配率×分配标准$_{甲}$

乙分配的费用＝工薪费用分配率×分配标准$_{乙}$

如果工薪费用分配率经过四舍五入处理，最后一种产品分配的费用必须采用倒挤法求得，计算公式如下：

乙分配的费用＝待分配费用－甲分配的费用

说明：薪酬费用的分配方法与材料费用的分配方法如出一辙，分配步骤也是计算分配标准、计算分配率、计算分配额这三步，即“一标二率三分配”，只是分配标准不同而已。我们学习时，一定要抓住正比例分配法的精髓，举一反三，以最少的通用公式解决最多的类似问题，提高学习效率。

（二）薪酬费用分配举例

案例 3－13：2016 年 12 月，青岛先瑞塑编有限责任公司发生如下经济业务，按要求进行核算：一车间生产工人同时生产 A、B 两种产品，本月生产 A 产品 3 000 件，工时定额 2 小时；投产 B 产品 1 200 件，工时定额 5 小时。一车间本月共发生生产工人工资费用 36 000 元，一车间管理人员工资费用 1 600 元，厂部管理人员工资 9 600 元。月初月末在产品数量相等。

要求：（1）在 A、B 两种产品之间分配工资费用，列式计算；

（2）编制该公司工薪分配表；

（3）编制工薪分配的会计分录。

解：列式计算：

（1）计算产品的定额工时：

A 产品的定额工时＝3 000×2＝6 000（工时）

B 产品的定额工时＝1 200×5＝6 000（工时）

耗用总量＝6 000＋6 000＝12 000（工时）

（2）计算工薪费用分配率：

工薪费用分配率＝36 000÷12 000＝3.00（元/工时）

（3）计算各产品分配的工薪费用：

A 产品分配的工薪费用＝6 000×3.00＝18 000（元）

B 产品分配的工薪费用＝6 000×3.00＝18 000（元）

列表计算，见表 3－13。

表 3-13　　**工薪分配表**

2016 年 12 月 31 日　　金额单位：元

应记账户		成本项目	分配计入			直接计入	合计
			耗用数量（工时）	分配率	分配额		
基本生产成本	A 产品	直接人工	6 000	3.00	18 000		18 000
	B 产品	直接人工	6 000	3.00	18 000		18 000
	小计		12 000		36 000		36 000
制造费用						1 600	1 600
管理费用						9 600	9 600
合计					36 000	11 200	47 200

会计主管：　　会计：　　制表：

依据工薪分配表编制会计分录如下：

借：生产成本——基本生产成本（A 产品）　　18 000
　　　　　　——基本生产成本（B 产品）　　18 000
　　制造费用　　1 600
　　管理费用　　9 600
　　贷：应付职工薪酬——工资　　47 200

案例 3-14： 承案例 3-13，按照工资总额的 14%计提职工福利费，要求编制福利费计提表，并进行账务处理。

解： 编制的职工福利费计提表如表 3-14 所示。

表 3-14　　**职工福利费计提表**

2016 年 12 月 31 日　　金额单位：元

应记账户		成本项目	计提基数	计提比例	计提金额
基本生产成本	A 产品	福利费	18 000	14%	2 520
	B 产品	福利费	18 000	14%	2 520
制造费用		福利费	1 600	14%	224
管理费用		福利费	9 600	14%	1 344
合计		—	47 200	—	6 608

会计主管：　　会计：　　制表：

依据职工福利费计提表编制会计分录如下：

借：生产成本——基本生产成本（A 产品）　　2 520
　　　　　　——基本生产成本（B 产品）　　2 520
　　制造费用　　224
　　管理费用　　1 344
　　贷：应付职工薪酬——福利费　　6 608

课堂巩固练习： 2016 年 8 月，腾飞集团公司为生产甲、乙两种产品支付生产工人工资 24 600 元，机修车间生产工人工资 4 100 元，基本生产车间管理人员工资 4 500 元，企业行政部门管理人员工资 10 800 元。公司规定生产工人的工资按甲、乙两种产品的实际耗用工时比例进行分配，甲、乙两种产品的工时分别为 4 100 小时和 2 050 小时。编制的空白工薪分配表见表 3－15，请填写完整并进行账务处理。

表 3－15 **工薪分配表**

2016 年 8 月 31 日 金额单位：元

应记账户		成本项目	分配计入			直接计入	合计
			耗用数量（工时）	分配率	分配额		
基本生产成本	甲产品	直接人工					
	乙产品	直接人工					
	小计						
辅助生产成本							
制造费用							
管理费用							
合计							

会计主管： 会计： 制表：

思考：工薪费用和人工费用的区别是什么？

第四节 制造费用的归集与分配

企业在产品生产过程中，除了直接耗用各种材料、人工等费用外，还会发生与产品制造有关的其他各种费用，如生产管理部门的人员工资、生产部门的房屋和设备折旧费、修理费等。这些费用是为了产品生产的顺利有效进行而发生的，所以也是产品成本的重要构成内容。不仅如此，随着科学技术的不断进步，生产自动化程度不断提高，制造费用在产品成本中所占的比重也在不断加大，这也就决定了制造费用核算的重要性。企业生产有基本生产和辅助生产之分，因而制造费用也分为基本生产部门的制造费用和辅助生产部门的制造费用，本节主要阐述基本生产部门制造费用的核算。辅助生产部门制造费用的核算可以参照基本生产部门执行，如果辅助生产部门只提供一种自制产品或劳务，可以不设置“制造费用”账户，直接将部门的间接费用记入“生产成本——辅助生产成本”账户。

一、制造费用核算的内容

基本生产的制造费用（以下简称制造费用）是企业为生产产品而发生的应该计入产品成本但没有专设成本项目的各项生产费用，也就是企业生产部门在组织和管理产品生产过程中发生的所有不能直接归属到所制造产品或其他受益对象的生产活动中的各项费用。

制造费用包括的内容很多，也比较复杂，具体为：

（1）间接用于产品生产的费用，例如机物料消耗，生产车间房屋、建筑物的折旧费、

修理费、保险费或租赁费，车间生产的照明费、取暖费、降温费、运输费、劳动保护费以及季节性停工和生产用固定资产修理期间的停工损失等。

(2) 直接用于产品生产，但管理上不要求或核算上不便于单独核算，因而未专设成本项目的费用，如生产用机器设备的折旧费、修理费、保险费或租赁费，生产用周转材料摊销，设计图纸费和实验检验费等。对于生产工艺用动力，如果没有专设成本项目，也列入制造费用。

(3) 生产部门用于组织和管理生产而发生的费用，如生产部门管理人员工资及福利费，生产部门管理用房屋及设备的折旧费、修理费、保险费或租赁费，生产部门管理用具摊销，以及生产管理部门的照明费、取暖费、差旅费和办公费等。这些具有管理性质的费用，似乎应作为管理费用直接列入当期损益，但由于生产部门是企业直接从事产品生产的单位，其发生的管理费用与制造费用很难严格划分，因此，为了简化核算，也作为制造费用核算。

对于制造费用的核算，并不是按上述间接用于产品生产、直接用于产品生产以及组织和管理生产来划分项目进行的，而是将这些性质相同的费用合并设立费用项目，如将这些方面的固定资产折旧费合并设立一个"折旧费"项目。据此设立的制造费用明细项目一般包括机物料消耗、工资及福利费、折旧费、修理费、租赁费、保险费、周转材料摊销、水电费、取暖费、运输费、劳动保护费、设计制图费、实验检验费、差旅费、办公费、在产品盘亏、毁损和报废，以及季节性及修理期间停工损失等。

二、制造费用的核算程序

制造费用的核算程序主要包括：

(1) 登记制造费用明细账，归集制造费用。

(2) 编制制造费用分配表，分配制造费用。

(3) 依据制造费用分配表填制转账凭证，登记基本生产成本明细账。

说明：上述核算程序中，第（2）步制造费用的分配是整个制造费用核算的重点与难点。

说明："制造费用"账户和"生产成本——基本生产成本"账户的总账登记在此不做讨论。

制造费用的归集和分配见图 3－3。

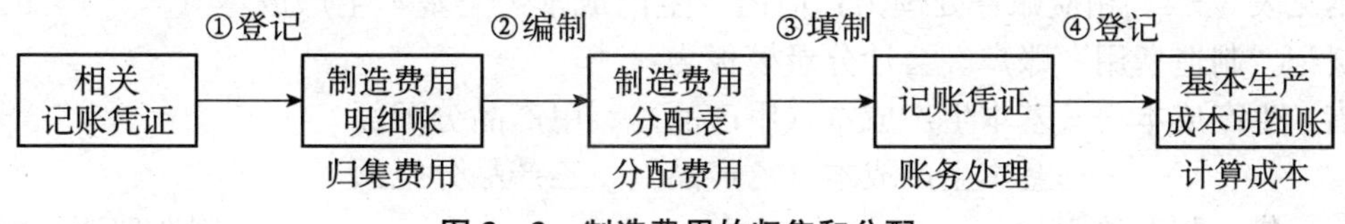

图 3－3 制造费用的归集和分配

(一) 登记制造费用明细账

制造费用的归集是通过设置"制造费用"账户进行的，该账户应按不同的生产部门设立明细账户，账户内再按照费用项目设立专栏以分别反映各生产部门各项制造费用的发生情况，其登记依据是有关的付款凭证、转账凭证和前述的各种费用分配表。“制造费用”账户作为集合分配类账户，其借方归集某会计期间企业为生产产品和提供劳务而发生的各项间接费用，包括工资和福利费、折旧费、修理费、动力费、办公费、水电费、周转材料摊销、机物料消耗、劳动保护费，以及季节性和修理期间的停工损失等，贷方登记在会计报告期末分配计入各种产品成本的制造费用，期末一般无余额。制造费用明细账样本见表 3-16。

表 3-16 制造费用明细账

车间： 年 月 单位：元

年		凭证号	摘要	项目					合计
月	日			原材料	工薪费用	水电费	折旧费	其他费用	

（二）编制制造费用分配表

在同一车间内按照受益对象，选择科学的分配方法分配制造费用，并编制制造费用分配表，为登记“生产成本——基本生产成本”明细账准备资料。制造费用分配表见表 3-17。

表 3-17 制造费用分配表

车间： 年 月 金额单位：元

受益产品	分配标准	分配率	分配金额
合计			

会计主管： 会计： 制表：

（三）依据制造费用分配表填制转账凭证

依据制造费用分配表填制转账凭证，并登记基本生产成本明细账。基本生产成本明细账样本见表 3-4。相应账务处理为：借记“生产成本——基本生产成本（××产品）”账户，贷记“制造费用”账户。会计分录模板为：

借：生产成本——基本生产成本（甲产品） 甲产品分配额

——基本生产成本（乙产品） 乙产品分配额

贷：制造费用 制造费用总额

三、制造费用的分配方法

通过制造费用的归集，企业在某一会计期间发生的制造费用都已归属到了制造费用的明细账内，在会计期末，为了正确计算产品的生产成本，还要将制造费用合理地分配到有关产品成本中去。分配的原则是：在基本生产部门只生产一种产品的情况下，其归集的制造费用是直接计入费用，应直接计入该种产品的成本；在生产多种产品的情况下，则间接计入费用应采用适当的分配方法分配计入各种产品成本。

分配的方法有很多，但通常采用的有生产工人工时比例法、生产工人工资比例法、机器工时比例法、年度计划分配率法以及按耗用原材料数量或成本进行分配、按直接成本（原材料、燃料、动力、生产工人工资及应提取的福利费之和）和按产品产量进行分配等方法。下面主要介绍前四种方法。

（一）制造费用的分配方法

1. 分配标准

制造费用的分配标准主要有实际生产工时、定额工时、计划工时、计划耗用费用等。这些分配标准各有特点，企业可根据实际情况选用。

（1）生产工人工时比例法。

生产工人工时比例法是按照各种产品所耗用的生产工人实际工时比例分配制造费用的一种方法。其计算公式如下：

$$制造费用分配率=\frac{制造费用总额}{实际工时之和}$$

$$某种产品应分配的制造费用=该种产品生产工时\times制造费用分配率$$

按生产工人工时比例分配制造费用，能将劳动生产率与产品负担的制造费用结合起来，得到的分配结果比较合理。如果劳动生产率提高，则单位产品生产工时减少，所负担的制造费用也就降低，因此，它是一种较好的分配方法，在实际工作中用得也较多。

上述公式中的生产工时，一般使用实际生产工时，但如果企业产品定额工时比较准确，也可以使用定额工时计算。

（2）生产工人工资比例法。

生产工人工资比例法是按照计入各种产品成本的生产工人实际工资的比例分配制造费用的一种方法。其计算公式为：

$$制造费用分配率=\frac{制造费用总额}{生产工人工资总额}$$

$$某种产品应负担的制造费用=该种产品生产工人工资\times制造费用分配率$$

采用这种分配方法，由于其分配依据即生产工人工资的资料在工资分配表中是现成的，因而核算工作很简便；并且，如果生产工人工资对产品来说是直接计入费用，则生产工人的工资能直接反映产品生产数量的多少，从而使用此方法分配的制造费用对不同的产品来说负担比较合理。但要注意的是，采用这种方法的前提是各种产品的生产机械化程度相差不多；否则，机械化程度高的产品，由于工资费用少，分配负担的制造费用也少，就会影响费用分配的合理性。此外，还要说明的是，如果生产工人工资是按照生产工时比例分配计入各种产品成本的，那么按照生产工人工资比例分配制造费用，实际上也就是按照生产工时比例分配制造费用。

（3）机器工时比例法。

机器工时比例法是以各种产品生产时所用机器设备工时数作为分配标准来分配制造费用的一种方法。其计算公式为：

$$制造费用分配率=\frac{制造费用总额}{机器工时总数}$$

某种产品应负担的制造费用＝该种产品机器工时数×制造费用分配率

当机器设备主要的生产因素以及机器工时与人工工时没有必然联系时，这种方法较为适用。特别是在机械化程度较高的生产部门，采用这种方法分配的结果较准确。因为，在这种情况下，制造费用中与机器设备使用有关的费用所占比重大，如折旧费、修理费等，而人工费用较少，如仍按前两种方法分配，则会造成机械化程度较低的产品由于其生产工人工资及所用人工工时较多，负担的制造费用较大，而机械化程度较高的产品，由于其人工成本和所用人工工时较少，负担的制造费用也较少的不合理分配结果。因此，在生产机械化程度较高的生产部门，其制造费用以与设备运转时间有密切关系的机器工时为标准进行分配比较合理。但采用这种方法，必须具备各种产品所用的机器工时的原始记录，这相应增加了机器工时资料收集的成本。

值得一提的是，由于制造费用包括各种性质和用途的费用，为增强分配结果的合理性，也可以将制造费用加以适当的分类，例如分为与机器设备有关的费用、与生产组织和管理有关的费用两大类，分别选用机器工时比例法和生产工人工时比例法进行分配。当然，选择这种分配方法的前提是：制造费用在产品成本中所占的比重较大，并且增加的核算工作量不多。

（4）年度计划分配率法。

年度计划分配率法也叫预订分配率法，它是根据企业正常经营条件下的年度制造费用预算数和预计产量的定额标准数预先计算分配率，然后按此分配率分配制造费用的一种方法。这种分配方法的基本步骤是：

1）计算年度计划分配率。年度计划分配率的计算公式为：

$$年度计划分配率=\frac{年度制造费用计划总额}{年度预计生产定额总数}$$

年度预计生产定额可以是预计产量的生产工人工时，也可以是直接生产工人的工资，还可以是机器工时数等。

2）按年度计划分配率分配制造费用。计算公式为：

某种产品应分配的制造费用＝该种产品的实际产量定额标准×年度计划分配率

3）处理分配的差异。按年度计划分配率分配的制造费用数额与制造费用实际数额之间通常存在着差异，对此差异的处理方法是：年末，将差异额按已分配的比例再进行一次分配，计入到各生产单位所生产的产品成本中去。实际数大于已分配数的，用蓝字补记；实际数小于分配数的，用红字冲回。下面举例说明。

案例 3－15：2016 年 8 月，太白公司一车间全年制造费用计划总额为 62 000 元，全年甲、乙两种产品的计划产量分别为 600 件和 400 件，单位产品的工时定额为：甲产品 7 小时，乙产品 5 小时，则：

制造费用年度计划分配率＝62 000÷（600×7＋400×5）

=62 000÷（4 200+2 000）

=10（元/小时）

案例 3-16：承案例 3-15，假定该公司 2016 年 8 月的实际产量为甲产品 50 件、乙产品 30 件，该月实际制造费用为 5 200 元。则：

甲产品应分配的制造费用=50×7×10=3 500（元）

乙产品应分配的制造费用=30×5×10=1 500（元）

8 月计划成本总额=3 500+1 500=5 000（元）

因而 8 月出现制造费用差异额 200（5 200-5 000）元，即该公司 8 月出现"制造费用"账户借方余额 200 元，这 200 元的借方余额平时不再分配。

因此，采用这种分配方法，年度中间制造费用明细账以及与之相联系的制造费用总账不仅可能有月末余额，而且既可能是借方余额，也可能是贷方余额。年末，如果"制造费用"账户仍然有余额，就是全年制造费用的实际发生额与计划分配额的差异，那么，就要再进行一次分配，予以调整使余额为零。

案例 3-17：承案例 3-15，假设公司到 12 月底已按计划分配率分配制造费用 60 100 元，其中甲产品为 41 000 元，乙产品为 19 100 元。实际全年累计发生制造费用62 000 元，那么年度共少分配制造费用 1 900（62 000-60 100）元，则甲、乙两种产品应再分配制造费用如下：

甲产品应再分配的制造费用=1 900÷60 100×41 000=1 296.17（元）

乙产品应再分配的制造费用=1 900-1 296.17=603.83（元）

案例 3-17 是全年制造费用实际发生额大于计划分配额的情况，其账务处理是：借记"生产成本——基本生产成本（××产品）"账户，贷记"制造费用"账户。如果是实际发生额小于计划分配额，则用红字记录。

采用年度计划分配率法分配制造费用，因年度内各个月份并不进行差异再分配，因此，相对来说可简化分配手续，发生的制造费用相差不多，但生产淡月和旺月的产量相差悬殊，如果按照实际费用分配，各月单位产品成本中的制造费用将随之或高或低，而这并不是生产部门工作本身引起的，因而不便于成本分析工作的进行。采用年度计划分配率法来分配则可较好地避免这个问题。但采用这种分配方法，必须有较高的计划管理水平，否则，若年度制造费用的计划数脱离实际成本太大，就会影响成本计算的准确性。

对制造费用的分配方法，企业可根据自身实际情况合理地加以选用，而且在条件没有变化的情况下，不应随便变更。如需变更，应在会计报表附注中予以说明。

基本生产制造费用分配以后，如果企业不单独核算废品损失和停工损失，则企业生产费用在各种产品之间横向的分配和归集已经结束，就可以进行下一步的工作，即产品成本在完工产品和在产品之间的分配。但在要求单独反映和控制废品损失及停工损失的情况下，在进行成本核算时，其核算程序还应包括对废品损失和停工损失的核算，概括为生产损失核算。

2. 分配方法

制造费用各种分配方法的实质是正比例分配法，所不同的是分配标准的差异。具体分配公式和步骤如下：

（1）计算分配标准总额：

分配标准总额＝分配标准$_{甲}$＋分配标准$_{乙}$

如果采用耗用量定额，首先要计算出定额耗用量，然后进行分配标准总额计算。

（2）计算制造费用分配率：

$$制造费用分配率=\frac{待分配费用}{分配标准总额}$$

（3）计算分配金额：

甲分配的制造费用＝制造费用分配率×分配标准$_{甲}$

乙分配的制造费用＝制造费用分配率×分配标准$_{乙}$

如果制造费用分配率经过四舍五入处理，最后一种产品分配的制造费用必须采用倒挤法求得，计算公式如下：

乙分配的制造费用＝待分配费用－甲分配的制造费用

说明：制造费用的分配方法与材料费用的分配方法如出一辙，分配步骤也相同，所不同的只是分配标准不同而已。我们学习时，一定要抓住正比例分配法的精髓，举一反三，以最少的通用公式解决最多的相类问题，提高学习的效率。本教材在以后章节不再赘述上述分配步骤，只列出分配标准和方法运用时应注意的问题。

（二）制造费用分配举例

案例 3－18：青岛先瑞塑编有限责任公司一车间自动化程度比较高。2016 年 12 月，生产 A、B 两种产品，生产 A 产品 30 000 件，机器工时定额 3 小时；生产 B 产品 12 000 件，机器工时定额 5 小时。一车间本月共发生生产费用 45 000 元。分配制造费用并编制会计分录。

解：列式计算如下：

（1）计算制造费用分配标准总额：

A 产品定额机器工时＝3×30 000＝90 000（小时）

B 产品定额机器工时＝5×12 000＝60 000（小时）

定额机器工时总额＝90 000＋60 000＝150 000（小时）

（2）计算制造费用分配率：

制造费用分配率＝45 000÷150 000＝0.30（元/小时）

（3）计算制造费用分配额：

A 产品分配制造费用＝0.30×90 000＝27 000（元）

B 产品分配制造费用＝0.30×60 000＝18 000（元）

分配制造费用的会计分录如下：

借：生产成本——基本生产成本（A 产品）	27 000	
——基本生产成本（B 产品）	18 000	
贷：制造费用		45 000

课堂巩固练习：2016 年 12 月，企业一车间本月制造费用明细账借方发生额合计为 8 000元，甲产品实际消耗 600 工时，乙产品实际消耗 1 400 工时，按照实际耗用工时比例分配本月制造费用，并编制会计分录。

（三）外购动力费用的核算

外购动力主要指外购的电力、热力等。外购动力实际上相当于外购的材料，只是没有以实物形式存在。所以，在管理上不要求单独核算外购动力的企业，可直接将外购动力计入制造费用；对于在管理上要求单独核算外购动力的企业，按照下列方法进行核算。

在会计处理上，外购动力和外购材料既有不同之处，也有相同之处。相同的是耗用的外购动力也可以计量，而且是根据其不同用途记入有关的成本、费用类账户；不同的是动力购入时由于没有价值实体，因而无法设专门账户进行核算，也无收、发、存多环节的核算，而是在外购时，根据其具体用途直接借记各成本、费用类账户。在实际工作中，由于外购动力付款期与成本、费用核算期不一致，即外购动力付款日期往往是下月初，而成本、费用核算期一般在月末，因而付款时并不反映为成本、费用，而是先记入“应付账款”账户，等到月末核算成本、费用时，再将其分配到各有关成本、费用类账户中。

外购动力费用的分配原则是：在不同受益单位或对象有仪表记录的情况下，应根据各仪表所示耗用动力的数量以及动力的单价直接计算计入受益单位的成本、费用；在没有仪表记录的情况下，则要按一定的标准分配计入各受益对象，如可以按生产工时的比例、机器功率时数（机器功率×机器时数）的比例或定额耗用量的比例分配。

如前所述，为了加强对能源的核算和管理，动力与燃料耗费较大的企业，可将生产工艺用动力与生产工艺用燃料合设一个“燃料和动力”成本项目。因此，用于产品生产的动力费用应单独记入“基本生产成本”账户的“燃料和动力”成本项目。在记入时，如果企业所生产的产品分别装有显示动力耗用量的仪表，应根据仪表所显示的各种产品的耗用数量和外购动力的单价，直接计入各种产品成本的该成本项目；如果没有按产品安装动力耗用量仪表，应选择适当的分配方法，分配计入到各该产品成本的这一成本项目。外购动力费用的分配一般是通过编制外购动力费用分配表进行的，其格式见表3-18。

表3-18　外购动力费用分配表

单位名称：　　　　年　月　日　　　　金额单位：元

应记账户		费用项目	耗用电量分配			供电单价	分配金额
			机器工时	分配率	分配量		
基本生产成本	A产品	燃料及动力					
	B产品	燃料及动力					
	小计						
辅助生产成本	供气	燃料及动力					
	机修	燃料及动力					
	小计						
制造费用	基本生产车间	水电费					
管理费用		水电费					
合计							

会计主管：　　　　会计：　　　　制表：

第五节　辅助生产费用的归集与分配

一、辅助生产费用的含义

辅助生产是指为基本生产车间、企业行政管理部门等单位提供服务而进行的产品生产和劳务供应。辅助生产车间如供电车间、机修车间、供气车间、模具车间等。辅助生产车间生产的产品或提供的劳务，有时也可以对外销售。

二、辅助生产费用的归集

辅助生产费用要通过“辅助生产成本”账户进行归集。

在只生产一种产品或提供单一劳务的辅助生产部门，其所发生的费用都属于直接费用，因而在发生时可直接计入该产品或劳务的有关成本项目，因此，成本归集的程序比较简单。

在提供多种产品或劳务的辅助生产部门，其所发生的费用需要由两个或两个以上的产品或劳务负担，共用费用要在不同受益对象之间进行分配。在核算时，应注意下列问题：

（1）根据各项费用分配表登记各辅助生产成本明细账及制造费用明细账。

（2）分配辅助生产部门之间相互提供的劳务或产品，记入制造费用明细账。

（3）期末将各辅助生产部门的制造费用结转至辅助生产成本明细账（见表 3-19），以计算各辅助生产的产品或劳务的成本。

表 3-19　　辅助生产成本明细账

产品名称：供电　　2016 年 12 月 31 日

本月投产数量：　　本月完工产品数量：　　月末在产品数量：　　金额单位：元

2016 年		凭证号数（略）	摘要	成本项目			合计
月	日			直接材料	直接人工	制造费用	
12	1		月初在产品成本				
12	31		直接材料分配表				
12	31		直接人工分配表				
12	31		制造费用分配表				
12	31		生产费用合计				
12	31		结转完工产品成本				
			完工产品单位成本				

需要说明的是，上述辅助生产费用的归集是通过专设“制造费用”账户进行的，但这并不是统一要求。实际工作中可根据辅助生产部门规模大小、制造费用多少等方面来确定。一般来说，如果企业辅助生产规模较大，制造费用较多，或对外提供产品、劳务等，则可单设“制造费用”账户来归集辅助生产过程中发生的制造费用；如果企业辅助生产规模较小，制造费用极少，又不对外提供产品、劳务，则可不单设“制造费用”账户，而将辅助生产过程中发生的制造费用直接计入辅助生产成本。

三、辅助生产费用的分配

辅助生产费用的分配是指根据辅助生产成本各明细账上所归集的费用，采用一定的方法计算出产品或劳务的总成本和单位成本，并按受益对象耗用的数量计入基本生产成本或期间费用的过程。分配辅助生产费用的方法有很多，主要有直接分配法、交互分配法、代数分配法、计划成本分配法和顺序分配法等。

（一）直接分配法

直接分配法是指将辅助生产部门发生的产品或劳务成本，全部直接分配给辅助生产部门以外各受益对象的一种方法。这种分配方法的精髓可以概括为“只对外，不对内”。它的特点是辅助生产部门之间相互提供产品或劳务的成本不分配，即既不转出也不转入。它的分配计算公式如下：

$$费用分配率=\frac{某辅助生产部门}{待分配费用}\div\frac{该辅助生产部门提供给辅助生产}{部门以外受益对象的劳务总量}$$

某受益对象应负担的费用＝该受益对象接受的劳务供应总量×费用分配率

案例 3-19：自强有限责任公司有供电和机修两个辅助生产车间，2016 年 10 月，供电车间本月共发生费用 6 000 元，机修车间本月共发生费用 3 000 元。公司有一车间和二车间两个基本生产车间，本月辅助生产车间提供产品和服务资料见表 3-20。

表 3-20　　辅助生产费用资料表

受益部门	厂部	一车间	二车间	供电车间	机修车间	合计
提供电力（千瓦时）	1 000	5 500	1 500		2 000	10 000
提供机修工时（工时）	20	100	30	50		200

要求：运用直接分配法分配本月辅助生产费用，并编制会计分录。

解：列式计算如下：

(1) 分配供电费用：

供电费用分配率＝6 000÷（1 000＋5 500＋1 500）＝0.75（元/千瓦时）

厂部分配供电费用＝0.75×1 000＝750（元）

一车间分配供电费用＝0.75×5 500＝4 125（元）

二车间分配供电费用＝0.75×1 500＝1 125（元）

（2）分配机修费用：

机修费用分配率＝3 000÷（20＋100＋30）＝20（元/工时）

厂部分配机修费用＝20×20＝400（元）

一车间分配机修费用＝20×100＝2 000（元）

二车间分配机修费用＝20×30＝600（元）

列表计算，见表 3－21。

表 3－21　　辅助生产费用分配表

编制单位：自强有限责任公司　　2016 年 10 月 31 日　　金额单位：元

项目	厂部	一车间	二车间	供电车间	机修车间	合计	分配标准	生产费用
供电数量	1 000	5 500	1 500	0	2 000	10 000	10 000	6 000
费用分配率	0.75	0.75	0.75				0.75	
费用分配额	750	4 125	1 125	0		6 000		
机修数量	20	100	30	50	0		200	3 000
费用分配率	20	20	20				20	
费用分配额	400	2 000	600	0	0	3 000		
费用合计	1 150	6 125	1 725	0	0	9 000		

会计主管：　　会计：　　制表：

编制会计分录如下：

借：管理费用　　1 150

　　制造费用——一车间　　6 125

　　　　　　——二车间　　1 725

贷：生产成本——辅助生产成本（供电）　　6 000

　　　　　　——辅助生产成本（机修）　　3 000

直接分配法是将辅助生产部门待分配的费用只对其以外的单位分配一次，因而计算工作比较简单。但是，由于各辅助生产部门的费用不全，会导致分配结果不够客观准确，因而它适用于辅助生产部门提供产品或劳务不多的企业。

（二）交互分配法

交互分配法是将辅助生产部门相互提供的产品或劳务先交互分配，然后将各辅助生产部门交互分配后的实际费用全部分配给辅助生产车间以外的受益单位的一种方法。这种分配方法可以高度概括为“先对内，后对外”。其特点是进行两次分配，第一次分配根据各辅助生产部门相互提供的产品或劳务数量和交互分配前的分配率进行一次分配；第二次分配将各辅助生产部门交互分配后的实际费用再分配给辅助生产部门以外的受益单位。相关计算公式如下：

交互分配：

$$\text{某辅助生产部门产品或劳务交互分配率}=\text{该辅助生产部门直接费用}\div\text{产品或劳务供应总量}$$

交互分配额＝某辅助生产部门受益的产品或劳务数量×对应的分配率

对外分配：

某辅助生产部门产品或劳务对外分配率＝该辅助生产部门对外待分配的费用÷对外提供产品或劳务数量

某辅助生产部门对外待分配的费用＝该辅助生产部门直接费用＋交互分入的费用－交互分配出的费用

某受益单位应分摊的辅助生产费用＝该单位受益的产品或劳务数量×辅助生产部门产品或劳务对外分配率

案例 3-20：利用案例 3-19 的资料，按照交互分配法分配辅助生产费用，并编制相关的会计分录。

解：列式计算分配如下：

（1）交互分配辅助生产费用：

供电费用分配率＝6 000÷10 000＝0.60（元/千瓦时）

机修车间负担供电费用＝0.60×2 000＝1 200（元）

机修费用分配率＝3 000÷200＝15（元/工时）

供电车间负担机修费用＝15×50＝750（元）

（2）交互分配后的实际费用：

供电车间费用＝6 000－1 200＋750＝5 550（元）

机修车间费用＝3 000－750＋1 200＝3 450（元）

列表计算，见表 3-22。

表 3-22　**辅助生产费用分配表**

编制单位：自强有限责任公司　2016 年 10 月 31 日　金额单位：元

项目	厂部	一车间	二车间	供电车间	机修车间	合计	分配标准	生产费用
供电数量	1 000	5 500	1 500	0	2 000	10 000	10 000	6 000
费用分配率				0.60				
费用分配额					1 200			
机修数量	20	100	30	50	0	200	200	3 000
费用分配率					15			
费用分配额				750				
费用合计				750	1 200	1 950		

会计主管：　会计：　制表：

编制会计分录如下：

借：生产成本——辅助生产成本（机修）　1 200
　　　　　　——辅助生产成本（供电）　750
　贷：生产成本——辅助生产成本（机修）　750
　　　　　　　——辅助生产成本（供电）　1 200

（3）列式计算对外分配：

1）分配供电费用：

供电费用分配率＝5 550÷（1 000＋5 500＋1 500）＝0.69（元/千瓦时）

厂部分配供电费用＝0.69×1 000＝690（元）

一车间分配供电费用＝0.69×5 500＝3 795（元）

二车间分配供电费用＝5 550－690－3 795＝1 065（元）

供电费用对外分配的会计分录如下：

借：管理费用　　690

制造费用——一车间　　3 795

——二车间　　1 065

贷：生产成本——辅助生产成本（供电）　　5 550

2）分配机修费用：

机修费用分配率＝3 450÷（20＋100＋30）＝23（元/工时）

厂部分配机修费用＝23×20＝460（元）

一车间分配机修费用＝23×100＝2 300（元）

二车间分配机修费用＝23×30＝690（元）

机修费用对外分配的会计分录如下：

借：管理费用　　460

制造费用——一车间　　2 300

——二车间　　690

贷：生产成本——辅助生产成本（机修）　　3 450

3）分配辅助生产费用合计：

厂部分配辅助生产费用＝690＋460＝1 150（元）

一车间分配辅助生产费用＝3 795＋2 300＝6 095（元）

二车间分配辅助生产费用＝1 065＋690＝1 755（元）

列表计算对外分配辅助生产费用，见表 3-23。

表 3-23　　**辅助生产费用分配表**

编制单位：自强有限责任公司　　2016 年 10 月 31 日　　金额单位：元

项目	厂部	一车间	二车间	供电车间	机修车间	合计	分配标准	生产费用
供电数量	1 000	5 500	1 500	0	2 000	10 000	8 000	5 550
费用分配率	0.69	0.69	0.69					
费用分配额	690	3 795	1 065			5 550		
机修数量	20	100	30	50	0		150	3 450
费用分配率	23.00	23.00	23.00					
费用分配额	460	2 300	690			3 450		
费用合计	1 150	6 095	1 755			9 000		

会计主管：　　会计：　　制表：

供电费用对外分配和机修费用对外分配也可以合并编制一笔会计分录，具体如下：

借：管理费用　　1 150

制造费用——一车间　　6 095

——二车间　　1 755

贷：生产成本——辅助生产成本（供电）　　5 550

——辅助生产成本（机修）　　　　3 450

课堂巩固练习：某企业设有机修和供电两个辅助生产车间，2016年8月的相关资料如表3－24所示。

表3－24　　**辅助生产费用资料表**　　金额单位：元

受益单位 / 提供单位	第一车间	第二车间	厂部	供电车间	机修车间	产品定额	发生费用
供电车间（千瓦时）	3 000	4 000	1 000	—	2 000	0.45	4 000
机修车间（小时）	100	80	20	40	—	8.50	1 920

请分别采用直接分配法和交互分配法分配本月辅助生产费用，并进行相应的账务处理。

（三）代数分配法

代数分配法是运用代数中解联立方程式的原理，求出辅助生产产品或劳务的实际单位成本以后，再按各个受益对象耗用产品或劳务的数量分配辅助生产费用的一种方法。该种方法的要点是“内外一起算”。列方程的依据如下：

某辅助生产部门提供产品总成本＝本部门发生费用＋其他辅助车间转入费用

或

产出数量×产出分配率＝本部门费用＋转入数量×转入分配率

具体计算步骤如下：

(1) 设未知数，并根据辅助生产车间之间交互服务关系建立方程组。

(2) 解方程组，算出各种产品或劳务的单位成本。

(3) 用各单位成本乘以各受益部门的耗用量，求出各受益部门应分配计入的辅助生产费用。

案例3－21：利用案例3－19的资料，按照代数分配法分配辅助生产费用，并编制相关的会计分录。

解：设供电单位成本为x元/千瓦时，机修单位成本为y元/工时，根据题意得：

$$\begin{cases}10\,000x=6\,000+50y\\200y=3\,000+2\,000x\end{cases}$$

整理得：

$$\begin{cases}10\,000x-50y=6\,000\\2\,000x-200y=-3\,000\end{cases}$$

解该联立方程组，得：

$$\begin{cases}x=0.710\,526\,316\\y=22.105\,263\,16\end{cases}$$

按照0.710 526 316元/千瓦时的单位成本计算电费分配额，按照22.105 263 16元/小时的单位成本计算机修分配额，见表3－25。

表 3-25　　辅助生产费用分配表

编制单位：自强有限责任公司　　2016 年 10 月 31 日　　金额单位：元

项目	厂部	一车间	二车间	供电车间	机修车间	合计	分配标准	生产费用
供电数量	1 000	5 500	1 500	0	2 000	10 000	10 000	6 000
费用分配率								0.710 526 316
费用分配额	710.53	3 907.89	1 065.79		1 421.05	7 105.26		
机修数量	20	100	30	50	0		200	3 000
费用分配率								22.105 263 16
费用分配额	442.10	2 210.53	663.16	1 105.26		4 421.05		
费用合计	1 152.63	6 118.42	1 728.95	1 105.26	1 421.05	11 526.31		6 000

会计主管：　　会计：　　制表：

计算验证：

分配前各辅助生产费用之和＝6 000＋3 000＝9 000（元）

分配给辅助生产单位以外单位的费用之和＝1 152.63＋6 118.42＋1 728.95＝9 000（元）

很明显，结算结果正确。

辅助生产费用分配的会计分录如下：

借：管理费用　　1 152.63
　　制造费用——一车间　　6 118.42
　　　　　　——二车间　　1 728.95
　　生产成本——辅助生产成本（供电）　　1 105.26
　　　　　　——辅助生产成本（机修）　　1 421.05
　　贷：生产成本——辅助生产成本（供电）　　7 105.26
　　　　　　　　——辅助生产成本（机修）　　4 421.05

注意：（1）运用代数分配法分配辅助生产费用时，分配率一般要求保留小数点后 8 位数，不然很可能造成“辅助生产成本”账户结转后余额不等于零的情况出现。

验证辅助生产费用分配计算是否正确，可用等式“分配前各辅助生产费用之和＝分配给辅助生产单位以外单位的费用之和”。如果不相等，可能有两种情况：第一，计算错误；第二，因为分配率保留位数不够。假设是第二种情况，可调整“分配给辅助生产单位以外单位的费用”，使其和等于“分配前各辅助生产费用之和”即可。

（2）在解一次方程组时，最好借助 Excel 工具，运用公式法求解（行列式），以提高计算精度和计算速度。

采用代数分配法分配费用，分配结果最准确。但在分配之前要解联立方程，如果辅助生产部门较多，未知数较多，则计算工作比较复杂，因而这种方法适用于计算工作已经电算化的企业。

（四）计划成本分配法

计划成本分配法是根据辅助生产提供劳务的计划单位成本和各受益单位的受益量分配辅助生产费用的一种方法。采用计划成本分配法，每月进行两次分配，先是按劳务的计划单位成本分配辅助生产部门为各受益单位（包括其他辅助生产部门）提供的费用，然后将辅助生产部门实际发生的费用（包括交互分配转入的费用）与按计划成本分配出去的费用的差额即成本差异，分配给辅助生产部门以外的受益单位。相关计算公式为：

按计划成本分配：

$$\text{某受益对象应分配的劳务费用（含辅助生产部门）}=\text{该受益对象的受益数量}\times\text{计划单位成本}$$

分配成本差异：

$$\text{成本差异}=\text{各辅助生产部门发生的费用}+\text{按计划成本分配转入的费用}-\text{按计划成本分配转出的费用}$$

$$\text{成本差异分配率}=\text{成本差异}\div\text{辅助生产部门以外的受益单位劳务量（或分配的计划成本）}$$

$$\text{某受益单位应分配的成本差异}=\text{该受益单位受益量（或分摊的计划成本）}\times\text{成本差异分配率}$$

如果企业形成的辅助生产成本差异不大，为了简化核算，也可将每月成本差异直接记入“管理费用”账户。

案例 3-22：利用案例 3-19 的资料，假设供电单位成本为 0.65 元/千瓦时，机修单位成本为 22 元/小时，按照计划成本分配法分配辅助生产费用，并编制相关的会计分录。

解：列表计算，见表 3-26。

表 3-26　辅助生产费用分配表

编制单位：自强有限责任公司　　2016 年 10 月 31 日　　金额单位：元

项目	厂部	一车间	二车间	供电车间	机修车间	合计	分配标准	生产费用
供电数量	1 000	5 500	1 500	0	2 000		10 000	6 000
费用分配率				0.65				
费用分配额	650	3 575	975		1 300	6 500		
机修数量	20	100	30	50	0		200	3 000
费用分配率					22			
费用分配额	440	2 200	660	1 100		4 400		
费用合计	1 090	5 775	1 635	1 100	1 300	10 900		9 000

会计主管：　　会计：　　制表：

编制会计分录如下：

借：管理费用　1 090
　　制造费用——一车间　5 775
　　　　　　——二车间　1 635
　　生产成本——辅助生产成本（供电）　1 100
　　　　　　——辅助生产成本（机修）　1 300
　贷：生产成本——辅助生产成本（供电）　6 500
　　　　　　　——辅助生产成本（机修）　4 400

案例 3-23：承案例 3-22，该公司辅助生产费用已经按照计划成本分配法进行分配，请对成本差异额进行分配。

解：供电费用成本差异＝6 000＋1 100－6 500＝600（元）

机修费用成本差异＝3 000＋1 300－4 400＝－100（元）

成本差异总额＝600＋（－100）＝500（元）

成本差异分配率＝500÷（1 090＋5 775＋1 635）＝0.058 823 53

分配成本差异：

厂部分配金额＝0.058 823 53×1 090＝64.12（元）

一车间分配金额＝0.058 823 53×5 775＝339.72（元）

二车间分配金额＝500－64.12－339.72＝96.16（元）

分配成本差异的会计分录为：

借：管理费用　　64.12

　　制造费用——一车间　　339.72

　　　　　　——二车间　　96.16

　　贷：生产成本——辅助生产成本（供电）　　600

　　　　　　　　——辅助生产成本（机修）　　100

采用计划成本分配法，尽管也经过两次分配，但由于第一次分配时计划成本已事先制定，故不用单独计算费用分配率；第二次分配虽然要计算分配率，但由于涉及的受益对象少，如果企业计划辅助生产成本制定得比较准确，完全可以将成本差异额一次计入管理费用，因而可以大大简化计算工作。同时，通过辅助生产成本的计算，还能反映和考核辅助生产成本计划执行的情况；又由于辅助生产成本按比例分配的差异在实际中可全部计入管理费用，各受益单位所负担的劳务费用都不包括辅助生产成本差异因素，因而还便于分析和考核各受益单位的成本，有利于分清企业内部各单位的经济责任。但采用这种分配方法的前提要求是，制定的计划单位成本必须比较准确，否则将影响分配结果的合理性。

（五）顺序分配法

顺序分配法又称阶梯法，是指各辅助生产部门分配费用按照受益多少的顺序排列，受益少的排在前面，先行分配，受益多的排在后面，再行分配的一种方法。其分配特点是，前者分配给后者，而后者不分配给前者，后者的分配额等于后者的直接费用加上前者分配来的费用之和。

案例 3－24：沿用案例 3－19 的资料，按照顺序分配法分配辅助生产费用，并编制相关的会计分录。

解：因为该公司只有两个辅助生产车间相互提供劳务，机修车间利用供电车间的供电费用比较多，所以分配顺序为：供电车间→机修车间。根据这一顺序编制辅助生产费用分配表。

（1）供电费用分配表见表 3－27。

表 3－27　　辅助生产费用分配表（供电费用）

2016 年 10 月 31 日　　金额单位：元

受益部门	厂部	一车间	二车间	供电车间	机修车间	合计
供电数量	1 000	5 500	1 500	—	2 000	10 000
供电费用	600	3 300	900	—	1 200	6 000
分配率						0.60

会计主管：　　会计：　　制表：

借：管理费用　　600

　　制造费用——一车间　　3 300

　　　　　　——二车间　　900

　　生产成本——辅助生产成本（机修）　　1 200

贷：生产成本——辅助生产成本（供电）　　6 000

分配后，机修车间的费用＝3 000＋1 200＝4 200（元）。

（2）机修费用分配表见表 3-28。

表 3-28　　辅助生产费用分配表（机修费用）

2016 年 10 月 31 日　　金额单位：元

受益部门	厂部	一车间	二车间	供电车间	机修车间	合计	参加分配
机修数量	20	100	30	50	—	200	150
机修费用	560	2 800	840	—		4 200	4 200
分配率							28

会计主管：　　会计：　　制表：

借：管理费用　　560

制造费用——一车间　　2 800

——二车间　　840

贷：生产成本——辅助生产成本（机修）　　4 200

采用顺序分配法，不进行交互分配，各辅助生产部门只分配一次辅助生产费用，即分配给辅助生产费用以外的受益单位和排在后面的其他辅助生产部门，因而计算工作比较简便，但其毕竟未全面考虑辅助生产部门之间的交互服务关系，因此分配结果不够准确。另外，各辅助生产部门费用分配的先后顺序也比较难确定。所以，这种方法一般只适用于辅助生产部门较多且交互服务数量有明显差异（可以进行排序）的企业。

要说明的是，在以上例子里，辅助生产部门的制造费用都是直接记入“辅助生产成本”账户，而不通过“制造费用”账户核算。在此种情况下，辅助生产费用分配表中的待分配费用，只需根据辅助生产成本明细账中中的待分配费用（包括直接材料、直接人工和制造费用等全部费用）填制。如果辅助生产部门的制造费用是通过专设的“制造费用”账户核算，则辅助生产费用分配表中的待分配费用应是辅助生产成本明细账中的待分配费用（即专设成本项目的直接材料和直接人工费用）与辅助生产部门制造费用明细账中的待分配费用之和。

通过对辅助生产费用的分配，应计入本月产品成本的生产费用都已分别归集到了“基本生产成本”和“制造费用”两个总账账户和明细分类账户的借方。其中，记入“基本生产成本”总账账户借方的生产费用，已在各产品成本计算单或基本生产成本明细账的本月发生额按“直接材料”“燃料及动力”“直接人工”等成本项目做了反映。制造费用分配后，在基本生产成本明细中就归集了本期产品生产过程中所发生的全部生产费用。

第六节　生产损失的核算

生产损失是指在生产过程中发生的不能正常产出的各种耗费。通常情况下，可将生产损失归为四类：一是生产损耗，即投入原材料的跑、冒、滴、漏及自然耗费等；二是生产废料，即生产过程中产生的边角余料；三是废品损失，即生产过程中因产品质量不符合规定的技术标准而发生的损失；四是停工损失，即由于机器故障及季节性、修理期间的停工而发生的耗费。这四类中的前两类，即生产损耗和生产废料，在成本计算时已经进行了考虑，有的被列入产品成本，有的变卖或作价入库成为收入。因此，成本核算中的生产损失主要指的是废品损失和停工损失。如果企业废品损失比较小或要求不严格，可以不单独核算。

一、废品损失核算

生产中的废品是指不符合规定的技术标准，不能按照原定用途使用，或需要加工修理才能使用的在产品、半成品或产成品。它包括在生产过程中发现以及入库后发现的所有废品，但不包括：入库时确定为合格品，由于保管不善等原因而发生损坏或变质的产品；质量虽不符合规定标准，但经检定，可以无须返修即可降价出售或使用的产品；实行“三包”的企业在产品出售后发现废品所发生的一切损失。

废品按能否修复分为可修复废品和不可修复废品。可修复废品是指经过修理可以使用，而且所花费的修复费用在经济上合算的废品；不可修复废品则是指技术上不能修复，或者所花费的修复费用在经济上不合算的废品。

废品损失是指在生产过程中由于主客观原因造成产品质量不符合规定的技术标准而发生的价值耗费，包括在生产过程中发现的、入库后发现的各种废品的报废损失和修复费用。为了单独核算废品损失，应增设“废品损失”账户，在成本项目中增设“废品损失”项目。“废品损失”账户的借方登记不可修复废品的生产成本和可修复废品的修复费用；贷方反映废品材料回收价值、有关赔偿的数额以及分配转出的废品损失。“废品损失”账户一般按车间设立明细账并按产品品种分设专户，期末结转后该账户无余额。

（一）不可修复废品损失的核算

不可修复废品损失的核算涉及两方面的内容，即不可修复废品报废损失额的计算和对损失的会计处理。

不可修复废品的报废损失是指废品的生产成本扣除回收的残料价值及应收赔偿款后的损失。但由于不可修复废品生产成本是同合格品成本归集在一起的，所以要将废品报废以前与合格品计算在一起的各项费用，采用适当的分配方法，在合格品与废品之间进行分配。废品生产成本的确定方法一般有按废品所消耗的实际费用计算和按废品所消耗的定额费用计算两种。

1. 按废品所消耗的实际费用计算废品损失

这一方法是指在废品报废时，根据废品和合格品发生的全部实际费用，采用一定的分配标准，在合格品与废品之间进行分配，计算出废品的实际成本。其计算公式为：

$$废品负担的直接材料费用=\frac{某产品直接材料费用总额}{合格品数量+废品数量}\times废品数量$$

$$废品负担的直接人工费用=\frac{某产品直接人工费用总额}{合格品数量+废品数量}\times废品数量$$

$$废品负担的制造费用=\frac{某产品制造费用总额}{合格品数量}$$

如果某产品于月末尚有部分产品未完工，则上述公式中的分母还应包括在产品数量或约当产量（或工时）。约当产量是指将在产品折合成相当于完工产品的数量，具体的折合方法将在下一章详细阐述。

废品损失的计算一般是通过编制废品损失计算表进行的，下面举例说明。

案例 3－25：2016 年 12 月，某企业一车间投产甲产品 2 000 件，本月全部完工，月初没有在产品。生产过程中发现其中有 20 件为不可修复废品，其他 1 980 件均为合格产品。合格品和废品共同发生的生产费用为：原材料费用 300 000 元，直接人工费用80 000元，制造费用 65 000 元，合计 445 000 元。原材料在生产开始时一次投入。原材料费用按产量比例分配，其他费用按生产工时比例分配。产品生产工时为：合格品9 920小时，废品 80 小时。废品残料回收价值 200 元。根据上述资料，编制废品损失计算表，见表 3－29。

表 3－29　　**废品损失计算表**

车间名称：一车间　　2016 年 12 月

产品名称：甲产品　　金额单位：元

项目	产量（件）	直接材料	生产工时（小时）	直接人工	制造费用	成本合计
列号	1	2	3	4	5	6
生产费用总额	2 000	300 000	10 000	80 000	65 000	445 000
费用分配率		150		8	6.50	
废品生产成本	20	3 000	80	640	520	4 160
减：残料价值		200				200
废品损失		2 800		640	520	3 960

会计主管：　　会计：　　制表：

根据表 3－29 编制会计分录如下：

（1）结转废品生产成本的分录：

借：废品损失——甲产品　　4 160

　　贷：生产成本——基本生产成本（甲产品）　　4 160

（2）回收残料入库的分录：

借：原材料　　200

　　贷：废品损失——甲产品　　200

（3）将分配净损失 3 960 元转入合格品成本的分录：

借：生产成本——基本生产成本（甲产品）　　3 960

　　贷：废品损失——甲产品　　3 960

在上述会计分录中，第（1）项分录是从甲产品成本明细账的各成本项目中将属于废品的成本项目转出；第（3）项分录是将废品净损失转入该产品成本明细账中的“废品损失”项目。这样，既可通过“废品损失”账户总括反映整个企业的废品损失，又可通过产品成本明细账“废品损失”项目具体反映各种产品的废品损失。具体内容见表 3－30。

表 3－30　　**基本生产成本明细账**

产品名称：甲产品　　2016 年 12 月 31 日　　月末在产品数量：0 件

本月投产数量：2 000 件　　本月完工产品数量：1 980 件　　金额单位：元

2016 年		凭证号数（略）	摘要	成本项目				合计
月	日			直接材料	直接人工	制造费用	废品损失	
12	31		直接材料分配表	300 000				300 000
12	31		直接人工分配表		80 000			80 000

续前表

2016年		凭证号数（略）	摘要	成本项目				合计
月	日			直接材料	直接人工	制造费用	废品损失	
12	31		制造费用分配表			65 000		65 000
12	31		减：不可修复废品成本	3 000	640	520		4 160
12	31		转入废品净损失				3 960	3 960
12	31		生产费用合计	297 000	79 360	64 480	3 960	444 800
12	31		结转完工产品成本	297 000	79 360	64 480	3 960	444 800
12	31		月末在产品成本	0	0	0	0	0
			完工产品单位成本	150	40.08	32.57	2.00	224.65

从表 3－30 可以看出，从产品成本中转出废品损失 4 160 元，而转入产品成本的废品净损失只有 3 960 元，这似乎意味着产品成本由于发生废品反而减少了。事实并非如此，因为，这里减少的只是产品的总成本，单位合格品的生产成本实际上是提高了。

按废品的实际费用计算和分配废品损失，计算结果符合实际，但核算工作量较大。如果废品是在完工以后发现的，这时单位废品负担的各项生产费用应与单位合格产品完全相同，因此，可按合格品数量和废品数量的比例分配各项生产费用，计算分配实际成本。

2. 按废品所消耗的定额费用计算废品损失

这种方法是按废品的数量和各项费用定额计算废品的定额成本，再将废品定额成本扣除废品残值或应收赔款后即为废品损失，而不考虑废品实际发生的费用。

案例 3－26：2016 年 12 月，企业基本生产车间（一车间）在生产乙产品过程中，发生不可修复废品 10 件，按其所消耗定额费用计算废品的生产成本。原材料费用单位定额为 200 元，废品已完成定额工时 10 小时，每小时费用定额为：工资及福利费 3 元，制造费用 9 元。回收残料价值 150 元。根据此资料编制废品损失计算表，见表 3－31。

表 3－31　　**废品损失计算表**

（按定额成本计算）

车间名称：一车间　　2016 年 12 月 13 日

产品名称：乙产品　　废品数量：10 件　　金额单位：元

项目	直接材料	定额工时	直接人工	制造费用	成本合计
单位费用定额	200	10	3	9	—
废品定额成本	2 000		30	90	2 120
减：残料价值	150				150
废品报废损失	1 850		30	90	1 970

会计主管：　　会计：　　制表：

根据表 3－31 编制会计分录的方法与按实际费用计算废品成本的方法相同。

采用这一方法，计算工作比较简单，并且可以不受废品实际费用水平高低的影响，便于进行成本的分析与考核，但前提是必须具备准确的消耗定额和费用定额资料。

（二）可修复废品损失的核算

可修复废品损失指的是在修复过程中发生的各种费用，即废品的修复费用。因此，修

复后的产品成本应该由修复前发生的生产费用与修复过程中发生的各项修复费用共同构成。如果有废品回收残值或应收赔款，应从废品损失中扣除。

可修复废品损失在废品修复时计算。其计算公式如下：

可修复废品损失＝修复废品材料费用＋修复废品工资及福利费＋修复废品制造费用

上述公式中的材料费用、工资及福利费和制造费用数额从各种费用分配表中取得。其分录模板如下：

(1) 根据各种费用分配表结转修复费用时：

借：废品损失——××产品　　　　损失金额

　　贷：原材料（应付职工薪酬、制造费用等）　　　　损失金额

(2) 回收残值或应收赔款时：

借：原材料（或其他应收款）　　　　回收金额

　　贷：废品损失——××产品　　　　回收金额

(3) 将废品损失计入生产成本时：

借：基本生产成本——××产品　　　　计入损失金额

　　贷：废品损失——××产品　　　　计入损失金额

上述废品损失的核算见图 3-4。

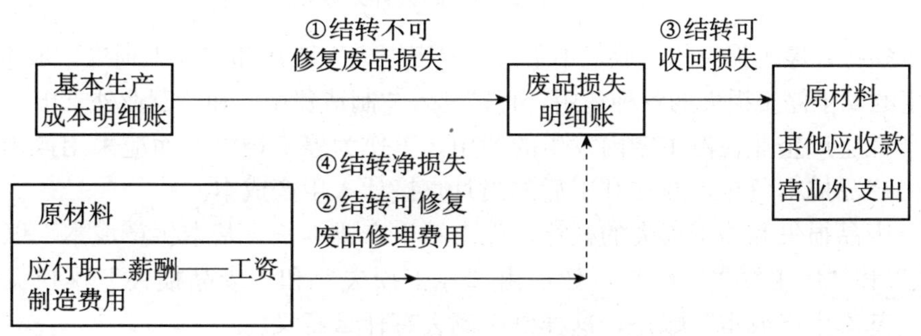

图 3-4　废品损失的核算

在不单独核算废品损失的生产企业，不设“废品损失”账户，在产品成本项目中也不设“废品损失”项目，只是在回收残值或应收赔款时冲减“基本生产成本”账户，并从产品成本明细账的有关成本项目中扣除。

二、停工损失核算

停工损失是指企业生产部门由于停电、待料、机器设备发生故障或进行大修、发生非常灾害以及计划减产而停止正常生产所造成的损失。它主要包括停工期间所耗用的燃料和动力费、工资及福利费以及应负担的制造费用等。由过失单位或保险公司负担的赔款应冲减停工损失。为了简化核算工作，停工不满一个工作日的，一般不计算停工损失。

企业发生停工时，由车间填制“停工单”，并在考勤记录中登记，在“停工单”中，应详细列明停工的范围、起止时间、原因、过失单位或个人等内容。“停工单”经会计部门审核后，作为停工损失核算的原始凭证。

为了单独核算停工损失，企业应专设“停工损失”账户，并在成本项目中增设“停工损失”项目。

“停工损失”账户是为了归集和分配停工损失而设立的，其借方归集本月发生的停工损失，贷方登记分配结转的停工损失，月末一般无余额。该账户应按车间分别设置明细账，账内分设专栏或专行进行明细分类核算。

停工损失由于产生的原因不同，其分配结转的方法也不同。对于应向过失人或保险公司索赔的，转入“其他应收款”账户；属于自然灾害等原因引起的非正常停工损失，计入“营业外支出”账户；对于其他原因造成的停工损失，则应计入产品成本，列入“基本生产成本”账户。如果停工的车间生产多种产品，则应当采用适当的分配方法（一般采用分配制造费用的方法）分配计入各产品成本。分配完毕，该账户无余额。具体会计处理程序见图 3-5。

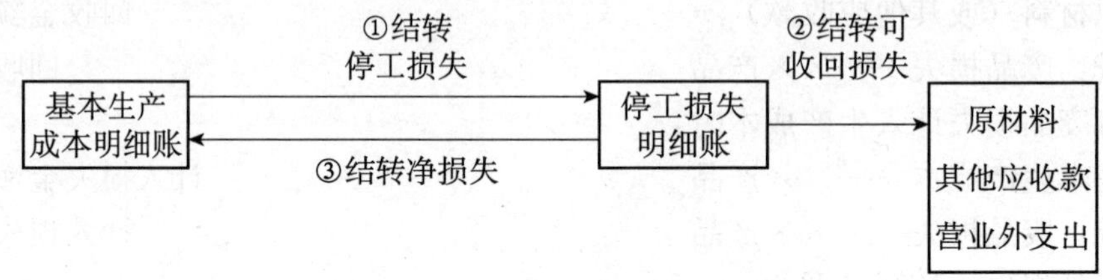

图 3-5 停工损失的会计处理程序

在不单独核算停工损失的企业，不单设“停工损失”账户和“停工损失”成本项目。停工期间发生的属于停工损失的各种费用，直接计入“制造费用”和“营业外支出”等账户。

对季节性生产企业在停工期内发生的费用，不作为停工损失，而应采用摊销的方法在开工期间由产品成本负担，或在开工后的当月直接计入生产成本。

思考：废品损失和停工损失的核算，先由“生产成本——基本生产成本”账户结转到“废品损失”和“停工损失”账户，然后由“停工损失”和“废品损失”账户又转回“生产成本——基本生产成本”账户，这样倒来倒去有什么意义？

知识体系总结

一、知识体系逻辑关系表

	项目	分类	计算步骤	备注
要素费用的分配	分配方法概括	1. 正比例分配法	一标二率三分配	演变：系数分配法和计划分配率分配法
		2. 倒挤法	分配额＝总额－∑其他费用	单独或结合运用
		3. 数学模型分配法	一列二解三分配	如代数分配法
	材料费用分配	1. 实际耗用量	一标二率三分配	可简化为两步
		2. 定额耗用量	一标二率三分配	
		3. 定额耗用费用	某产品分配标准＝（月末在产品数量－月初在产品数量）×在产品耗用定额＋完工产品数量×完工产品耗用定额	

要素费用的分配	薪酬费用分配	1. 薪酬费用	一标二率三分配	分配标准：实际工时、定额工时
		2. 其他薪酬费用	某产品分配额＝某产品工资总额×计提比例	包括福利费、工会经费、职工教育经费、“五险一金”
	制造费用分配	1. 生产工人工时比例法	一标二率三分配	适合劳动密集型企业
		2. 生产工人工资比例法	一标二率三分配	适合工资差别小的企业
		3. 机器工时比例法	一标二率三分配	适合机械化程度高的企业
		4. 年度计划分配率法	1至11月： 某产品分配额＝计划分配率×某产品耗用量 12月： (1) 某产品分配额＝计划分配率×某产品耗用量 (2) 某产品分配额＝调整分配率×某产品全年累计耗用量	调整分配率＝车间全年累计差异/车间全年累计耗用量 适合计划管理水平比较高的企业
	辅助生产费用分配	1. 直接分配法	用正比例分配法将费用直接分配给辅助单位以外的受益单位	只对外，不对内
		2. 交互分配法	(1) 在辅助生产单位之间分配 (2) 分配给辅助单位以外的受益单位	先对内，后对外
		3. 代数分配法	一列二解三分配	计算最准确
		4. 计划成本分配法	(1) 一个步骤，按月分配 (2) 每月调整一次差异，也可直接记入“管理费用”账户	
		5. 顺序分配法	(1) 将费用按由大到小的顺序排列 (2) 按序分配	由小到大，按序分配
生产损失		废品损失	不可修复废品损失	
			可修复废品损失	
		停工损失	停工达到1天及以上	

二、要素费用归集与分配及产品成本计算图示

要素费用归集与分配及产品成本计算流程见下图，诠释如下：

(1) 编制生产费用汇总表，归集材料费用、人工费用及其他费用（折旧、水电费等），并对应编制费用分配表，在全厂各受益部门或受益产品之间分配相关生产费用。

(2) 根据归集分配的上述生产费用对应登记基本生产成本明细账、辅助生产成本明细账、制造费用明细账并进行汇总。

(3) 编制辅助生产费用分配表，在全厂各受益部门分配辅助生产费用。

(4) 编制制造费用分配表，在同一车间的不同产品之间分配结转制造费用，并对应登记基本生产成本明细账（或产品成本计算单）。

(5) 在基本生产成本明细账（或产品成本计算单）中，运用适当方法在完工产品和月

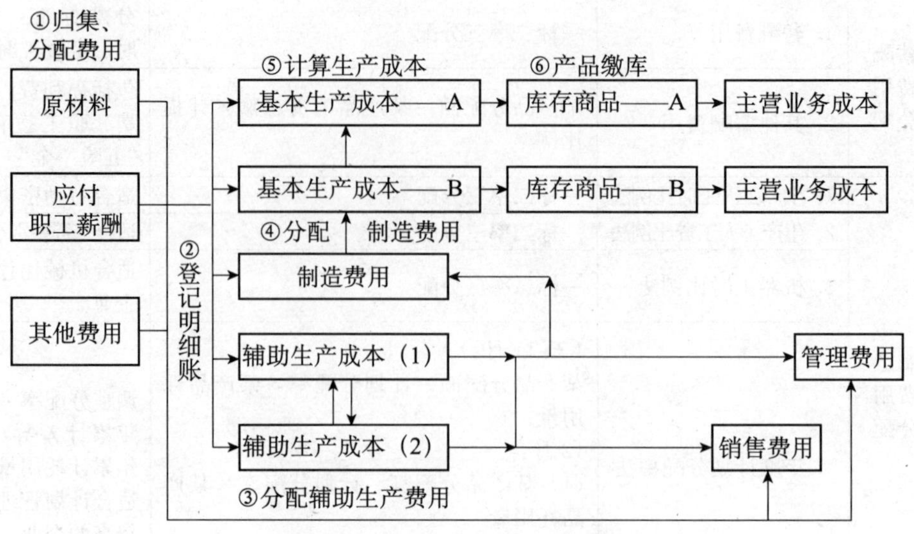

要素费用归集与分配及产品成本计算

末在产品之间分配生产费用，计算完工产品总成本和单位成本。

（6）产品缴库，结转完工产品成本。

课后综合实训

Ⅰ成本会计理论实训题

一、单项选择题

1. 正比例分配法的完整步骤中，核心步骤是（　　）。

A. 计算分配标准　B. 计算费用分配率　C. 计算分配金额　D. 倒挤分配金额

2. 正比例分配法的第二步骤是（　　）。

A. 计算分配标准　B. 计算费用分配率　C. 计算分配数量　D. 计算分配额

3. 材料核算中，归集费用的账表是（　　）。

A. 领料单　B. 材料费用分配表　C. 材料费用汇总表　D. 转账凭证

4. 张三本月生产A产品200件，其中工废废品2件，料废废品3件，该产品单位计件工资15元，则张三本月计件工资为（　　）元。

A. 3 000　B. 2 925　C. 2 970　D. 2 955

5. 在制造费用的分配方法中，采用（　　）方式时，生产工人工时比例法与生产工人工资比例法的分配结果相等。

A. 完全计时工资　B. 完全计件工资

C. 计时工资＋计件工资　D. 计件工资＋奖金

6. 月末结转后可能有余额的制造费用分配方法是（　　）。

A. 定额工时比例法　B. 生产工人工时比例法

C. 机器工时比例法　　　　　　　　D. 年度计划分配率法

7. 适合机器工时比例法分配制造费用的情况是（　　）。

A. 劳动密集型车间　　　　　　　　B. 各种情况的车间

C. 一般情况的车间　　　　　　　　D. 机械化程度高的车间

8. 计算结果最准确的辅助生产费用分配方法是（　　）。

A. 直接分配法　　　　　　　　　　B. 交互分配法

C. 代数分配法　　　　　　　　　　D. 顺序分配法

9. 企业采用月薪制缺勤法计算工资时，请事假对职工有利的是（　　）。

A. 平月　　　　B. 大月　　　　C. 闰年 2 月　　　　D. 小月

10. 便于分析和考核各受益单位的成本，有利于分清企业内部各单位的经济责任是（　　）的一个优点。

A. 一次交互分配法　　　　　　　　B. 计划成本分配法

C. 直接分配法　　　　　　　　　　D. 代数分配法

11. 生产产品用的设备计提的折旧费应记入（　　）科目。

A. “基本生产成本”　　　　　　　B. “管理费用”

C. “辅助生产成本”　　　　　　　D. “制造费用”

12. 制造费用的各种分配方法各有其适用范围，其中适用于季节性生产的方法是（　　）。

A. 年度计划分配率法　　　　　　　B. 生产工人工时比例法

C. 机器工时比例法　　　　　　　　D. 生产工人工资比例法

13. 关于废品损失，下列说法正确的是（　　）。

A. 废品损失包括实行“三包”的企业在产品售出后发现的废品损失

B. 产品生产过程中发生的废品，由于其损失要从生产成本中转出，所以完工产品成本中不含废品损失

C. 可修复废品发生的修复费用就是修复后产品的成本

D. 如果废品是在完工后发现的，则单位废品负担的各项生产费用应与单位合格产品完全相同

14. 辅助生产成本的直接分配法，是将辅助生产成本直接（　　）的方法。

A. 分配给所有受益单位　　　　　　B. 计入基本生产成本

C. 分配给辅助生产以外的各受益单位　D. 分配给完工产品成本

15. 本月甲产品完工 2 000 件，材料定额 10 千克，在产品定额 6 千克，月初在产品 200 件，月末在产品 300 件，则本月甲产品材料定额耗用量为（　　）千克。

A. 20 000　　　　B. 12 000　　　　C. 19 000　　　　D. 20 600

16. 共耗材料费用采用定额耗用量比例法分配，无须考虑在产品变动的投料方式是（　　）。

A. 生产开始时一次投料　　　　　　B. 陆续投料

C. 分阶段投料　　　　　　　　　　D. 分散投料

二、多项选择题

1. 共耗费用分配的方法包括（　　）三大类。

A. 正比例分配法　B. 反比例分配法　C. 倒挤法　　　　D. 数学模型分配法

2. 正比例分配法的演变包括（ ）。
A. 系数比例分配法 B. 对数比例分配法
C. 计划分配率分配法 D. 数学模型分配法
3. 周转材料包括（ ）。
A. 主要材料 B. 辅助材料 C. 包装物 D. 低值易耗品
4. 材料费用的分配标准有（ ）。
A. 实际耗用量 B. 定额耗用量 C. 计划耗用量 D. 计划耗用费用
5. 职工薪酬包括（ ）。
A. 工资费用 B. 福利费 C. 住房公积金 D. 失业保险金
6. 工资总额包括（ ）。
A. 计时工资 B. 计件工资 C. 津贴 D. 补贴
7. 生产损失包括（ ）。
A. 停工损失 B. 停业损失 C. 废品损失 D. 管理损失
8. 制造费用的分配方法包括（ ）。
A. 生产工人工时比例法 B. 生产工人工资比例法
C. 年度计划分配率法 D. 机器工时比例法
9. 计入产品成本的材料成本包括生产过程中耗用的（ ）。
A. 原材料及辅助材料 B. 外购半成品及设备配件
C. 燃料 D. 低值易耗品及包装物
10. 产品成本构成要素核算一般要涉及（ ）账户。
A. “生产成本” B. “管理费用” C. “制造费用” D. “长期待摊费用”
11. 企业生产经营耗用的各种材料费用，按照其用途，应记入（ ）科目的借方。
A. “管理费用” B. “制造费用” C. “生产成本” D. “销售费用”
12. 计入产品成本的工资费用包括（ ）。
A. 生产部门工人的工资
B. 生产部门管理人员的工资
C. 按生产工人与生产部门管理人员工资提取的福利费
D. 生产部门职工食堂炊事员的工资
13. 需要对辅助生产成本进行两次或两次以上分配的方法有（ ）。
A. 代数分配法 B. 交互分配法 C. 计划成本分配法 D. 顺序分配法
14. 贷记“累计折旧”账户，则借记可以是（ ）账户。
A. “管理费用” B. “制造费用” C. “生产成本” D. “其他业务成本”
15. “生产成本”账户的借方可以登记（ ）。
A. 领用的原材料费用 B. 结转的制造费用
C. 产品完工缴库 D. 结转节约的材料成本差异
16. 计划成本分配法的优点是（ ）。
A. 简化计算工作量
B. 能反映和考核辅助生产成本计划的执行情况
C. 有利于分清企业内部各单位的经济责任

D. 计算结果准确

17.“废品损失”账户的贷方可能对应的账户有（　　）。

A.“其他应收款”　B.“原材料”　C.“基本生产成本”　D.“制造费用”

18.“停工损失”账户借方的对应账户可能是（　　）。

A.“基本生产成本”　B.“制造费用”　C.“原材料”　D.“应付职工薪酬”

19. 共耗人工费用的分配，采用（　　）标准分配时不需要考虑月初、月末在产品变动。

A. 实际工时　B. 定额工时　C. 完工产品数量　D. 应付工资

20. 采用定额工时比例分配共耗人工费用，假设本月完工产品数量不变，月初、月末在产品变动可能使定额耗用工时（　　）。

A. 增加　B. 减少　C. 不变　D. 前三种情况都可能

三、判断题

1. 系数分配法是正比例分配法的演变。（　　）

2. 正比例分配法的步骤可以总结为“一标二率三分配”。（　　）

3. 定额耗用量与耗用量定额含义相同。（　　）

4. 经济业务比较少、核算简单的企业，可以将材料费用汇总表与材料费用分配表合并。（　　）

5. 企业的同一月份，职工薪酬费用比职工工资费用要小。（　　）

6. 某企业车间工人工资计算实行计件工资制，在分配制造费用时，采用生产工人工资比例法与采用生产工人工时比例法计算，计算的结果完全一致。（　　）

7.“制造费用”账户月末结转后一定没有余额。（　　）

8. 工资的计算方式主要有计时工资和计件工资两种。（　　）

9. 在计件工资制度下，产生料废产品应照付工资。（　　）

10. 在计件工资制度下，产生工废产品应照付工资。（　　）

11. 不可修复废品是指在技术上不能修复的废品。（　　）

12. 各种产品共同耗用的原材料费用，按材料定额耗用量比例分配与按材料定额费用比例分配，由于分配依据不一样，其分配结果也是不同的。（　　）

13. 企业生产耗用的外购动力和燃料如果耗用量不大，占产品成本的比例很小，则可以不单独设立成本项目而直接计入直接材料项目核算。（　　）

14. 生产企业计提的所有职工的工资应分别计入产品成本和期间费用。（　　）

15. 企业在生产环节领用的与产品融为一体的包装材料应作为产品成本的构成内容核算。（　　）

16. 企业生产管理过程中发生的机器设备折旧费，由于不单设成本项目，因而核算上是先按使用单位归集，然后与其他间接费用一起分配计入产品成本和期间费用。（　　）

17. 企业生产部门发生的办公费、邮电费等尽管与产品生产没有直接关系，但也应计入产品成本。（　　）

18. 辅助生产部门发生的各项费用，在会计核算上均应直接计入“辅助生产成本”账户。（　　）

19. 企业辅助生产部门有的是提供劳务，如供电、运输等，有的是生产产品，如生产

工具、模具等。提供劳务的通过“辅助生产成本”账户核算，生产工具、模具的通过“基本生产成本”账户核算。（ ）

20.“制造费用”是集合分配账户，所以企业对制造费用无论采用什么方法分配，该账户期末均无余额。（ ）

21. 废品发生的损失，无论是可修复废品损失还是不可修复废品损失，均应由合格产品成本承担。（ ）

22. 企业发生的停工损失，无论是什么原因造成的，扣除责任人或保险公司赔偿后的净损失均计入产品成本。（ ）

四、简答题

1. 简要说明正比例分配法的基本步骤。
2. 简要说明五种辅助生产费用分配方法的要点。
3. 简要说明生产损失的核算。

Ⅱ成本会计实务操作

实务操作一

2016年8月，青岛先瑞有限责任公司一车间生产A、B两种产品，A产品产量3 000件，B产品产量6 000件。A、B两种产品共用甲材料15 600元。A产品耗用定额4千克，B产品耗用定额6千克。按要求进行实务操作。

1. 列式计算两种产品的耗用材料费用。

2. 填写材料费用分配表。

材料费用分配表

年 月 日 金额单位：元

应记账户		成本项目	分配计入			直接计入	合计
			耗用数量（千克）	分配率	分配额		
基本生产成本	A产品	直接材料					
	B产品	直接材料					
	小计						

会计主管： 会计： 制表：

3. 编制分配材料费用的会计分录。

实务操作二

2016 年 8 月，青岛先瑞有限责任公司一车间生产 A、B 两种产品，A 产品产量 3 000 件，B 产品产量 6 000 件。A、B 两种产品共用甲材料 15 600 元。A 产品耗用定额 4 千克，B 产品耗用定额 6 千克。假设 A 产品单独耗用丙材料 12 000 元。按要求进行实务操作。

1. 填写材料费用分配表。

材料费用分配表

年　月　日　　　　金额单位：元

应记账户		成本项目	分配计入			直接计入	合计
			耗用数量（千克）	分配率	分配额		
基本生产成本	A 产品	直接材料					
	B 产品	直接材料					
	小计						

会计主管：　　　　会计：　　　　制表：

2. 编制分配材料费用的会计分录。

实务操作三

2016 年 8 月，青岛先瑞有限责任公司二车间生产 C、D、E 三种产品，C 产品产量 2 000件，D 产品产量 5 000 件，E 产品产量 10 000 件。C、D、E 三种产品在同一流水线生产。C 产品实际耗用 5 000 工时，D 产品实际耗用 7 500 工时，E 产品实际耗用 11 500 工时。本月该流水线工人工资总额为 132 000 元，流水线管理人员工资为 5 000 元，厂部管理人员工资为 25 000 元。福利费计提比例为 14%，其他工薪费用暂不考虑。按要求进行实务操作。

1. 填写工薪费用分配表和福利费计提表。

工薪费用分配表

年　月　日　　　　金额单位：元

应记账户		成本项目	分配计入			直接计入	合计
			耗用数量（工时）	分配率	分配额		
基本生产成本	产品	直接人工					
	产品	直接人工					
	产品	直接人工					
	小计						
制造费用							
管理费用							
合计							

会计主管：　　　　会计：　　　　制表：

福利费计提表

年　　月　　日　　　　　　　　　　　　　　单位：元

<table>
<tr><th colspan="2">应记账户</th><th>成本项目</th><th>计提基数（元）</th><th>计提比例</th><th>计提金额</th></tr>
<tr><td rowspan="4">基本生产成本</td><td>产品</td><td>福利费</td><td></td><td>14%</td><td></td></tr>
<tr><td>产品</td><td>福利费</td><td></td><td>14%</td><td></td></tr>
<tr><td>产品</td><td>福利费</td><td></td><td>14%</td><td></td></tr>
<tr><td>小计</td><td>—</td><td></td><td>14%</td><td></td></tr>
<tr><td colspan="2">制造费用</td><td>福利费</td><td></td><td>14%</td><td></td></tr>
<tr><td colspan="2">管理费用</td><td>福利费</td><td></td><td>14%</td><td></td></tr>
<tr><td colspan="2">合计</td><td></td><td></td><td></td><td></td></tr>
</table>

会计主管：　　　　　　　　　　　会计：　　　　　　　　　　　制表：

2. 分别编制相关的会计分录。

（1）分配工薪费用：

（2）计提福利费：

实务操作四

2016 年 9 月，泰勒公司三车间生产 A、B 两种产品，本月发生制造费用 9 860 元，A 产品耗用机器工时 2 500 小时，B 产品耗用机器工时 1 500 小时。列式分配两种产品的制造费用，填写制造费用分配表，并编制会计分录。

列式计算：

填写分配表：

制造费用分配表

车间：　　　　　　　　　　　　年　　月　　　　　　　　　　　金额单位：元

受益产品	分配标准	分配率	分配金额
合计			

会计主管：　　　　　　　　　　会计：　　　　　　　　　　制表：

编制会计分录：

实务操作五

泰勒公司设有机修和供电两个辅助生产车间，2016 年 9 月，辅助生产车间产生费用及提供产品或服务资料见下表。分别按要求进行实务操作。

辅助生产费用资料

金额单位：元

受益单位 提供单位	厂部	第一车间	第二车间	供电车间	机修车间	定额成本	发生费用
供电车间（千瓦时）	1 000	3 000	4 000	—	2 000	0.45	4 000
机修车间（小时）	20	100	80	40	—	8.50	1 920

1. 按照直接分配法分配辅助生产费用，填写分配表，并编制相关的会计分录。

辅助生产费用分配表

企业名称：　　　　　　　　　　年　　月　　日　　　　　　　　　金额单位：元

项目	厂部	一车间	二车间	供电车间	机修车间	合计	分配标准	生产费用
供电数量								
供电分配率								
供电分配额								
机修数量								
机修分配率								
机修分配额								

会计主管：　　　　　　　　　　会计：　　　　　　　　　　制表：

编制会计分录：

2. 按照交互分配法分配辅助生产费用，填写分配表，并编制相关的会计分录。

（1）填写交互分配计算表：

辅助生产费用分配表

企业名称：　　　　　　　　　　年　　月　　日　　　　　　　　　　金额单位：元

项目	厂部	一车间	二车间	供电车间	机修车间	合计	分配标准	生产费用
供电数量								
供电分配率								
供电分配额								
机修数量								
机修分配率								
机修分配额								
费用合计								

会计主管：　　　　　　　　　　会计：　　　　　　　　　　制表：

编制交互分配会计分录：

（2）填写交互分配后费用分配表：

辅助生产费用分配表

企业名称：　　　　　　　　　　年　　月　　日　　　　　　　　　　金额单位：元

项目	厂部	一车间	二车间	供电车间	机修车间	合计	分配标准	生产费用
供电数量								
供电分配率								
供电分配额								
机修数量								
机修分配率								
机修分配额								

会计主管：　　　　　　　　　　会计：　　　　　　　　　　制表：

编制交互分配后会计分录：

3. 按照代数分配法分配辅助生产费用，填写分配表，并编制相关的会计分录。

（1）用代数分配法求分配率：

（2）填写辅助生产费用计算表：

辅助生产费用分配表

企业名称：　　　　　　　　　　　　年　　月　　日　　　　　　　　　　　金额单位：元

项目	厂部	一车间	二车间	供电车间	机修车间	合计	分配标准	生产费用
供电数量								
供电分配率								
供电分配额								
机修数量								
机修分配率								
机修分配额								

会计主管：　　　　　　　　　　　　会计：　　　　　　　　　　　　制表：

编制会计分录：

4. 按照顺序分配法分配辅助生产费用，填写分配表，并编制相关的会计分录。

（1）进行辅助生产费用的第一次分配：

辅助生产费用分配表

企业名称：　　　　　　　　　　　　年　　月　　日　　　　　　　　　　　金额单位：元

项目	厂部	一车间	二车间	供电车间	机修车间	合计	分配标准	生产费用
供电数量								
供电分配率								
供电分配额								
机修数量								
机修分配率								
机修分配额								

会计主管：　　　　　　　　　　　　会计：　　　　　　　　　　　　制表：

编制会计分录：

（2）进行辅助生产费用的第二次分配：

辅助生产费用分配表

企业名称：　　　　　　　　　　　　年　　月　　日　　　　　　　　　　　金额单位：元

项目	厂部	一车间	二车间	供电车间	机修车间	合计	分配标准	生产费用
供电数量								
供电分配率								
供电分配额								
机修数量								
机修分配率								
机修分配额								

会计主管：　　　　　　　　　　　　会计：　　　　　　　　　　　　制表：

编制会计分录：

实务操作六

泰勒有限责任公司设有机修和供电两个辅助生产车间，2016 年度辅助生产车间费用计划分配率分别为：供电计划成本 0.60 元/千瓦时，机修计划成本 15 元/工时。2016 年 1 月，辅助生产车间产生费用及提供产品或服务见下表。按要求进行实务操作。

辅助生产费用资料

金额单位：元

受益单位 提供单位	第一车间	第二车间	厂部	供电车间	机修车间	定额成本	发生费用
供电车间（千瓦时）	3 000	4 000	1 000	—	2 000	0.70	5 800
机修车间（小时）	100	80	20	40	—	15	4 100

1. 填写本月辅助生产费用分配表。

辅助生产费用分配表

企业名称：　　　　　　　　　　　　年　　月　　日　　　　　　　　　　　金额单位：元

项目	厂部	一车间	二车间	供电车间	机修车间	合计	实际费用	差异额
供电数量								
供电分配率								
供电分配额								
机修数量								
机修分配率								
机修分配额								

会计主管：　　　　　　　　　　　　会计：　　　　　　　　　　　　制表：

2. 根据分配表结转分配费用。

3. 直接将辅助生产成本差异结转到“管理费用”账户。

实务操作七

2016 年 1 月，泰勒有限责任公司一车间共生产 B 产品 6 000 件，其中合格产品 5 760 件，生产过程中发现不可修复产品 240 件，全部生产工时 6 000 小时，假设不可修复废品与合格品的生产费用相同。共发生费用：原材料费用 960 000 元，直接人工费用 168 000 元，制造费用 91 200 元。原材料于生产开始时一次投入，废品残值 4 800 元，对外出售获得价款已经存入银行。按要求进行实务操作。

1. 根据资料填制不可修复废品损失计算表。

不可修复废品损失计算表

车间名称：　　　　　　　　　　　　年　月　日

产品名称：　　　　　　　　　　　　　　　　　　　　　　　　金额单位：元

项目	产量	直接材料	生产工时	直接人工	制造费用	成本合计
列号	1	2	3	4	5	6
生产费用总额						
费用分配率						
废品生产成本						
减：残料价值						
废品损失						

会计主管：　　　　　　　　　　　会计：　　　　　　　　　　　制表：

2. 依据不可修复废品损失计算表编制相关的会计分录。

（1）结转废品生产成本的分录：

（2）回收残料入库的分录：

（3）将分配净损失 3 960 元转入合格品成本的分录：

3. 列式计算本月合格品总成本和单位成本。

实务操作八

2016 年 12 月，一车间完工 A 产品 3 000 件，完工产品工薪定额 5 工时；月初在产品 200 件，月末在产品 500 件，在产品定额 3 工时。完工 B 产品 1 200 件，B 产品工薪定额 3 工时；月初在产品 400 件，月末在产品 200 件，在产品材料耗用定额 1.5 工时。A、B 产品本月投入工薪费用 230 400 元，根据要求进行实务操作。

1. 列式计算 A、B 两种产品分配的工薪费用。

2. 列表计算 A、B 两种产品分配的工薪费用。

工薪费用分配表

企业名称：　　　　　　　　　　　年　　月　　日　　　　　　　　　　　金额单位：元

项目	完工数量	完工定额	月初在产品	月末在产品	在产品定额	分配标准	分配率	分配金额
A 产品								
B 产品								
合计	—	—	—	—	—			

会计主管：　　　　　　　　　　　会计：　　　　　　　　　　　制表：

3. 编制相应的会计分录。

第四章 产品成本在完工产品与月末在产品之间的分配

学习目标

能准确判断在产品和完工产品，能比较熟练地进行在产品清查的账务处理；掌握公式"本月完工产品成本＝月初在产品成本＋本月分配的生产费用－月末在产品成本"，深刻理解费用在完工产品和月末在产品之间分配的七种方法，熟练掌握约当产量比例法、在产品按定额成本计价法、定额比例法的计算；熟练编制费用分配表（在完工产品与月末在产品之间分配），会登记基本生产成本明细账。

学习重点："本月完工产品成本＝月初在产品成本＋本月分配的生产费用－月末在产品成本"，约当产量比例法、在产品按定额成本计价法、定额比例法的计算，基本生产成本明细账的登记。

学习难点：生产成本在完工产品和月末在产品之间的分配方法。

企业本月发生的生产经营费用，经过各种汇总表或明细账的归集，又经过各种分配表的分配，按照分配结果直接结转记入了对应产品的基本生产成本明细账。某一产品生产成本明细账中的要素费用，包括月初在产品成本和本月分配结转成本，这两者之和恰好就是费用在完工产品和月末在产品之间分配的对象。也就是说，费用在完工产品和月末在产品之间的分配内容，既包括上月结余的结转到本月的成本费用，又包括本月发生的分配结转的成本费用。

第一节　在产品的核算

一、在产品的含义

在产品是指企业已经投入生产，但尚未最后完工，不能作为商品出售的产品。在产品有广义和狭义之分。广义的在产品是针对整个企业而言的，是指产品生产从投料开始，到最终制成产成品交付验收入库前的一切产品，包括正在加工的在制品（含正在返修的废品）、已经完成一个或几个生产步骤但还需继续加工的半成品、尚未验收入库的产成品和等待返修的废品。狭义的在产品是针对企业内部某一生产单位或某一生产步骤来说的，仅指在企业的某一生产单位或步骤尚未加工或装配完成的产品。

学法指导：区别完工产品与广义的在产品，有两条判断标准：第一，企业最后完工；第二，可作为商品出售。同时满足这两条标准的加工品就是完工产品，不同时满足这两条标准的加工品就是广义的在产品。

思考：在养鸡场，鸡蛋是原材料还是在产品？或是完工产品？请说明理由。

二、在产品数量的确定

要准确核算在产品成本，必须准确地确定在产品的数量。在产品数量的确定方式通常有两种：第一，通过账面核算资料确定；第二，在采用前种确定方式下，要求企业设置在产品收发存账簿，这种账簿也叫在产品台账（见表 4－1），通过在产品台账的登记，反映在产品的数量。

表 4－1　　在产品台账

生产单位：　　生产工序：　　年　月　日　　产品名称：　　计量单位：

日期	摘要	收入		转出			结存			备注
		凭证号	数量	凭证号	合格品	废品	已完工	未完工	废品	
合计										

三、在产品清查及盘亏的核算

为了核实在产品实际结存数量，保证在产品的安全完整，做到账实相符，必须定期进行在产品的清查盘点。

在产品清查一般于月末结账前进行，并采用实地盘点法。根据盘点的结果填制在产品盘点表，并与在产品台账核对。

（一）在产品盘盈的核算

1. 发现在产品盘盈的处理

会计分录模板为：

借：生产成本——基本生产成本（××产品）　　盘盈金额

　　贷：待处理财产损溢——待处理流动资产损溢　　盘盈金额

2. 批准后准予转销的处理

会计分录模板为：

借：待处理财产损溢——待处理流动资产损溢　　盘盈金额

　　贷：管理费用　　盘盈金额

（二）在产品盘亏的核算

1. 发现在产品盘亏的处理

会计分录模板为：

借：待处理财产损溢——待处理流动资产损溢　　　　盘亏金额

　　贷：生产成本——基本生产成本（××产品）　　　　盘亏金额

2. 批准后准予转销的处理

会计分录模板为：

借：管理费用　　　　管理不善无法收回金额

　　原材料　　　　收回残料金额

　　营业外支出　　　　非正常损失金额

　　其他应收款　　　　责任人赔偿金额

　　贷：待处理财产损溢——待处理流动资产损溢　　　　盘亏总金额

说明：（1）现行会计制度规定，盘亏在产品必须结转对应的增值税，借记“待处理财产损溢——待处理流动资产损溢”账户，贷记“生产成本——基本生产成本（××产品）”“应交税费——应交增值税（进项税额转出）”账户。为了降低难度，在此暂不考虑增值税。

（2）对于产品盘盈或因管理不善盘亏无法收回部分的核算，批准后记入的科目很有争议。主要有三种观点：第一，记入“制造费用”账户，现行职称考试指定用书的观点。缺陷是分配这部分制造费用，会人为提高或降低其他产品的成本，使产品单位成本失真。第二，记入“管理费用”账户，部分专家及教科书的观点。优点是与一般存货盘盈、盘亏账务处理一致，并能简化核算。缺陷是配比关系略有错位。第三，记入“生产成本——基本生产成本（××产品）”账户，部分企业成本核算员观点。优点是能更好地反映每一种产品成本的本来面目，不会因为在产品的盘盈、盘亏而影响成本的计算精度。本教材采用第二种观点。

四、在产品与完工产品之间的数量关系

在产品与完工产品之间的数量关系有两层含义：第一层是数量关系；第二层是金额关系。这两层关系是计算产品成本的基础。由于本期期末在产品成本就是下期期初在产品成本，因此，在产品成本与完工产品成本存在下列关系：

月初在产品成本＋本月分配的生产费用＝本月完工产品成本＋月末在产品成本

移项整理得：

公式 1（金额关系）：

本月完工产品成本＝月初在产品成本＋本月分配的生产费用－月末在产品成本

上述公式可直接推衍出数量关系：

公式 2（数量关系）：

本月完工产品数量＝月初在产品数量＋本月投产数量－月末在产品数量

思考：公式 1 和公式 2 有什么联系和不同？

思考：我们知道，现行的教育制度是小学教育 6 年，初中教育 3 年，高中教育 3 年。

假设，现在是第一学期期末，基础教育 12 年每一级的学生人数相等，则各级的受教育年限依次是：0.5 年、1.5 年、2.5 年……11.5 年。那么，全体在校小学生平均受小学教育年限为 3 年，全体在校初中生平均受初中教育年限为 1.5 年，全体在校高中生平均受高中教育年限为 1.5 年。计算全体在校小学生、全体在校初中生、全体在校高中生平均受教育年限各是多少。

五、在产品的完工程度和投料程度

在产品的完工程度和投料程度是计算在产品约当产量的基础，为了分散下一节（本章第二节）约当产量比例法的难度，将在产品的完工程度和投料程度提前到这里讲解。

（一）在产品完工程度

(1) 分工序计算在产品完工程度。计算公式如下：

$$\text{在产品完工程度（完工率）}=\frac{\text{月末在产品累计投入人工费用}}{}\div\frac{\text{同数量的完工产品投入人工费用总额}}{}\times 100\%$$

或

$$\text{某工序在产品完工程度}=\frac{\text{前}\,n\,\text{道工序累计工时定额}+\text{本道工序工时定额}\times 50\%}{\text{单位产品工时定额}}\times 100\%$$

月末在产品约当产量＝月末在产品数量

(2) 不分工序计算在产品完工程度。如果在产品在各道工序的数量和单位在产品在各道工序的加工量都相差不多，则可以不分工序计算在产品完工程度，直接简化为各道工序的完工程度均为 50%。

在产品直接人工费用的约当产量，按照月末在产品投入的直接人工费用的累计金额与对应数量的完工产品投入的全部直接人工费用相除求得。制造费用的约当产量，一般与直接人工费用的约当产量相同。

（二）在产品投料程度

企业产品的生产工艺流程特点不同，往往其投料形式也不同，概括起来分三种情况：第一，如果直接材料在第一道工序起点一次全部投入，则在产品的投料程度为 100%；第二，如果直接材料随生产陆续投入，直接材料投入与直接人工投入基本同步，在产品的投料程度可按在产品的完工程度折算；第三，如果直接材料分阶段在每道工序起点投入，应按下列公式计算，公式中的投料既可以是在产品费用，也可以是在产品数量。

$$\text{在产品投料程度（投料率）}=\text{月末在产品累计投入材料费用}\div\text{同数量的完工产品投入材料费用总额}\times 100\%$$

或

$$\text{在产品投料程度}=\frac{\text{在产品上道工序累计投料}+\text{在产品本道工序投料}}{\text{完工产品投料}}$$

案例 4－1：企业生产甲产品只经过一车间这一道工序，月末在产品 200 件，在产品材料费用 5 000 元，直接人工费用 8 000 元。已知每件完工产品直接材料费用 60 元，直接人工费用 80 元。求在产品投料程度和完工程度。

解：

甲产品投料程度＝5 000÷（200×60）×100%＝41.67%

甲产品完工程度＝8 000÷（200×80）×100%＝50%

案例 4-2： 企业生产甲产品要依次经过一车间、二车间、三车间三道工序，已知三道工序完工产品在本道工序的定额工时分别是 2 小时、3 小时和 5 小时，各道工序月末在产品在本道工序的完工程度均为 50%。分别求各道工序月末在产品的完工程度。

解： 各道工序完工程度：

一车间完工程度＝2×50%÷10×100%＝10%

二车间完工程度＝（2＋3×50%）÷10×100%＝35%

三车间完工程度＝（2＋3＋5×50%）÷10×100%＝75%

在产品完工程度见表 4-2。

表 4-2　在产品完工程度

加工工序	一车间	二车间	三车间	合计
本道工序完工程度	50%	50%	50%	—
本道工序工时定额	2	3	5	10
到本道工序止累计工时	2×50%	2+3×50%	2+3+5×50%	—
整个企业完工程度（列式）	2×50%÷10	(2+3×50%)÷10	(2+3+5×50%)÷10	—
整个企业完工程度（结果）	10%	35%	75%	—

企业发生的生产经营费用经过归集与分配，可以按照对应的产品结转到“生产成本——基本生产成本”账户，然后在完工产品和月末在产品之间进行分配，求得完工产品成本。产品成本计算程序见图 4-1。

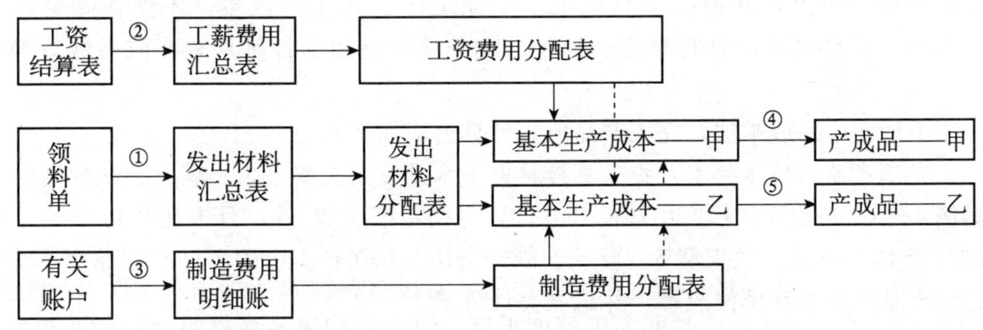

图 4-1　产品成本计算程序

第二节　生产成本在完工产品与月末在产品之间分配的方法

本月发生的生产成本费用（包括料、工、费三个成本项目），是成本核算的一项重要而复杂的工作，在产品结构复杂、零件种类和加工程序较多的情况下更是这样。企业应该根据在产品数量的多少、各月在产品数量变化的大小、各项费用所占比重的大小以及定额管理基础的好坏等条件，选择既合理又简便的分配方法，在完工产品与月末在产品之间分配费用。

在完工产品与月末在产品之间分配费用的方法有多种，若将其加以归纳，大体上可以分为两大类：

(1) 直接计算完工产品成本，然后倒挤出月末在产品成本，如约当产量比例法。

(2) 先计算月末在产品成本，然后倒挤出本月完工产品成本，如在产品按定额计价法。

完工产品和月末在产品之间费用分配的具体方法主要包括不计在产品成本法、按年初数固定计算在产品成本法、在产品按所耗直接材料费用计价法、约当产量比例法、在产品按完工产品成本计算法、在产品按定额成本计价法和定额比例法。在学习这七种方法时，牢牢把握“正比与倒挤”这一主线，具体步骤可概括为“一标二率三分配四倒挤”。当然，每一种分配方法，有的省略某些步骤，有的某些步骤顺序有所变化，但主线不变。望同学在学习时反复体会，理解其中奥妙，逐步学会“以最少的公式，解决最多的问题”的本领。下面分别加以介绍。

一、不计在产品成本法

采用这种费用分配方法时，月末虽然存在少量在产品，但是并不计算在成品成本，生产费用全部由完工产品负担。应该注意：采用这种分配方法的企业，每年的 12 月应该对在产品进行盘点，并根据盘点结果调整完工产品的生产成本，不然误差会逐渐累积，影响完工产品成本的计算精度。这种分配方法仅适用于各月月末在成品数量都很少的产品。

采用不计在产品成本法，完工产品成本计算公式如下：

完工产品总成本＝本月投入直接材料＋本月投入直接人工＋本月分配的制造费用

案例 4－3：企业 3 月投产甲产品 500 件，月初在产品 30 件，月末在产品 20 件，本月投入材料费 16 000 元、人工费 6 000 元、制造费用 2 000 元。运用不计在产品成本法计算本月完工产品总产本和单位成本，并编制会计分录。

解：列式计算如下：

本月完工产品数量＝30＋500－20＝510（件）

本月完工产品总成本＝16 000＋6 000＋2 000＝24 000（元）

完工产品单位成本＝24 000÷510＝47.06（元/件）

编制会计分录如下：

借：库存商品——甲产品　　24 000

　贷：生产成本——基本生产成本（甲产品）　　24 000

二、按年初数固定计算在产品成本法

采用这种分配方法时，各月末在产品的成本固定不变。这种分配方法适用于在产品数量较少，或者在产品数量虽然较大，但是各月之间在产品数量变化不大，在产品月初、月末数量相差不大的产品。例如，炼钢厂、化肥厂、炼油厂等均可以采用这种方法计算。但是，采用这种计算方法，每年的12月应该对在产品进行盘点，并根据盘点结果调整完工产品的生产成本。

采用按年初数固定计算在产品成本法，完工产品成本的计算公式如下：

完工产品总成本＝本月投入直接材料＋本月投入直接人工＋本月分配的制造费用

三、在产品按所耗直接材料费用计价法

这种分配方法适用于各月月末在产品数量较大，数量变化也较大，同时直接材料费用在在产品成本中所占比重较大的产品，例如，造纸、酿酒等行业的产品，直接材料费用占成本比重较大。采用这种分配方法时，月末在产品只计算耗用的直接材料费用，不计算所耗用的直接人工和制造费用。当月投入的直接人工和制造费用全部计入完工产品成本。

在产品按所耗直接材料费用计价法，分配直接材料费用的本质也是“正比与倒挤”，步骤也是“一标二率三分配四倒挤”。在该种方法中，“标”理解为“本月完工产品数量＋月末在产品数量”，“率”理解为“直接材料分配率”，“分配”理解为“按分配率计算的完工产品直接材料费用”，“倒挤”理解为“倒挤出月末在产品负担的直接材料费用”。相关的计算公式如下：

$$直接材料费用分配率=\frac{直接材料费用总额}{本月完工产品数量+月末在产品数量}$$

完工产品分配的直接材料费用＝直接材料费用分配率×完工产品数量

$$\begin{aligned}\text{月末在产品分配的直接材料费用}&=\text{月末在产品总成本}\\&=\text{直接材料费用总额}-\text{完工产品分配的直接材料费用}\end{aligned}$$

$$完工产品总成本=完工产品分配的直接材料费用+本月投入的直接人工+本月分配的制造费用$$

案例4-4：某企业3月初甲产品在产品60件，月初在产品材料成本1 900元。本月投产甲产品500件，本月投入材料费16 000元、人工费6 000元、制造费用1 000元，月末在产品50件。运用在产品按所耗直接材料费用计价法计算本月完工产品总成本和单位成本。

解：列式计算如下：

本月完工产品数量＝60＋500－50＝510（件）

直接材料费用分配率＝（16 000＋1 900）÷（510＋50）＝31.96（元/件）

完工产品材料费用＝510×31.96＝16 299.60（元）

月末在产品成本＝16 000＋1 900－16 299.60＝1 600.40（元）

完工产品总成本＝16 299.60＋6 000＋1 000＝23 299.60（元）

完工产品单位成本＝23 299.60÷510＝45.68（元/件）

列表计算，见表4-3。

表4-3　完工产品与月末在产品费用分配表

（在产品按所耗直接材料费用计价法）

产品名称：甲产品　　2016年3月31日　　完工产品数量：510件

成本项目	月初在产品		本月投入		费用合计	产量合计	分配率	完工产品总成本	月末在产品成本
	数量	成本	数量	成本					
列次	1	2	3	4	5=2+4	6	8=5/6	9	10=5-9
直接材料	60	1 900	500	16 000	17 900	560	31.96	16 299.60	1 600.40
直接人工	60		500	6 000	6 000	560	—	6 000	0
制造费用	60		500	1 000	1 000	560	—	1 000	0
合计	—	1 900	—	23 000	24 900	—	—	23 299.60	1 600.40

登记基本生产成本明细账，见表4-4。

表4-4　基本生产成本明细账

产品名称：甲产品　　2016年3月31日　　月末在产品数量：50件

本月投产数量：500件　　本月完工产品数量：510件　　金额单位：元

2016年		凭证号数（略）	摘要	成本项目			合计
月	日			直接材料	直接人工	制造费用	
3	1		月初在产品成本	1 900			1 900
	31		直接材料分配表	16 000			16 000
	31		直接人工分配表		6 000		6 000
	31		制造费用分配表			1 000	1 000
	31		生产费用合计	17 900	6 000	1 000	24 900
			结转完工产品成本	16 229.60	6 000	1 000	23 299.60
			月末在产品成本	1 600.40	0	0	1 600.40

四、约当产量比例法

约当产量比例法是指将在产品数量按照完工程度折算为相当于完工产品的数量（约当产量），然后以“完工产品数量＋在产品约当产量”为分配标准，以“月初在产品成本项目＋本月投入成本项目”为被分配总额，求得该成本项目分配率，最后计算完工产品费用和月末在产品成本费用的一种方法。其本质也是正比例分配法。采用该种分配方法，在产品既要计算直接材料费用，又要计算直接人工、制造费用。这种分配方法适用于月末在产品数量较大、各月月末在产品变化也较大、产品成本中直接材料费用和加工费所占比重相差不多的产品。

采用约当产量比例法在完工产品和月末在产品之间分配费用，在产品的完工程度和投料程度已经在上一节讨论过，在此不再重复，其他相关计算公式如下：

(1) 按工序计算月末在产品产量：

$$\text{第}\,n\,\text{道工序月末在产品约当产量}=\text{第}\,n\,\text{道工序月末在产品数量}\times\text{完工程度或投料程度}$$

$$\text{整个工序月末在产品约当产量}=\sum(\text{第}\,n\,\text{道工序月末在产品约当产量})$$

(2) 不按工序计算月末在产品产量：

$$\text{整个工序月末在产品约当产量}=\sum\left(\text{第}\,n\,\text{道工序月末在产品数量}\times\text{完工程度或投料程度}\right)$$

$$\text{某项费用分配率}=\frac{\text{该项费用总额}}{\text{完工产品数量}+\text{月末在产品约当产量}}$$

完工产品分配的某项费用＝完工产品数量×该项费用分配率

$$\text{月末在产品分配的某项费用}=\text{月末在产品约当产量}\times\text{该项费用分配率（费用分配率没有四舍五入时）}$$

$$=\text{该项费用总额}-\text{完工产品分配的该项费用（费用分配率经四舍五入处理时）}$$

注意：计算在产品约当产量时，各种费用的约当产量应该分别计算。

案例 4-5：企业生产甲产品只经过一道工序，2016 年 3 月投产甲产品 5 000 件，月初在产品 600 件，材料费用 60 000 元，人工费用 18 000 元，制造费用 12 000 元。本月完工 5 100 件。材料于生产开始时一次投入，本月投入材料费 589 000 元、直接人工 360 000 元，分配制造费用 220 000 元，直接人工和制造费用约当产量均为 50%。求完工产品总成本和单位成本，并登记基本生产成本明细账。

解：列式计算如下：

(1) 月末在产品数量＝(5 000＋600)－5 100＝500（件）

(2) 单位完工产品材料费分配率＝(60 000＋589 000)÷(5 100＋500×100%)＝115.89（元/件）

完工产品材料成本总额＝5 100×115.89＝591 039（元）

月末在产品材料成本总额＝60 000＋589 000－591 039＝57 961（元）

(3) 完工产品人工成本分配率＝(18 000＋360 000)÷(5 100＋500×50%)＝70.65（元/件）

完工产品人工成本总额＝5 100×70.65＝360 315（元）

月末在产品人工成本总额＝18 000＋360 000－360 315＝17 685（元）

(4) 完工产品制造费用分配率＝(12 000＋220 000)÷(5 100＋500×50%)＝43.36（元/件）

完工产品制造费用总额＝5 100×43.36＝221 136（元）

月末在产品制造费用总额＝12 000＋220 000－221 136＝10 864（元）

(5) 完工产品总成本＝591 039＋360 315＋221 136＝1 172 490（元）

完工产品单位成本＝115.89＋70.65＋43.36＝229.90（元）

月末在产品总成本＝57 961＋17 685＋10 864＝86 510（元）

列表计算，见表 4-5。

表 4-5　　完工产品与月末在产品费用分配表

（约当产量比例法）

产品名称：甲产品　　2016 年 3 月 31 日　　完工产品数量：5 100 件

成本项目	月初在产品成本	本月投入	生产费用合计	月末完工产品数量	月末在产品数量	折算数量合计	完工产品单位成本	完工产品总成本	月末在产品成本
列次	1	2	3=1+2	4	5	6=4+5×完工率	7=3/6	8=4×7	9=3-8
直接材料	60 000	589 000	649 000	5 100	500	5 600	115.89	591 039	57 961
直接人工	18 000	360 000	378 000	5 100	500	5 350	70.65	360 315	17 685
制造费用	12 000	220 000	232 000	5 100	500	5 350	43.36	221 136	10 864
合计	90 000	1 169 000	1 259 000	—	—	—	229.90	1 172 490	86 510

登记基本生产成本明细账，见表 4-6。

表 4-6　　基本生产成本明细账

产品名称：甲产品　　2016 年 3 月 31 日　　月末在产品数量：500 件

本月投产数量：5 000 件　　本月完工产品数量：5 100 件　　金额单位：元

2016 年		凭证号数（略）	摘要	成本项目			合计
月	日			直接材料	直接人工	制造费用	
3	1		月初在产品成本	60 000	18 000	12 000	90 000
	31		直接材料分配表	589 000			589 000
	31		直接人工分配表		360 000		360 000
	31		制造费用分配表			220 000	220 000
	31		生产费用合计	649 000	378 000	232 000	1 259 000
			结转完工产品成本	591 039	360 315	221 136	1 172 490
			完工产品单位成本	115.89	70.65	43.36	229.90
			月末在产品成本	57 961	17 685	10 864	86 510

下面仍采用案例 4-5 的资料，利用计算机辅助（Excel 表格）计算，并据以登记基本生产成本明细账。该方法的精度比较高，在企业中被广泛采用，同学们可在课后利用 Excel表格进行计算。

利用计算机辅助列表计算，见表 4-7，并与表 4-5 比较，看两者的精度差异。

表 4-7　　完工产品与月末在产品费用分配表

（约当产量比例法）

产品名称：甲产品　　2016 年 3 月 31 日　　完工产品数量：5 100 件

成本项目	月初在产品成本	本月投入	生产费用合计	月末完工产品数量	月末在产品数量	折算数量合计	完工产品单位成本	完工产品总成本	月末在产品成本
列次	1	2	3	4	5	6=4+5×完工率	7=3/6	8=4×7	9=3-8
直接材料	60 000	589 000	649 000	5 100	500	5 600	115.89	591 053.57	57 946.43

续前表

成本项目	月初在产品成本	本月投入	生产费用合计	月末完工产品数量	月末在产品数量	折算数量合计	完工产品单位成本	完工产品总成本	月末在产品成本
直接人工	18 000	360 000	378 000	5 100	500	5 350	70.65	360 336.45	17 663.55
制造费用	12 000	220 000	232 000	5 100	500	5 350	43.36	221 158.88	10 841.12
合计	90 000	1 169 000	1 259 000	—	—	—	229.90	1 172 548.90	86 451.10

登记基本生产成本明细账，见表 4－8。

表 4－8　　基本生产成本明细账

产品名称：甲产品　　2016 年 3 月 31 日　　月末在产品数量：500 件

本月投产数量：5 000 件　　本月完工产品数量：5 100 件　　金额单位：元

2016 年		凭证号数（略）	摘要	成本项目			合计
月	日			直接材料	直接人工	制造费用	
12	1		月初在产品成本	60 000.00	18 000.00	12 000.00	90 000.00
	31		直接材料分配表	589 000.00			589 000.00
	31		直接人工分配表		360 000.00		360 000.00
	31		制造费用分配表			220 000.00	220 000.00
	31		生产费用合计	649 000.00	378000.00	232 000.00	1 259 000.00
			结转完工产品成本	591 053.57	360 336.45	221 158.88	1 172 548.90
			月末在产品成本	57 946.43	17 663.55	10 841.12	86 451.10

案例 4－6：企业生产甲产品要经过一车间、二车间、三车间三道工序，已知三道工序完工的自制半成品的本道工序定额工时分别是 2 小时、3 小时和 5 小时，每道工序月末在产品在本道工序的完工程度均为 50%。3 月完工产品 560 件。

要求：(1) 分别求各道工序月末在产品的完工程度。

(2) 如果各道工序的在产品数量分别是 100 件、120 件和 110 件，求各道工序月末在产品的约当产量。

解：(1) 各道工序月末在产品的完工程度：

一车间完工程度＝2×50%÷10×100%＝10%

二车间完工程度＝（2＋3×50%÷10）×100%＝35%

三车间完工程度＝（2＋3＋5×50%÷10）×100%＝75%

(2) 各道工序月末在产品约当产量：

一车间月末在产品约当产量＝100×10%＝10（件）

二车间月末在产品约当产量＝120×35%＝42（件）

三车间月末在产品约当产量＝110×75%＝82.50（件）

三道工序月末在产品约当产量合计＝10＋42＋82.50＝134.50（件）

上述计算见表 4－9。

表 4-9　　在产品约当产量计算表

产品名称：甲产品　　2016 年 3 月 31 日　　单位：件

在产品所在工序	完工率（%）	在产品数量		完工数量	折合数量
		结存量	约当产量		
1	10	100	10		
2	35	120	42		
3	75	110	82.50		
合计	—	330	134.50	560	694.50

五、在产品按完工产品成本计算法

该方法的特点是：将在产品视同完工产品分配各项生产费用。它适用于在产品已经接近完成，只是尚未包装或尚未验收入库的产品。因为这种情况下的在产品已经基本加工完毕或已经加工完毕，在产品的成本也已经接近或等于完工产品成本，为了简化产品成本计算工作，可以把在产品视同完工产品，按两者的数量比例分配各项费用。

六、在产品按定额成本计价法

在产品按定额成本计价法是依据预先制定的定额成本计算月末在产品成本，然后从某种产品的全部生产费用（月初在产品费用＋本月投入费用）中扣减月末在产品的定额成本，就可以倒挤出完工产品成本。也就是说，每月实际生产费用脱离定额的差异，全部计入当月完工产品的成本。这种分配方法适用于定额管理基础比较好，各项消耗定额或费用定额比较准确，而且各月在产品数量变动不大的产品。相关计算公式为：

月末在产品定额成本＝在产品成本定额×在产品数量

完工产品总成本＝月初在产品成本＋本月投入费用－月末在产品定额成本

上述两个计算公式，不仅适用于某种产品费用总额的计算，而且适用于料、工、费等单项费用的计算。

案例 4-7：企业于 2016 年 5 月生产 A 产品，月初在产品 200 件，其中，直接材料费用定额 80 元，直接人工费用定额 50 元，制造费用定额 20 元。本月完工 800 件，月末在产品 100 件，本月投入直接材料费用 90 000 元、直接人工费用 60 000 元、制造费用 24 000 元。求完工产品总成本和单位成本。

解：列式计算如下：

完工产品直接材料总成本＝（200×80＋90 000）－100×80＝98 000（元）

完工产品直接人工总成本＝（200×50＋60 000）－100×50＝65 000（元）

完工产品制造费用总成本＝（200×20＋24 000）－100×20＝26 000（元）

完工产品总成本＝98 000＋65 000＋26 000＝189 000（元）

完工产品单位成本＝189 000÷800＝236.25（元/件）

登记基本生产成本明细账，见表 4-10。

表 4-10　　**基本生产成本明细账**

产品名称：A 产品　　2016 年 5 月 31 日　　月末在产品数量：100 件

本月投产数量：700 件　　本月完工产品数量：800 件　　金额单位：元

2016 年		凭证号数（略）	摘要	成本项目			合计
月	日			直接材料	直接人工	制造费用	
12	1		月初在产品成本	16 000.00	10 000.00	4 000.00	30 000.00
			在产品成本定额	80.00	50.00	20.00	150.00
	31		直接材料分配表	90 000.00			90 000.00
	31		直接人工分配表		60 000.00		60 000.00
	31		制造费用分配表			24 000.00	2 4000.00
	31		生产费用合计	106 000.00	70 000.00	28 000.00	204 000.00
	31		结转完工产品成本	98 000.00	65 000.00	26 000.00	189 000.00
			月末在产品成本	8 000.00	5 000.00	2 000.00	15 000.00
			完工产品单位成本	122.5	81.25	32.50	236.25

思考：为什么费用在完工产品与月末在产品之间的分配可以采用在产品按定额成本计价法，而不直接采用完工产品按定额成本计价法？

七、定额比例法

定额比例法是产品的生产费用按照完工产品和月末在产品的定额消耗量或定额费用比例，分配计算完工产品成本和月末在产品成本的方法。其中，直接材料费用按照直接材料定额消耗量或直接材料定额费用比例分配；直接人工费用、制造费用等各项加工费，可以按照定额工时比例分配，也可以按照定额费用比例分配。所以，成本项目费用分配率公式中的定额数既可以是数量定额，也可以是费用定额。计算公式为：

$$\text{某成本项目分配率}=\frac{\text{月初在产品该成本项目实际数}+\text{本月发生该成本项目实际数}}{\text{完工产品该成本项目定额数}+\text{月末在产品该成本项目定额数}}$$

有的教材将上述公式中的分母写成“月初在产品某成本项目定额数+本月投产某成本项目定额数”。笔者认为该种处理不很恰当，因为这两种处理的计算结果并不一致，还会失去该种方法的优点。其他相关公式为：

$$\text{本月完工产品某成本项目分配费用}=\text{完工产品某成本项目定额数}\times\text{消耗量分配率}$$

$$\begin{matrix}\text{月末在产品某成本}\\\text{项目分配费用}\end{matrix}=\begin{matrix}\text{月初在产品某}\\\text{成本项目实际数}\end{matrix}+\begin{matrix}\text{本月某成本项目}\\\text{实际投入数}\end{matrix}-\begin{matrix}\text{完工产品某成本}\\\text{项目分配数}\end{matrix}$$

月末在产品某成本项目分配费用一般应该使用差额进行计算，当分配率没有经过四舍五入处理时，也可以使用分配率进行计算。上述各个公式，既适用于料、工、费等单项消耗量的计算，也适用于单项消耗费用的计算。

定额比例法适用于定额管理基础较好，各项消耗定额和费用定额比较准确、稳定，各月在产品数量变动较大的产品。因为月初和月末在产品费用之间脱离定额的差异要在完工产品与月末在产品之间按比例分配，从而提高了产品成本计算的准确性。

思考：下列两个关系式中，在不考虑盘盈和盘亏的前提下，哪个一定成立？哪个具备一定条件时才成立？

（1）月初在产品数量＋本月投产数量＝本月完工产品数量＋月末在产品数量。

（2）月初在产品成本＋本月投产成本＝本月完工产品成本＋月末在产品成本。

思考：定额比例法与在产品按定额成本计价法相比，主要优点是什么？

案例 4-8：企业于 2016 年 5 月生产 A 产品，月初在产品 200 件，在产品成本定额分别为：直接材料费用定额 80 元，直接人工费用定额 50 元，制造费用定额 20 元。月初在产品实际材料费用 17 000 元，直接人工费用 10 000 元，制造费用 4 200 元。本月完工 800 件 A 产品，完工产品成本定额分别为：直接材料 122 元，直接人工 81 元，制造费用 32 元。月末在产品 100 件，本月投入直接材料费用 90 000 元、直接人工费用 60 000 元、制造费用24 000元。用定额比例法计算完工产品总成本和单位成本，并编制会计分录。

解：列式计算如下：

（1）直接材料分配率＝（17 000＋90 000）÷（122×800＋80×100）＝1.01

完工产品材料费用＝122×800×1.01＝ 98 576（元）

月末在产品材料费用＝17 000＋90 000－98 576＝8 424（元）

（2）直接人工分配率＝（10 000＋60 000）÷（81×800＋50×100）＝1.00

完工产品直接人工＝81×800×1.00＝64 800（元）

月末在产品直接人工＝10 000＋60 000－64 800＝5 200（元）

（3）制造费用分配率 ＝（4 200＋24 000）÷（20×100＋32×800）＝1.02

完工产品制造费用＝32×800×1.02＝26 112（元）

月末在产品制造费用＝4 200＋24 000－26 112＝2 088（元）

（4）完工产品总成本＝98 576＋64 800＋26 112＝189 488（元）

月末在产品总成本＝8 424＋5 200＋2 088＝15 712（元）

完工产品单位成本＝189 488÷800＝236.86（元/件）

列表计算，见表 4-11。

表 4-11　　完工产品与月末在产品费用分配表

（定额比例法）

产品名称：A 产品　　2016 年 5 月 31 日　　金额单位：元

月初在产品：200 件　　本月投产：700 件　　本月完工产品：800 件　　月末在产品：100 件

成本项目	月初在产品实际费用	本月投入实际费用	实际费用合计	完工产品定额费用	月末在产品定额费用	定额费用合计	分配率	完工产品成本	月末在产品成本
列次	1	2	3=1+2	4	5	6=4+5	7=3/6	8=4×7	9=3−8
直接材料	17 000	90 000	107 000	97 600	8 000	105 600	1.01	98 576	8 424
直接人工	10 000	60 000	70 000	64 800	5 000	69 800	1.00	64 800	5 200
制造费用	4 200	24 000	28 200	25 600	2 000	27 600	1.02	26 112	2 088
合计	31 200	174 000	205 200	188 000	15 000	203 000	—	189 488	15 712

（5）编制会计分录如下：

借：库存商品——A 产品　　189 488

　　贷：生产成本——基本生产成本（A 产品）　　189 488

（6）登记基本生产成本明细账，见表 4-12。

表 4-12 **基本生产成本明细账**

产品名称：A产品　　2016年5月31日　　月末在产品数量：100件

本月投产数量：700件　　本月完工产品数量：800件　　金额单位：元

2016年		凭证号数（略）	摘要	成本项目			合计
月	日			直接材料	直接人工	制造费用	
5	1		月初在产品成本	17 000	10 000	4 200	31 200
	31		直接材料分配表	90 000			90 000
	31		直接人工分配表		60 000		60 000
	31		制造费用分配表			24 000	24 000
	31		生产费用合计	107 000	70 000	28 200	205 200
			结转完工产品成本	98 576	64 800	26 112	189 488
			月末在产品成本	8 424	5 200	2 088	15 712
			完工产品单位成本	123.22	81	32.64	236.86

生产费用在完工产品与月末在产品之间分配的方法，企业应根据产品工艺特点和管理水平合理选择其中一种或几种，但是，分配方法一旦选定后，不得随意变更，以保证产品成本资料的可比性。

知识体系总结

一、在产品基础知识

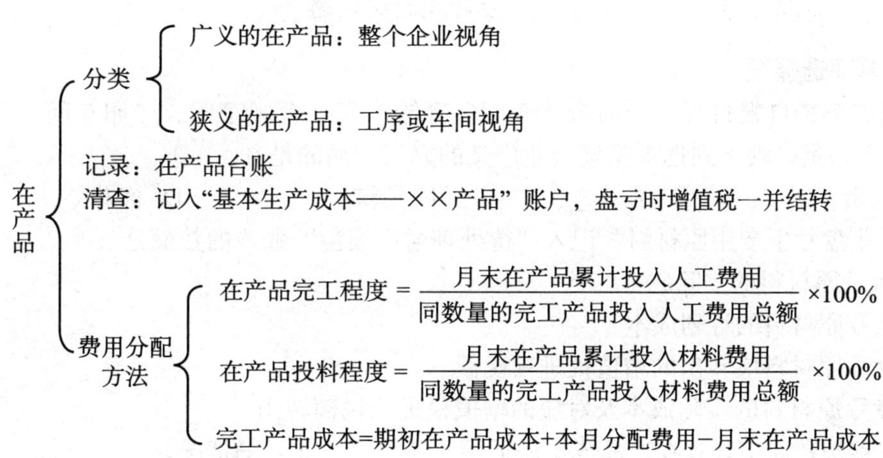

二、费用纵向分配方法

费用在完工产品和月末在产品之间的分配方法，其计算本质就是“正比与倒挤”，产品的每个成本项目计算步骤可概括为“一标二率三分配”。若分配率经四舍五入处理，最后步骤则进行倒挤，这是学习本章的“钥匙”。

计算方法	在产品数量		对在产品核算的特殊要求	分配率
	多少	变化		
1. 不计在产品成本法	少		年末在产品必须盘点，并调整完工产品成本	$\frac{\text{本月投入某成本项目}}{\text{完工产品数量}}$
2. 按年初数固定计算在产品成本法		小	年末在产品必须盘点，并调整完工产品成本	$\frac{\text{本月投入某成本项目}}{\text{完工产品数量}}$
3. 在产品按所耗直接材料费用计价法（重点 4）	多	大	在产品成本中材料所占比重大	$\frac{\text{月初材料+本月材料}}{\text{完工产品数+月末在产品数}}$
4. 约当产量比例法（重点 1）	多	大	料与工、费比例相差不大	$\frac{\text{某成本项目总额}}{\text{完工产品数+月末约当产量}}$
5. 在产品按完工产品成本计算法			接近完工	$\frac{\text{某成本项目总额}}{\text{完工产品数+月末在产品数}}$
6. 在产品按定额成本计价法（重点 3）		小	定额管理好、准确、稳定	在产品成本项目均按定额计算，然后倒挤出完工产品成本项目
7. 定额比例法（重点 2）		大	定额管理好、准确、稳定	$\frac{\text{某成本项目总额}}{\text{完工产品定额+在产品定额}}$

课后综合实训

Ⅰ成本会计理论实训题

一、单项选择题

1. 某养鸡场自繁自育，分为孵化车间、育雏车间、育肥车间、产卵车间，假设企业只对外销售鸡蛋，则下列选项是该企业广义的完工产品的是（　　）。

A. 鸡蛋　　B. 雏鸡　　C. 蛋鸡　　D. 肉鸡

2. 企业盘亏生产用原材料，记入“待处理财产损溢”账户的数额是（　　）。

A. 盘亏原材料的实际成本

B. 盘亏原材料的计划成本

C. 盘亏原材料应转出的增值税进项税额

D. 盘亏原材料的实际成本及对应的增值税进项税额转出

3. 按年初数固定计算在产品成本法适用于各月（　　）的情况。

A. 在产品数量很少

B. 在产品数量较多，但各月之间的数量变化不大

C. 在产品数量较多，各月之间数量变化较大

D. 各月之间产品成本变化较小

4. 记录反映在产品明细情况的账页是（　　）。

A. 基本生产成本明细账　　B. 制造费用明细账

C. 库存商品明细账　　D. 在产品台账

5. 各月末在产品数量较大且各月之间数量变化较大，如材料成本在产品成本中所占比重也较大，则完工产品和在产品之间分配费用的方法可用（　　）。

A. 约当产量比例法

B. 在产品按定额成本计价法

C. 在产品按完工产品成本计算法

D. 在产品按所耗直接材料费用计价法

6. 直接按完工产品与在产品数量分配原材料费用的方法适用于（　　）的方式。

A. 原材料分工序一次投入

B. 原材料随生产进度陆续投入

C. 原材料在投产时一次投入

D. 原材料根据生产过程中的实际需要投入

7. 在多道工序生产的情况下，某道工序在产品的完工程度为（　　）与单位完工产品工时定额的比率。

A. 所在工序单位在产品工时定额的 50%

B. 前道工序单位在产品累计工时定额与所在工序单位在产品工时定额 50%的合计数

C. 所在工序单位在产品工时定额的 100%

D. 所在工序累计工时定额

8. 关于产品成本在完工产品和在产品之间分配的方法，下列说法不正确的是（　　）。

A. 不计在产品成本法适用于各月在产品数量很少的产品

B. 按年初数固定计算在产品成本法适用于各月末之间在产品数量变化不大的产品

C. 如果在产品接近完工，只是尚未包装或尚未验收入库，可以按完工产品计算法计算在产品成本

D. 如果某产品各项消耗定额或费用定额比较准确、稳定，各月末在产品数量变化又不大，则可以采用定额比例法计算在产品成本

9. 费用在完工产品和月末在产品之间分配，要求企业定额管理好、稳定，在产品数量变动不大的方法是（　　）。

A. 不计在产品成本法　　B. 约当产量比例法

C. 按年初数固定计算在产品成本法　　D. 定额比例法

10. 费用在完工产品和月末在产品之间分配，要求企业定额管理好、稳定，在产品数量变动较大的方法是（　　）。

A. 不计在产品成本法　　B. 约当产量比例法

C. 按年初数固定计算在产品成本法　　D. 定额比例法

11. 为生产产品而发生的费用，属于纵向分配的是（　　）。

A. 本月直接材料费用分配　　B. 本月制造费用分配

C. 本月直接人工费用分配　　D. 生产费用在完工产品与在产品之间分配

12. 企业生产甲产品需经过两道工序，材料分别在每道工序一开始全部投入，已知第

一道工序材料定额 80 元，第二道工序材料定额 120 元。本月末第一道工序在产品 50 件，第二道工序在产品 80 件，则在产品约当产量为（　　）件。

A. 65　　B. 84　　C. 100　　D. 130

二、多项选择题

1. 某养鸡场自繁自育，分为孵化车间、育雏车间、育肥车间、产卵车间，对外销售的产品是鸡蛋和肉鸡，下列选项是该企业在产品的是（　　）。

A. 鸡蛋　　B. 雏鸡　　C. 蛋鸡　　D. 肉鸡

2. 费用在完工产品和月末在产品之间分配，要求企业定额管理好、稳定的方法可以是（　　）。

A. 不计在产品成本法　　B. 约当产量比例法

C. 按年初数固定计算在产品成本法　　D. 定额比例法

3. 选择生产费用在完工产品和在产品之间分配方法时，主要应考虑的条件是（　　）。

A. 各月末在产品数量的多少　　B. 各月末在产品数量变化的大小

C. 成本项目构成比重的大小　　D. 定额管理是否完善

4. 某企业生产的 A 产品经两道工序加工完成，原材料分两道工序陆续投入，投料定额分别为 600 千克、400 千克，两道工序单位在产品工时定额分别为 70 小时、30 小时，则两道工序的在产品投料程度为（　　）。

A. 60%　　B. 100%　　C. 35%　　D. 85%

5. 某企业生产的 A 产品经两道工序加工完成，原材料分阶段在每道工序开始时一次投入，投料定额分别为 600 千克、400 千克，两道工序单位在产品工时定额分别为 70 小时、30 小时，则两道工序的在产品投料程度为（　　）。

A. 60%　　B. 100%　　C. 35%　　D. 85%

6. 某企业生产的 B 产品要经过三道工序加工完成，三道工序工时定额分别为 100 小时、60 小时和 40 小时；三道工序在产品数量分别为 100 件、200 件和 300 件，则 B 在产品在三道工序的约当产量分别为（　　）件。

A. 25　　B. 130　　C. 160　　D. 270

7. 下列说法正确的是（　　）。

A. 采用定额比例法的必备前提条件是要有比较稳定和准确的消耗定额或费用定额

B. 为了简化核算，对各月在产品数量很少的产品，可以将本期产品成本全部由本期完工产品负担

C. 在约当产量比例法下，不分工序确定在产品的完工程度的方法适用于各工序在产品数量和单位在产品在各工序加工量相差很大的产品

D. 约当产量比例法的核心是约当产量的计算，而计算约当产量的关键又在于在产品完工程度或投料程度的确定

8. 约当产量比例法下，下列关于在产品的原材料投料程度的说法中，不正确的是（　　）。

A. 如原材料为生产开始时一次投入，在产品的投料程度应为 100%

B. 如原材料为分生产工序投入，并在每道工序开始时一次投入，则每道工序的在产品投料程度均为 100%

C. 如原材料为分生产工序陆续投入，在产品的投料程度应为本工序的在产品工时定额除以完工产品的工时定额

D. 如原材料为分工序投入，并在每道工序开始时一次投入，则某道工序的在产品投料程度应为在产品上道工序累计投料数与本道工序投料数之和除以完工产品应投料数

9. 费用在完工产品和月末在产品之间分配，适用于月末在产品数量变动比较大的方法是（　　）。

A. 在产品按所耗直接材料费用计价法　　B. 约当产量比例法

C. 在产品按定额成本计价法　　D. 定额比例法

10. 费用在完工产品和月末在产品之间分配，适用于月末在产品数量多、变动比较大的方法是（　　）。

A. 在产品按所耗直接材料费用计价法　　B. 约当产量比例法

C. 在产品按定额成本计价法　　D. 定额比例法

三、判断题

1. 费用在完工产品和月末在产品之间分配的方法中，需要每年年末进行盘点调整的方法是定额比例法。（　　）

2. 在产品盘亏时，应调整账面记录，冲减在产品的账面价值。（　　）

3. 在产品成本按定额成本计价法确定时，某种产品本月发生的生产费用加上月初在产品成本构成本月完工产品的成本。（　　）

4. 某道工序的在产品完工率为该道工序在产品所耗工时定额占完工产品工时总定额的比率。（　　）

5. 在有在产品的情况下，由于在产品的完工程度与完工产品的完工程度不同，因此，产品成本的所有项目均不能按它们的数量比例来分配。（　　）

6. 生产费用在完工产品与月末在产品之间的分配，在会计实务中并不一定要通过编制完工产品与月末在产品分配表来完成。（　　）

7. 在产品发生盘亏时，将该在产品成本连同应负担的材料增值税一并冲减“生产成本——基本生产成本”账户。（　　）

8. 费用在完工产品和月末在产品之间分配，按年初数固定计算在产品成本法要求在产品数量和定额都比较稳定。（　　）

9. 生产某一产品要依次经过三个生产车间，则生产该种产品一定要经过三道工序。（　　）

10. 狭义的在产品一定也是广义的在产品。（　　）

11. 狭义的完工产品有时也可能是广义的完工产品。（　　）

12. 费用在完工产品和月末在产品之间分配，采用定额比例法，如果某一成本项目计算的分配率大于 1，则说明该成本项目超支。（　　）

Ⅱ成本会计实务操作

实务操作一

某企业生产甲产品只经过一道工序，2016 年 4 月，月初在产品 500 件，月初在产品材

料费用 50 000 元，人工费用 20 000 元，制造费用 15 000 元。本月投产甲产品 8 100 件，本月完工 8 000 件。材料于生产开始时一次投入，本月投入材料费用 600 000 元、人工费用 400 000 元，共计分配制造费用 250 000 元。在产品直接人工和制造费用完工率均为 60%。使用约当产量比例法，按下列要求进行实务操作。

1. 计算完工产品总成本和单位成本，并登记下面的基本生产成本明细账。

基本生产成本明细账

产品名称：　　　　　　　　　　年　　月　　日　　　　　　　　月末在产品数量：　　件
本月投产数量：　　件　　　　　　本月完工产品数量：　　件　　　　　　金额单位：元

年		凭证号数（略）	摘要	成本项目			合计
月	日			直接材料	直接人工	制造费用	
			月初在产品成本				
			直接材料分配表				
			直接人工分配表				
			制造费用分配表				
			生产费用合计				
			折合完工产品数量				
			费用分配率				
			完工产品单位成本				
			结转完工产品成本				
			月末在产品成本				

2. 编制相关会计分录。

实务操作二

2016 年 5 月，某企业生产 A 产品，月初在产品 300 件，其中，在产品直接材料费用定额 80 元，直接人工费用定额 50 元，制造费用定额 20 元。本月完工 1 000 件，月末在产品 200 件，本月投入直接材料费用 110 000 元、直接人工费用 80 000 元、制造费用 28 000 元。该企业在产品与完工产品费用分配采用定额成本计价法。

1. 计算完工产品总成本和单位成本，并登记下面的基本生产成本明细账。

基本生产成本明细账

产品名称：　　　　　　　　　　　　年　　月　　日　　　　　　　　月末在产品数量：　　件
本月投产数量：　　　件　　　　　本月完工产品数量：　　　件　　　　　　　　金额单位：元

年		凭证号数（略）	摘要	成本项目			合计
月	日			直接材料	直接人工	制造费用	
			月初在产品成本				
			直接材料分配表				
			直接人工分配表				
			制造费用分配表				
			生产费用合计				
			结转完工产品成本				
			月末在产品成本				

2. 编制相关会计分录。

实务操作三

2016年5月，某企业生产B产品，月初在产品200件，在产品成本定额分别为：直接材料费用80元，直接人工费用50元，制造费用20元。月初在产品实际材料费用18 000元，直接人工费用11 000元，制造费用4 500元。本月完工800件，完工产品成本定额分别为：直接材料费用120元，直接人工费用80元，制造费用35元。月末在产品100件，本月投入直接材料90 000元、直接人工60 000元、制造费用25 000元。

1. 用定额比例法计算完工产品总成本和单位成本，并登记下面的基本生产成本明细账。

基本生产成本明细账

产品名称：　　　　　　　　　　　　年　　月　　日　　　　　　　　月末在产品数量：　　件
本月投产数量：　　　件　　　　　本月完工产品数量：　　　件　　　　　　　　金额单位：元

年		凭证号数（略）	摘要	成本项目			合计
月	日			直接材料	直接人工	制造费用	
			月初在产品成本				
			直接材料分配表				
			直接人工分配表				
			制造费用分配表				

续前表

年		凭证号数（略）	摘要	成本项目			合计
月	日			直接材料	直接人工	制造费用	
			生产费用合计				
			完工产品定额费用				
			月末在产品定额费用				
			定额费用合计				
			费用分配率				
			结转完工产品成本				
			月末在产品成本				

2. 编制相关会计分录。

实务操作四

2016 年 12 月，圆梦有限责任公司一车间生产 A、B 两种产品，两种产品均只通过一道工序，材料一次全部投入，在产品完工程度为 50%，产量资料见下表。

产量记录表

单位：件

产品名称	月初在产品	本月投产	本月完工	月末在产品
甲产品	200	1 900	2 000	100
乙产品	100	3 200	3 000	300

1. 材料费用的分配。

（1）填写下表中所缺数字。

发出材料汇总表

单位：元

受益		材料名称			合计
受益单位	受益产品	A 材料	B 材料	C 材料	
一车间	甲产品	90 000			
	乙产品		120 000		
	甲乙合用			73 500	
	一般耗用	2 000			
配电车间	一般耗用	1 000			
厂部		3 000			
合计					

（2）已知 C 材料为甲、乙产品公用材料，单价为 10 元，甲产品耗用定额为 2 千克，乙产品耗用定额为 1 千克，按照甲、乙产品的定额耗用量分配共耗材料费用。

（3）编制材料费用分配表，编制相关会计分录。

材料费用分配表

金额单位：元

<table>
<tr><th colspan="2" rowspan="2">应借科目</th><th rowspan="2">直接计入</th><th colspan="3">分配计入</th><th rowspan="2">材料费用
合计</th></tr>
<tr><th>分配标准</th><th>分配率</th><th>分配金额</th></tr>
<tr><td rowspan="3">基本生产成本</td><td>甲产品</td><td></td><td></td><td></td><td></td><td></td></tr>
<tr><td>乙产品</td><td></td><td></td><td></td><td></td><td></td></tr>
<tr><td>小计</td><td></td><td></td><td></td><td></td><td></td></tr>
<tr><td colspan="2">制造费用——一车间</td><td></td><td></td><td></td><td></td><td></td></tr>
<tr><td colspan="2">制造费用——配电车间</td><td></td><td></td><td></td><td></td><td></td></tr>
<tr><td colspan="2">管理费用</td><td></td><td></td><td></td><td></td><td></td></tr>
<tr><td colspan="2">合计</td><td></td><td></td><td></td><td></td><td></td></tr>
</table>

2. 人工费用的分配。

（1）本月共发生工资费用 180 000 元，一车间生产工人工资 120 000 元，车间管理人员工资 5 000 元，配电车间工人工资 15 000 元，厂部管理人员工资 40 000 元。另外，生产甲产品耗用实际工时 1 500 小时，生产乙产品耗用实际工时 1 000 小时。按照实际工时分配公用直接人工费用，填写工资费用分配表，并编制相关会计分录。

工资费用分配表

受益对象	耗用工时	分配率	分配金额（元）
甲产品			
乙产品			
小计			
制造费用——车间	—		
辅助生产成本——配电车间	—		
管理费用	—		
合计	—		

（2）按照工资比例的14%计提职工福利费，填写福利费计提表，并编制会计分录。

福利费计提表

受益对象	工资金额	分配率	计提金额（元）
甲产品		14%	
乙产品		14%	
制造费用——车间		14%	
辅助生产成本——配电车间		14%	
管理费用		14%	
合计		—	

3. 制造费用的分配。

本月共计发生制造费用35 000元，按实际工时比例进行分配，填写制造费用分配表，编制相关会计分录。

制造费用分配表

车间：　　　　　　　　　　　　年　　月　　　　　　　　　　金额单位：元

受益产品	分配标准	分配率	分配金额
合计			

主管：　　　　　　　　　　会计：　　　　　　　　　　制表：

4. 费用在完工产品和在产品之间的分配。

计算甲、乙两种完工产品的总成本和单位成本，并登记基本生产成本明细账、编制会计分录。

月初在产品费用表

金额单位：元

产品名称	产品数量	直接材料费用	直接人工费用	制造费用
甲产品	200	85 000	6 500	2 000
乙产品	100	10 000	3 200	500

基本生产成本明细账

产品名称：　　　　　　　　　　　　年　月　日　　　　　　　　　月末在产品数量：　　件
本月投产数量：　　件　　　　　本月完工产品数量：　　件　　　　　　　　金额单位：元

年		凭证号数（略）	摘要	成本项目			合计
月	日			直接材料	直接人工	制造费用	
			月初在产品成本				
			直接材料分配表				
			直接人工分配表				
			制造费用分配表				
			生产费用合计				
			完工产品数量				
			在产品约当产量				
			折合完工产品数量				
			费用分配率				
			结转完工产品成本				
			月末在产品成本				

基本生产成本明细账

产品名称：　　　　　　　　　　　　年　月　日　　　　　　　　　月末在产品数量：　　件
本月投产数量：　　件　　　　　本月完工产品数量：　　件　　　　　　　　金额单位：元

年		凭证号数（略）	摘要	成本项目			合计
月	日			直接材料	直接人工	制造费用	
			月初在产品成本				
			直接材料分配表				
			直接人工分配表				
			制造费用分配表				
			生产费用合计				
			完工产品数量				
			在产品约当产量				
			折合完工产品数量				
			费用分配率				
			结转完工产品成本				
			月末在产品成本				

第五章 产品成本计算方法概述

学习目标

理解影响产品成本计算的两大因素，能说出生产类型特点和管理要求两大因素对成本计算的影响；掌握企业生产类型特点及其对产品成本计算方法的影响；了解产品成本计算方法的特点、适用范围以及在企业成本计算中的应用。

学习重点：企业生产类型特点及其对产品成本计算方法的影响。

学习难点：产品成本计算方法的特点、适用范围以及在企业成本计算中的应用。

第一节 产品成本计算方法的影响因素

产品成本计算方法是指将一定时期所发生的生产费用对象化到各种产品上，以求得各种产品的总成本和单位成本的方法。通过前几章讲述的内容可以看到，产品成本计算的过程，就是按照一定成本对象归集（合）、分配（分）生产费用的过程，即合与分的过程，可见产品成本对象的确定是成本计算的重要前提。总括来讲，影响产品成本计算对象的因素有两个：第一个是企业的生产类型特点；第二个是企业的管理要求。

一、企业生产类型特点及其对产品成本计算方法的影响

工业企业生产按照不同的生产标准，可以分为不同的生产类型。

（一）企业的生产分类

1. 生产按照工艺流程的特点分类

工业企业的生产按照工艺流程划分，可以分为单步骤生产和多步骤生产两种类型。

（1）单步骤生产。单步骤生产是指在工艺技术上不能间断地生产，或者不能分散在不同地点进行的生产，如发电、铸件和玻璃制品等的生产。单步骤生产的特点是：生产周期较短，在同一地点完成整个生产过程，往往是重复生产一种或几种产品，而且一般只能由

一个企业或一个车间来完成。

(2) 多步骤生产。多步骤生产是指生产过程在工艺上可以间断，可以分散在不同时间、不同地点的产品生产。多步骤生产的特点是：可以分散在不同时间、不同地点生产产品。多步骤生产可以按照劳动对象的加工程序划分为连续加工式生产和装配加工式生产。

连续加工式生产是指原材料投入后，按顺序经过若干步骤加工制作成完工成品的生产。这种生产方式除了最后步骤生产出完工产品以外，其余步骤生产的产品均为本企业的自制半成品，这些半成品主要用于下一步骤的继续加工，直至最后加工成完工产品。例如纺织企业、酿酒企业等的生产。纺织企业的简单生产工艺流程见图 5-1。

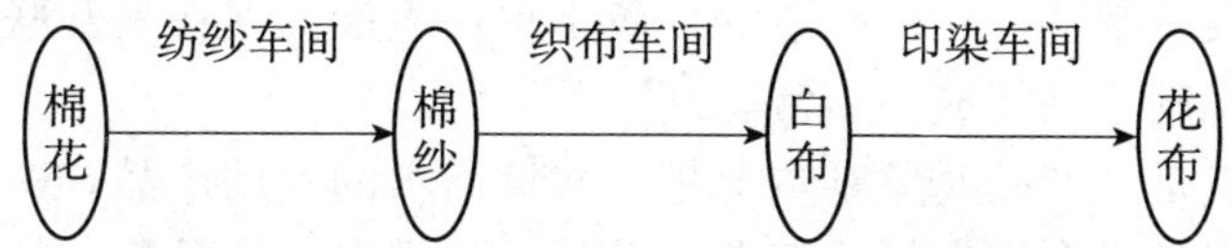

图 5-1 纺织企业的简单生产工艺流程

装配加工式生产是指将各种原材料投入到不同的加工车间制成零部件，再装配成产成品的生产。例如汽车、电子设备、冷冻设备制造等企业的生产。汽车制造企业的简单生产工艺流程见图 5-2。

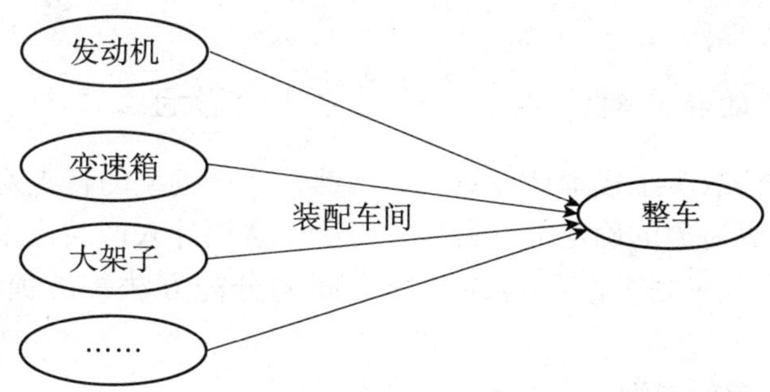

图 5-2 汽车制造企业的简单生产工艺流程

多步骤生产，如果管理上要求计算中间半成品的成本，则采用分步法。分步法又可分为逐步结转分步法和平行结转分步法。

上述两种生产类型是理论上的划分，实际上，企业的生产工艺流程比较复杂，很多企业同时存在连续加工式生产和装配加工式生产，有些企业存在多重的多步骤生产，在实际工作中要进行适当的分解与组合。

2. 生产按照组织方式分类

按产品或服务专业化程度的高低，可以划分为大量生产、成批生产和单件生产三种生产类型。

(1) 大量生产。大量生产是指不断重复相同品种和规格产品的生产。其特点是：陆续投入，陆续产出，不分批别；品种稳定，产量较大，一般采用专用设备重复地进行生产，专业化水平高。例如供水企业、发电企业、冶金企业等的生产。

(2) 成批生产。成批生产是指企业轮番生产几种产品，但不是同时生产这几种产品，而是一次一种分批次批量生产的一种企业生产组织方式。例如按照订单组织生产的内销及出口企业等的生产。批量是指企业（或车间）在一定时期内，一次产出的在质量、结构和制造方法上完全相同产品（或零部件）的数量。采用这种生产方式的企业具有多品种加工能力，能成批轮番加工制造产品，其批量大小不一，一般同时采用专用设备及通用设备进行生产，按每种产品每次投入生产的数量，分为大批量生产、中批量生产和小批量生产三种。

大批量生产的特点是：生产周期较短，一般几十分钟或数小时就会下线；没有在制品，或在制品很少；从生产组织上，多以计划的方式来驱动生产；产品要重复制作。

(3) 单件生产。单件生产是指产品品种多，但每一种产品的结构、尺寸不同，而且产量很少，各个工作地点的加工对象经常改变且很少重复的生产类型。例如新产品试制、重型机械制造、专用设备制造、轮船制造等均属于单件生产。现在是互联网时代，客户的需求千差万别，单件定制产品将成为新常态。

单件生产的特点是：产品对象基本上是一次性需求的专用产品，一般不重复生产，有的虽会重复生产，但是没有固定的重复期；产品品种繁多，产品稳定性差，而每一种产品的产量仅为一台（件）或少数几台（件）；生产稳定性差，工业化程度低，大多数工作地要承担很多道工序。因此，单件生产的品种繁多，生产对象不断变化，采用通用性的生产设备和工艺装备，并且工作地的专业化程度很低。

需要说明的是，上述两种企业生产的分类不是独立的，而是相互交融的，在具体运用时可以相互交叉。

（二）生产类型的特点对产品成本计算方法的影响

由于成本计算方法取决于成本计算对象，因此，生产类型的特点对成本计算方法的影响主要表现在成本计算对象的确定上。另外，对生产费用计入产品成本的程序、成本计算期的确定以及生产成本在完工产品与在产品之间的分配方法等方面也产生不可忽视的影响。

1. 对成本计算对象的影响

成本计算对象主要取决于生产类型的特点。在大量大批单步骤生产中，由于不间断地重复生产同一类产品，中间又没有在产品存在，因此只能以产品的品种作为成本计算对象来归集生产费用；而在大量大批多步骤生产中，由于各个步骤相对独立地生产半成品，生产费用完全可以按产品的步骤归集，因此，就可以各个加工步骤的产品作为成本计算对象，计算各个步骤半成品的成本；至于单件或小批量生产，由于产品是以客户的订单或批别来归集生产费用，同样以各订单或批别计算产品总成本。

应该注意的是，订单和批别是两个不同的概念。不同订单，如果产品品种相同，可以合并为同一批别组织生产；同一订单，如果产品数量非常大，也可以分成几个不同的批别组织生产。

2. 对生产费用计入产品成本程序的影响

生产费用计入产品成本程序，是指产品在生产过程中发生的各种耗费，经过一系列的归集与分配，最后汇总成产品成本的步骤和方法。

在单件生产的情况下，成本计算对象就是该件产品，因而生产该产品所发生的全部生产费用应全部计入该产品的成本。

在成批生产的情况下，由于产品批别比较多，产品生产发生的费用，如果能确定为生产某一批别所发生的，则应直接计入该批产品的成本；如果不能直接计入，则需要按一定标准分配计入各批别产品的成本。

在大量多步骤生产的情况下，生产费用计入产品成本的程序比较复杂，如果是分步骤计入半成品成本，则各个步骤生产发生的生产费用除了分别归集到各步骤产品成本之外，还要将上步骤归集的半成品成本随着半成品的转移而结转到下一步骤的产品成本中，直至累积到最后步骤，成为完工产品所发生的生产费用，并计算出由在产品负担的份额，最后计算完工产品的成本。

3. 对成本计算期的影响

成本计算期是指生产费用计入产品成本所规定的起止时间。

在大量大批生产的情况下，由于产品生产不间断进行，即不间断地投入，也不间断地产出，在会计分期原则下，只能按月定期计算产品成本，以满足分期计算损益的需要。采用这种产品成本计算方法，成本的计算期与生产周期不一致，但与会计报告期一致。

在小批量或单件生产的情况下，各批产品的生产周期往往不同，而且每一批次生产数量不多，生产不重复或者很少重复，最适宜按照各批产品的生产周期计算产品成本，成本计算期与产品生产周期一致，但与会计报告期不一致。

4. 对产品成本在完工产品与在产品之间分配方法的影响

在大量大批单步骤生产中，由于成本计算期与产品的生产周期不一致，每月月末一般会有在产品存在，因而要将产品的生产成本采用适当的方法在完工产品与月末在产品之间分配。在单件或小批量生产的情况下，由于成本计算期与产品生产周期一致，什么时候产品完工，什么时候才计算完工产品成本，因此，在每一报告期期末，一般需要将产品成本在完工产品与在产品之间进行分配。

二、企业管理要求对产品成本计算方法的影响

成本计算方法的确定受到企业生产类型特点的制约和影响，但并不完全屈从于生产类型特点，还要充分考虑企业对成本管理的不同要求，充分体现“依据生产特点，考虑管理要求，适当简化计算，提高经济效益”的成本计算理念。

例如，多步骤复杂生产，如果企业不要求计算每个步骤的生产成本，计算产品成本时，完全可以采用品种法。

第二节　产品成本的计算方法

一、产品成本计算的基本方法

产品成本计算方法受到企业生产工艺特点和管理要求的影响。具体说，生产工艺的不

同特点和不同的管理要求决定着产品成本的计算对象、成本计算期和生产费用在完工产品与在产品之间的分配方法；不同的成本计算对象、成本计算期和生产费用在完工产品与在产品之间的分配方法相互组合，形成了工业企业产品成本计算的不同方法。但其中起到决定作用的是成本计算对象，成本计算对象是区别不同成本计算方法的主要标志。

产品成本的计算对象可以分为产品品种、产品批别和生产步骤三种，因此产品成本计算的基本方法有品种法、分批法和分步法。

产品成本计算方法的特点如表 5－1 所示。

表 5－1　　产品成本计算方法的特点

成本计算方法	成本计算对象	成本计算期	期末在产品成本计算方法	适用范围	
				生产特点	成本管理要求
品种法	产品品种	按月计算	单步骤生产，一般不需要计算在产品成本	大量大批单步骤生产	
			多步骤生产，一般需要计算在产品成本	大量大批多步骤生产	不要求分步计算成本
分批法	产品批别	不定期计算	单步骤生产，一般不需要计算在产品成本	单件、小批量单步骤生产	
			多步骤生产，一般不需要计算在产品成本	单件、小批量多步骤生产	不要求分步计算成本
分步法	产品品种及经过的步骤	按月计算	需要计算	大量大批多步骤生产	管理上要求分步计算成本

二、产品成本计算的辅助方法

在实际工作中，由于产品生产情况的复杂性，企业管理条件差别很大，为了简化成本计算工作或充分利用管理条件，还需要采取一些其他的成本计算方法，例如分类法、定额法等。

（一）分类法

分类法是为了适应一些企业生产产品的品种规格繁多，成本核算工作量太大的情况而设计的一种简化成本计算方法。其基本特点是：以产品类别为成本计算对象，将生产费用先按产品的类别进行归集，计算各类产品成本，然后按照一定的分配标准在类别内部各种产品之间分配，计算各种产品的成本。这种方法主要适用于产品的品种规格多，但每一类产品的结构、所用材料、生产工艺过程都基本相同的企业。分类法实际上是品种法的延伸，所以也叫“大品种法”。

（二）定额法

定额法是指在定额管理基础比较好的企业，为了加强生产费用和产品成本的定额管理，加强成本控制而采用的成本计算方法。其基本特点是：以产品的定额成本为基础，加减脱离定额差异以及定额变动差异来计算产品的实际成本。它适用于管理制度健全、定额管理基础工作比较好、产品生产和消耗定额稳定的企业。

分类法和定额法从计算产品实际成本的角度来说，不是必不可少的，因而是计算产品成本的辅助方法。这些辅助方法必须结合基本方法使用。

三、各种产品成本计算方法的综合应用

尽管上面介绍的几种成本计算方法都有各自的适用范围，但是实际工作中，一个企业在核算中所采用的成本计算方法往往不只其中的某一种方法，而是根据实际情况将几种成本计算方法结合运用。

（一）几种成本计算方法同时采用

工业企业一般既设有基本生产车间来生产产品，又设有辅助生产车间为基本生产车间及其他部门提供产品或劳务，基本生产车间与辅助生产车间有着不同的特点，所以，一般应根据两者的特点采用不同的成本计算方法。另外，企业所设的各个基本生产车间的特点也有很大差异，因此应根据各个生产车间的特点采用不同的成本计算方法。

（二）几种成本计算方法结合运用

有些工业企业，除了同时采用几种不同的成本计算方法外，还会以一种成本计算方法为主，结合其他成本计算方法的某些特点加以综合运用，“整合”出适合本企业的成本计算方法。

成本计算方法中的分类法和定额法，作为成本计算的辅助方法，它们与生产类型的特点没有直接的联系，适用于各种类型的生产，但必须与各种类型生产中所采用的基本成本计算方法结合起来运用。

由于企业生产情况复杂多变，管理要求多样，故所采用的成本计算方法也是多种多样。我们学习成本计算方法时，应该重点掌握成本的基本计算方法——品种法。成本的计算方法一经确定，不得随意变更。如果确实需要变更，应根据管理权限，经过股东大会或者董事会等权力机构批准方能进行，并在变更当期的会计报表中予以披露说明。

知识体系总结

一、知识体系逻辑关系表

<table>
<tr><td rowspan="6">企业的生产分类</td><td rowspan="3">（一）按工艺流程的特点分类</td><td>1. 单步骤生产</td><td></td></tr>
<tr><td rowspan="2">2. 多步骤生产</td><td>连续式加工生产</td></tr>
<tr><td>装配式加工生产</td></tr>
<tr><td rowspan="3">（二）按组织方式分类</td><td>1. 大量生产</td><td></td></tr>
<tr><td>2. 成批生产</td><td></td></tr>
<tr><td>3. 单件生产</td><td></td></tr>
</table>

产品成本计算方法的影响因素	（一）生产类型特点	1. 对成本计算对象的影响 2. 对生产费用计入产品成本程序的影响 3. 对成本计算期的影响 4. 对产品成本在完工产品与在产品之间分配方法的影响
	（二）管理要求	依据生产，考虑管理，适当简化
产品成本计算的基本方法	（一）品种法	以产品品种为计算对象
	（二）分批法	以产品批别为计算对象
	（三）分步法	以产品品种及经过的步骤为计算对象
成本计算的辅助方法	（一）分类法	以产品类别为计算对象
	（二）定额法	产品成本＝产品定额成本±成本差异
成本计算方法的综合应用	（一）几种成本计算方法同时采用	
	（二）几种成本计算方法结合运用	

二、产品成本计算基本方法特点表

成本计算方法	成本计算对象	成本计算期	期末在产品成本计算方法	适用范围	
				生产特点	成本管理要求
品种法	产品品种	按月计算	单步骤生产，一般不需要计算在产品成本	大量大批单步骤生产	
			多步骤生产，一般需要计算在产品成本	大量大批多步骤生产	不要求分步计算成本
分批法	产品批别	不定期计算	单步骤生产，一般不需要计算在产品成本	单件、小批量单步骤生产	
			多步骤生产，一般不需要计算在产品成本	单件、小批量多步骤生产	不要求分步计算成本
分步法	产品品种及经过的步骤	按月计算	需要计算	大量大批多步骤生产	管理上要求分步计算成本

课后综合实训

一、单项选择题

1. 下列属于连续式加工生产的企业是（　　）。

A. 发电企业　　B. 纺织企业　　C. 汽车制造企业　　D. 开矿企业

2. 大量大批多步骤生产适用的成本计算方法是（　　）。

A. 品种法　　B. 分批法　　C. 分类法　　D. 分步法

3. 工业企业的生产按其组织方式不同分为（　　）。

A. 单步骤生产和多步骤生产　　B. 大量生产、成批生产和单件生产

C. 连续式加工生产和装配式加工生产　　D. 简单生产和复杂生产

4. 生产特点和管理要求对产品成本计算的影响主要表现在（　）。

A. 产品成本计算对象　B. 间接费用的分配方法

C. 成本计算日期　D. 完工产品与在产品之间分配费用的方法

5. 区分各种成本计算方法的主要标志是（　）。

A. 成本计算对象　B. 成本计算日期

C. 成本项目　D. 制造费用的分配方法

6. 划分产品成本计算的基本方法和辅助方法的标准是（　）。

A. 成本计算工作的繁简　B. 对成本管理作用的大小

C. 应用是否广泛　D. 对计算产品实际成本是否必不可少

7. 最基本的成本计算方法是（　）。

A. 品种法　B. 分批法　C. 分步法　D. 分类法

8. 下列可以采用品种法计算产品成本的企业是（　）。

A. 按批别组织生产的出口企业

B. 按订单组织生产的企业

C. 多步骤生产，但管理上不要求计算步骤成本的企业

D. 多步骤、单件组织生产的造船厂

二、多项选择题

1. 工业企业的生产按照工艺流程划分，可以分为（　）两大类。

A. 单步骤生产　B. 多步骤生产　C. 大量生产　D. 大批生产

2. 按产品或服务专业化程度的高低，产品生产可以分为（　）。

A. 单步骤生产　B. 单件生产　C. 大量生产　D. 大批生产

3. 产品成本计算的辅助方法有（　）。

A. 分类法　B. 定额法　C. 品种法　D. 分步法

4. 产品成本计算的基本方法有（　）。

A. 品种法　B. 分步法　C. 分批法　D. 定额比例法

5. 企业在确定产品成本计算方法时，必须从企业的具体情况出发，同时考虑（　）等因素。

A. 企业的生产特点　B. 企业生产规模的大小

C. 成本管理的要求　D. 月末有无在产品

6. 成本计算的定额法和分类法归为产品成本计算的辅助方法的原因主要是（　）。

A. 与生产类型的特点没有直接联系

B. 成本计算工作繁重

C. 不涉及成本计算对象的确定

D. 从计算产品实际成本的角度来说不是必不可少的

7. 产品成本计算期与产品生产周期不一致的成本计算方法有（　）。

A. 品种法　B. 分批法　C. 分步法　D. 定额比例法

8. 下列说法正确的有（　）。

A. 一个企业只能采用一种成本计算方法

B. 一个企业可以同时采用几种不同的成本计算方法

C. 一个企业可以将几种不同的成本计算方法结合运用

D. 几个企业可以采用相同的成本计算方法

三、判断题

1. 影响产品成本计算对象的因素有两个：第一个是企业生产类型特点；第二个是企业的管理要求。 （　）

2. 多步骤生产可以按照劳动对象的加工程序划分为连续加工式生产和装配加工式生产。 （　）

3. 发电属于多步骤生产。 （　）

4. 成本计算对象是区分各种不同产品成本计算基本方法的主要标志。 （　）

5. 发电企业属于大量大批多步骤生产企业。 （　）

6. 在一个工厂内可以同时采用几种产品成本计算方法，但同一种产品只能采用一种成本计算方法。 （　）

7. 进行产品成本计算，必须划分完工产品与在产品的费用界限。 （　）

8. 产品成本计算的基本方法可以在成本计算中单独使用，也可以结合使用。 （　）

9. 产品成本计算的辅助方法不能单独使用，必须结合基本方法使用。 （　）

10. 在多步骤生产中，为了加强各种生产步骤的成本管理，应当按照生产步骤计算产品成本。 （　）

11. 生产类型特点和管理要求对产品成本计算的影响主要表现在成本计算对象的确定上。 （　）

12. 单步骤生产由于工艺过程不能间断，因而只能按照产品的品种计算成本。 （　）

13. 由于按照产品品种计算成本是产品成本计算的最一般、最起码的要求，因而只有品种法才是计算产品成本的基本方法。 （　）

四、简答题

1. 简要叙述企业的生产类型。

2. 简要说明成本计算方法的分类。

第六章 产品成本计算的基本方法

学习目标

能说出生产工艺流程和管理要求两大因素对成本计算的影响，掌握品种法、分批法和分步法三种成本计算基本方法的含义、特点，理解三种基本方法之间的联系与区别。熟练掌握品种法、分批法和分步法三种成本计算基本方法的核算。

学习重点：品种法、分批法和分步法三种成本计算方法的核算，品种法是重中之重。

学习难点：品种法、分批法和分步法三种成本计算方法的核算。

企业因产品生产类型的特点和管理要求的不同，存在三种不同的成本计算对象，包括产品的品种、产品的批别和产品的生产步骤。依据成本计算对象，就形成了品种法、分批法和分步法三种基本的成本计算方法。在成本会计实际操作中，我们应该以“依据特点，兼顾管理；巧妙组合，适当简化；确定对象，选择方法”为指导思想。下面我们分别讲解这三种成本计算方法，并举例进行说明。

第一节 品种法

一、品种法的概念

品种法是以产品品种作为成本计算对象来归集生产费用、计算产品成本的方法。

二、品种法的特点

品种法是产品成本计算方法中最基本的方法，有如下特点：

第一，以产品品种为成本计算对象，并据以设置产品成本明细账归集生产费用，计算产品成本。

以品种作为成本计算对象的企业，一般是大量大批生产一种或几种产品。如果企业只生产一种产品，发生的生产费用不需要分配，直接将发生的相关费用全部计入该产品的生产成本明细账中对应的项目。如果企业同时生产多种产品，则应该按每一种产品开设若干张成本计算单，并按照成本项目开设专栏。发生的直接费用可直接计入对应的成本项目，几种产品共同发生的费用，分配后分别计入对应的相关项目。

第二，成本计算期与会计报告期一致，与产品生产周期不一致。

大量大批生产的企业，其生产是连续不断进行的，不可能在产品完工时就能计算出产品的生产成本，只能定期（一般按月）计算出完工产品的成本。所以成本的计算期与会计报告期一致，而与产品的生产周期不一致。

第三，月末一般需要进行完工产品与在产品成本的分配。

在大量大批生产的企业，由于产品是不断投入又不断产出的，一般成本计算期比较固定。因此，在月末计算成本时，需要将费用在完工产品和月末在产品之间进行分配。

三、品种法的成本计算程序

品种法的成本计算程序，从高低层次上可以高度概括为“三合三分”。这里的“合”是指费用的归集，“分”是指费用的分配。第一次“合”与“分”，是指在全厂按内部单位归集本期材料费、人工费、其他费用，再按内部单位分配本期辅助生产费用；第二次“合”与“分”，是指在同一生产车间按产品归集本期直接材料、直接人工、制造费用等成本项目，再按产品分配共耗材料费、共耗人工费、制造费用；第三次“合”与“分”，是指在同一产品中按成本项目分别归集费用（月初在产品＋本月投入），再在完工产品和月末在产品之间分配成本项目。

不同的费用归集分别通过“××汇总表”或“××明细账”完成，费用分配通过“××分配表”完成，最后通过基本生产成本明细账或成本计算单计算出产品成本。从实务操作的层面来看，成本核算程序如下：

（1）根据领料单、材料耗用定额、产品产量记录等原始资料编制原材料汇总表和原材料分配表，并据以登记制造费用明细账、基本生产成本明细账和辅助生产成本明细账。

（2）根据工薪结算表、工时耗用定额、产品产量记录等原始资料编制工薪汇总表和工薪分配表，并据以登记制造费用明细账、基本生产成本明细账和辅助生产成本明细账。

（3）如果企业有其他成本项目，所发生的折旧费、水电费等费用，也要按照一定的方法进行汇总和分配，并据以登记辅助生产成本明细账、制造费用明细账等相关的明细账。

（4）根据辅助生产车间提供劳务或产品记录、辅助生产成本明细账等资料编制辅助生产成本分配表，并据以登记基本生产车间制造费用明细账等。

（5）根据制造费用明细账、工时记录、工时定额、计划成本等资料编制制造费用分配表，并据以登记基本生产成本明细账。

（6）将月初在产品成本和本月分配生产费用合计，按照成本项目在完工产品和月末在产品之间进行分配，求出完工产品的总成本和单位成本，登记库存商品明细账。

成本的计算程序可以高度概括为“三层六步”，具体可见图 6－1。

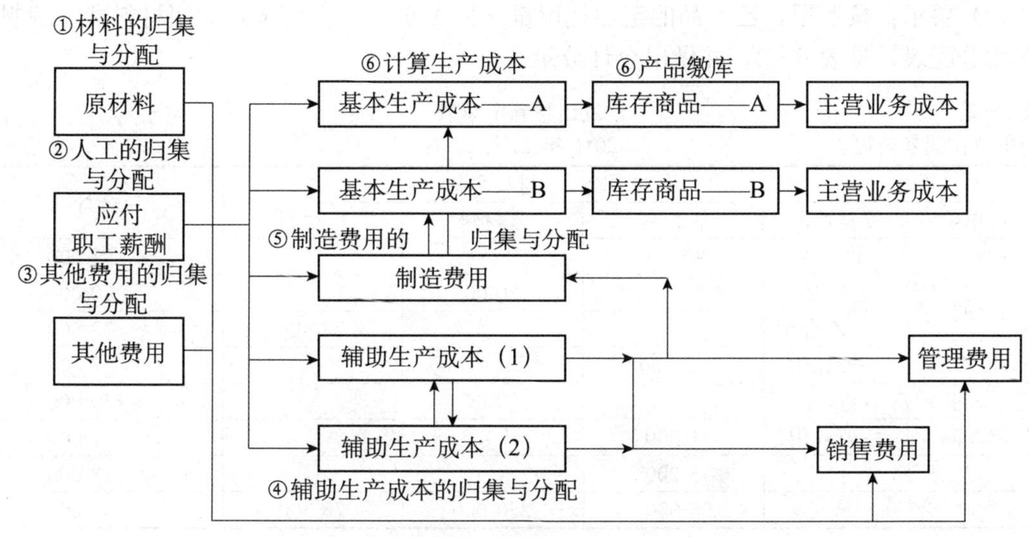

图 6－1 要素费用归集与分配及产品成本计算

四、品种法案例

本教材在各种成本计算方法中所举的案例，一般先列式计算讲明算理，再列表计算展示企业真实的核算过程，力求深入浅出，从理论与实践两个方面揭示成本计算的原理，以收到更好的学习效果。

案例 6－1： 圆梦有限责任公司（以下简称圆梦公司）设有两个基本生产车间，即一车间和二车间。设有机修和配电两个辅助生产车间，辅助生产车间不设“制造费用”账户，所发生的费用直接计入辅助生产成本。2016 年 12 月，一车间生产甲、乙两种产品，两种产品均只经过一道工序完成，连续大量生产，材料一次全部投入，在产品完工程度为 50%。12 月产量资料见表 6－1。二车间只生产丙产品一种产品，月末有在产品。

为了突出重点，提供二车间主要资料，但登记明细账不展示（省略），不提供其他相关资料。分配率要求保留 4 位小数，其他计算结果要求保留 2 位小数。教师在授课时，可指导学生计算填充案例中的空白账表，教材在编写过程中对空白账表有意进行了预制。

表 6－1 **产量记录表**

编制单位：圆梦公司 2016 年 12 月 31 日 产品单位：件

生产部门	品名	月初在产品	本月投产	本月完工	月末在产品
一车间	甲产品	200	1 900	2 000	100
一车间	乙产品	100	3 200	3 000	300
二车间	丙产品	150	1 850	2 000	0

（一）材料费用分配资料

（1）已知：C 材料为甲、乙产品共用，成本为 10 元/千克。甲产品耗用材料定额为 2 千克，乙产品耗用材料定额为 1 千克。

（2）要求：按照甲、乙产品的定额耗用量（见表6-2）分配本月共用材料费，编制材料费用分配表，见表6-3，并做出会计分录。

表6-2　　发出材料汇总表

编制单位：圆梦公司　　2016年12月31日　　单位：元

受益		材料名称			合计
受益单位	受益产品	A材料	B材料	C材料	
一车间	甲产品	90 000			90 000
	乙产品		120 000		120 000
	甲、乙合用			73 500	73 500
	一般耗用	2 000			2 000
二车间	丙产品		150 000		150 000
机修车间	一般耗用	1 000			1 000
厂部		3 000			3 000
合计		96 000	270 000	73 500	439 500

会计主管：　　会计：　　制表：

表6-3　　材料费用分配表

编制单位：圆梦公司　　2016年12月31日　　金额单位：元

应借科目		直接计入	分配计入			材料费用合计
			分配标准	分配率	分配金额	
基本生产成本	甲产品					
	乙产品					
	小计					
基本生产成本——丙产品						
制造费用——一车间						
辅助生产成本——机修						
管理费用						
合计						

会计主管：　　会计：　　制表：

（二）工薪费用分配资料

（1）已知：本月共计发生工薪费用220 000元，一车间生产工人工资120 000元，车间管理人员工资5 000元，二车间生产工人工资28 000元，车间管理人员工资2 000元，配电车间人员工资15 000元，机修车间人员工资10 000元，厂部管理人员工资40 000元。另外，甲产品生产工人耗用实际工时6 000小时，乙产品生产工人耗用实际工时4 000小时。

（2）要求：按照实际工时分配共用直接工资费用，并编制工资费用分配表，见表6-4，并做出会计分录。

表6-4　　工资费用分配表

编制单位：圆梦公司　　2016年12月31日

受益对象	耗用工时	分配率	分配金额（元）
基本生产成本——甲产品	6 000		
基本生产成本——乙产品	4 000		

续前表

受益对象	耗用工时	分配率	分配金额（元）
小计	10 000		120 000
制造费用——一车间	—		5 000
基本生产成本——丙产品	—		28 000
制造费用——二车间	—		2 000
辅助生产成本——配电车间	—		15 000
辅助生产成本——机修车间	—		10 000
管理费用	—		40 000
合计	—	—	220 000

（3）要求：按照表 6－4 中工资比例的 14％计提职工福利费，编制福利费用计提表，见表 6－5，并做出会计分录。

表 6－5　　福利费用计提表

编制单位：圆梦公司　　2016 年 12 月 31 日　　单位：元

受益对象	工资金额	分配率	计提金额
基本生产成本——甲产品		14％	
基本生产成本——乙产品		14％	
小计	120 000	14％	
制造费用——一车间	5 000	14％	
基本生产成本——丙产品	28 000	14％	
制造费用——二车间	2 000	14％	
辅助生产成本——配电车间	15 000	14％	
辅助生产成本——机修车间	10 000	14％	
管理费用	40 000	14％	
合计	220 000	—	

会计主管：　　会计：　　制表：

说明：为了简化核算，在实务中一般将工资费用分配表、福利费用计提表等合并成一张分配表，或者将多张人工费分配表进行合计，编制一张人工费用分配表。本教材省略了人工费用分配表，在登记明细账时直接将工资费用和福利费用进行了加总。

（三）折旧费用计提资料

企业按照部门固定资产原值的一定百分比计提折旧，编制折旧费用计提表，资料及表样见表 6－6，并做出会计分录。

表 6－6　　折旧费用计提表

编制单位：圆梦公司　　2016 年 12 月 31 日　　单位：元

固定资产所属部门	计提折旧原值	综合折旧率	计提金额
制造费用——一车间	1 500 000	1.2％	
制造费用——二车间	1 200 000	1.2％	
辅助生产成本——配电车间	300 000	1.2％	
辅助生产成本——机修车间	250 000	1.2％	
管理费用	600 000	1.2％	
合计	3 850 000	1.2％	

会计主管：　　会计：　　制表：

（四）水费计提资料

以银行存款支付本月水费 1 600 元，各部门用水数量见表 6－7，编制水费计算表，并做出会计分录。

表 6－7　　水费计算表

编制单位：圆梦公司　　2016 年 12 月 31 日　　金额单位：元

受益部门	耗用数量	单价	计算金额
制造费用——一车间	100	4.00	
制造费用——二车间	50	4.00	
辅助生产成本——配电车间	20	4.00	
辅助生产成本——机修车间	30	4.00	
管理费用	200	4.00	
合计	400	—	

会计主管：　　会计：　　制表：

（五）辅助生产费用分配资料

（1）企业有配电和机修两个辅助生产车间，配电车间本月外购电力 52 000 千瓦小时，不计电力损耗，单价 0.50 元，机修车间本月提供机修工时 1 100 小时。公司有一车间和二车间两个基本生产车间，本月辅助生产车间提供产品和劳务资料见表 6－8。

表 6－8　　辅助生产车间提供产品或劳务资料

编制单位：圆梦公司　　2016 年 12 月 31 日

受益部门	厂部	一车间	二车间	配电车间	机修车间	合计
提供电力（千瓦时）	4 000	30 000	16 000	—	2 000	52 000
提供机修工时（工时）	200	500	300	100	—	1 100

（2）要求：运用直接分配法分配本月辅助生产费用，登记辅助生产成本明细账，见表 6－9、表 6－10；编制辅助生产费用分配表，见表 6－11，并做出会计分录。

表 6－9　　辅助生产成本明细账

车间：配电车间　　2016 年 12 月 31 日　　单位：元

2016 年		凭证号（略）	摘要	项目						合计
月	日			电力	人工	福利费	折旧费	水费	其他	
12	31		外购电力							
12	31		人工费用分配表							
12	31		折旧费用计提表							
12	31		水费计算表							
12	31		本月合计							
12	31		月末结转							

表 6-10　　辅助生产成本明细账

车间：机修车间　　2016 年 12 月 31 日　　单位：元

2016 年		凭证号（略）	摘要	项目						合计
月	日			原材料	人工费	折旧费	水费	电费	其他	
12	31		材料费用分配表							
12	31		人工费用分配表							
12	31		折旧费用计提表							
12	31		水费计算表							
12	31		本月合计							
12	31		月末结转							

表 6-11　　辅助生产费用分配表

车间：机修、配电　　年　月　日　　金额单位：元

受益单位	机修分配标准 ①	机修分配率 ②=∑③/∑②	机修分配额 ③=①×②	配电分配标准 ④	配电分配率 ⑤=∑⑥/∑④	配电分配额 ⑥=④×⑤	分配额合计 ⑦=③+⑥
一车间							
二车间							
厂部							
合计							

会计主管：　　会计：　　制表：

（六）制造费用分配资料

登记制造费用明细账，见表 6-12、表 6-13。按实际工时比例分配本月制造费用，并编制制造费用分配表，见表 6-14，并做出会计分录。

表 6-12　　制造费用明细账

车间：一车间　　2016 年 12 月 31 日　　单位：元

2016 年		凭证号（略）	摘要	项目					合计
月	日			原材料	人工费	折旧费	水费	辅助费用	
12	31		材料费用分配表						
12	31		人工费用分配表						
12	31		折旧费用计提表						
12	31		水费计算表						
12	31		辅助生产费用分配表						
12	31		本月合计						
12	31		月末结转						

表 6-13　　制造费用明细账

车间：二车间　　2016 年 12 月 31 日　　单位：元

2016 年		凭证号（略）	摘要	项目					合计
月	日			原材料	人工费	折旧费	水费	辅助费用	
12	31		材料费用分配表						

续前表

2016年		凭证号（略）	摘要	项目					合计
月	日			原材料	人工费	折旧费	水费	辅助费用	
12	31		人工费用分配表						
12	31		折旧费用计提表						
12	31		水费计算表						
12	31		辅助生产费用分配表						
12	31		本月合计						
12	31		月末结转						

表 6-14 **制造费用分配表**

车间： 年 月 日 金额单位：元

受益产品	分配标准 ①	分配率 ②=∑③/∑①	分配金额 ③
合计			

会计主管： 会计： 制表：

（七）成本在完工产品和在产品之间分配资料

公司月初在产品费用情况见表 6-15。根据各种费用分配表登记基本生产成本明细账，计算甲、乙两种完工产品的总成本和单位成本，填写表 6-16、表 6-17、表 6-18，并做出会计分录。

表 6-15 **月初在产品费用**

编制单位：圆梦公司 2016年12月31日 金额单位：元

产品名称	产品数量	直接材料	直接人工	制造费用	金额合计
甲产品	200	85 000	6 500	2 000	93 500
乙产品	100	10 000	3 200	500	13 700
丙产品	150	5 000	3 000	1 000	9 000
合计	—	100 000	12 700	3 500	116 200

表 6-16 **基本生产成本明细账**

产品名称：甲产品 年 月 日 月末在产品数量： 件

本月投产数量： 件 本月完工产品数量： 件 单位：元

2016年		凭证号数（略）	摘要	成本项目			合计
月	日			直接材料	直接人工	制造费用	
12	1		月初在产品成本				
	31		直接材料分配表				
	31		直接人工分配表				
	31		制造费用分配表				
	31		生产费用合计				
	31		产品折合产量				

续前表

2016年		凭证号数（略）	摘要	成本项目			合计
月	日			直接材料	直接人工	制造费用	
	31		费用分配率				
	31		结转完工产品成本				
	31		月末在产品成本				
	31		完工产品单位成本				

表6-17　　**基本生产成本明细账**

产品名称：乙产品　　年　月　日　　月末在产品数量：　件

本月投产数量：　件　　本月完工产品数量：　件　　单位：元

2016年		凭证号数（略）	摘要	成本项目			合计
月	日			直接材料	直接人工	制造费用	
12	1		月初在产品成本				
	31		直接材料分配表				
	31		直接人工分配表				
	31		制造费用分配表				
	31		生产费用合计				
	31		产品折合产量				
	31		费用分配率				
	31		结转完工产品成本				
	31		月末在产品成本				
	31		完工产品单位成本				

表6-18　　**基本生产成本明细账**

产品名称：丙产品　　年　月　日　　月末在产品数量：　件

本月投产数量：　件　　本月完工产品数量：　件　　单位：元

2016年		凭证号数（略）	摘要	成本项目			合计
月	日			直接材料	直接人工	制造费用	
12	1		月初在产品成本				
	31		直接材料分配表				
	31		直接人工分配表				
	31		制造费用分配表				
	31		生产费用合计				
	31		产品折合产量				
	31		费用分配率				
	31		结转完工产品成本				
	31		月末在产品成本				
	31		完工产品单位成本				

五、品种法案例核算过程

（一）材料费用的分配

1. 列式分配材料费用

解：共用C材料的分配：

甲产品定额耗用量＝2×1 900＝3 800（千克）

乙产品定额耗用量＝1×3 200＝3 200（千克）

材料耗用总额＝3 800＋3 200＝7 000（千克）

材料费用分配率＝73 500÷7 000＝10.50（元/千克）

甲产品分配材料费用＝10.50×3 800＝39 900（元）

乙产品分配材料费用＝10.50×3 200＝33 600（元）

编制材料费用分配表，见表 6－19。

表 6－19 **材料费用分配表**

单位：圆梦公司 2016 年 12 月 31 日 金额单位：元

应借科目		直接计入	分配计入			材料费用合计
			分配标准	分配率	分配金额	
基本生产成本	甲产品	90 000	3 800	10.50	39 900	129 900
	乙产品	120 000	3 200	10.50	33 600	153 600
	小计	210 000	7 000	10.50	73 500	283 500
基本生产成本——丙产品		150 000				150 000
制造费用——一车间		2 000				2 000
辅助生产成本——机修		1 000				1 000
管理费用		3 000				3 000
合计		366 000			73 500	439 500

会计主管： 会计： 制表：

2. **分配材料费用的会计分录**

借：生产成本——基本生产成本（甲产品） 129 900

——基本生产成本（乙产品） 153 600

——基本生产成本（丙产品） 150 000

制造费用——一车间 2 000

生产成本——辅助生产成本（机修） 1 000

管理费用 3 000

贷：原材料——A 材料 96 000

——B 材料 270 000

——C 材料 73 500

（二）工薪费用的分配

1. **列式分配工资费用**

工资费用分配率＝120 000÷（6 000＋4 000）＝12（元/工时）

甲产品分配工资费用＝12×6 000＝72 000（元）

乙产品分配工资费用＝12×4 000＝48 000（元）

2. **编制工资费用分配表**

编制的工资费用分配表如表 6－20 所示。

表 6-20　　工资费用分配表

编制单位：圆梦公司　　2016 年 12 月 31 日

受益对象	耗用工时	分配率	分配金额（元）
基本生产成本——甲产品	6 000	12	72 000
基本生产成本——乙产品	4 000	12	48 000
小计	10 000	12	120 000
制造费用——一车间	—		5 000
基本生产成本——丙产品	—		28 000
制造费用——二车间	—		2 000
辅助生产成本——配电车间	—		15 000
辅助生产成本——机修车间	—		10 000
管理费用	—		40 000
合计	—	—	220 000

会计主管：　　会计：　　制表：

3. 分配工资费用的会计分录

借：生产成本——基本生产成本（甲产品）　72 000
　　　　　　——基本生产成本（乙产品）　48 000
　　　　　　——基本生产成本（丙产品）　28 000
　　制造费用——一车间　5 000
　　　　　　——二车间　2 000
　　生产成本——辅助生产成本（配电车间）　15 000
　　　　　　——辅助生产成本（机修车间）　10 000
　　管理费用　40 000
　　贷：应付职工薪酬——工资　220 000

4. 编制福利费用计提表

编制的福利费用计提表如表 6-21 所示。

表 6-21　　福利费用计提表

编制单位：圆梦公司　　2016 年 12 月 31 日　　单位：元

受益对象	工资金额	计提比例	计提金额	人工费用
基本生产成本——甲产品	72 000	14%	10 080	82 080
基本生产成本——乙产品	48 000	14%	6 720	54 720
基本生产成本——丙产品	28 000	14%	3 920	31 920
制造费用——一车间	5 000	14%	700	5 700
制造费用——二车间	2 000	14%	280	2 280
辅助生产成本——配电车间	15 000	14%	2 100	17 100
辅助生产成本——机修车间	10 000	14%	1 400	11 400
管理费用	40 000	14%	5 600	45 600
合计	220 000	—	30 800	250 800

会计主管：　　会计：　　制表：

5. 计提福利费用的会计分录

借：生产成本——基本生产成本（甲产品）　10 080

——基本生产成本（乙产品） 6 720
——基本生产成本（丙产品） 3 920
制造费用——一车间 700
——二车间 280
生产成本——辅助生产成本（配电车间） 2 100
生产成本——辅助生产成本（车间机修） 1 400
管理费用 5 600
贷：应付职工薪酬——福利费 30 800

（三）折旧费用计提表

1. 编制折旧费用计提表

编制的折旧费用计提表见表 6－22。

表 6－22 **折旧费用计提表**

编制单位：圆梦公司 2016 年 12 月 31 日 单位：元

固定资产所属部门	原值	综合折旧率	计提金额
制造费用——一车间	1 500 000	1.2%	18 000
制造费用——二车间	1 200 000	1.2%	14 400
辅助生产成本——配电车间	300 000	1.2%	3 600
辅助生产成本——机修车间	250 000	1.2%	3 000
管理费用	600 000	1.2%	7 200
合计	3 850 000		46 200

会计主管： 会计： 制表：

2. 计提折旧费用的会计分录

借：制造费用——一车间 18 000
——二车间 14 400
生产成本——辅助生产成本（配电车间） 3 600
——辅助生产成本（机修车间） 3 000
管理费用 7 200
贷：累计折旧 46 200

（四）编制水费计算表

1. 编制水费计算表

编制的水费计算表见表 6－23。

表 6－23 **水费计算表**

编制单位：圆梦公司 2016 年 12 月 31 日 金额单位：元

受益部门	耗用数量	单价	计算金额
制造费用——一车间	100	4.00	400
制造费用——二车间	50	4.00	200
辅助生产成本——配电车间	20	4.00	80
辅助生产成本——机修车间	30	4.00	120

续前表

受益部门	耗用数量	单价	计算金额
管理费用	200	4.00	800
合计	400	—	1 600

会计主管：　　　　　　　　　　会计：　　　　　　　　　　制表：

2. 分配水费的会计分录

借：制造费用——一车间　　400
　　　　　　——二车间　　200
　　生产成本——辅助生产成本（配电车间）　　80
　　　　　　——辅助生产成本（机修车间）　　120
　　管理费用　　800
　　贷：银行存款　　1 600

（五）辅助生产费用分配

1. 登记辅助生产成本明细账

登记的辅助生产成本明细账见表 6-24、表 6-25。

表 6-24　　　　**辅助生产成本明细账**

车间：配电车间　　　　2016 年 12 月 31 日　　　　单位：元

2016 年		凭证号	摘要	项目						合计
月	日	（略）		电力	人工	福利费	折旧费	水费	其他	
12	31		外购电力	26 000						26 000
12	31		人工费用分配表		15 000	2 100				17 100
12	31		折旧费用计提表				3 600			3 600
12	31		水费计算表					80		80
12	31		本月合计	26 000	15 000	2 100	3 600	80		46 780
12	31		月末结转	26 000	15 000	2 100	3 600	80		46 780

表 6-25　　　　**辅助生产成本明细账**

车间：机修车间　　　　2016 年 12 月 31 日　　　　单位：元

2016 年		凭证号	摘要	项目					合计
月	日	（略）		原材料	人工	折旧费	水费	其他	
12	31		材料费用分配表	1 000					1 000
12	31		人工费用分配表		11 400				11 400
12	31		折旧费用计提表			3 000			3 000
12	31		水费计算表				120		120
12	31		本月合计	1 000	11 400	3 000	120		15 520
12	31		月末结转	1 000	11 400	3 000	120		15 520

2. 列式分配本月电费

配电车间本月共发生费用＝（15 000＋2 100）＋3 600＋80＋52 000×0.50＝46 780（元）

供应本企业电力单位成本＝46 780÷50 000＝0.935 6（元）

厂部分配电费＝4 000×0.935 6＝3 742.40（元）

一车间分配电费＝30 000×0.935 6＝28 068（元）

二车间分配电费＝16 000×0.935 6＝14 969.60（元）

3. 列式分配本月机修费用

机修车间本月共发生费用＝1 000＋10 000＋1 400＋3 000＋120＝15 520（元）

提供机修服务单位成本＝15 520÷1 000＝15.52（元）

厂部分配电费＝200×15.52＝3 104（元）

一车间分配电费＝500×15.52＝7 760（元）

二车间分配电费＝300×15.52＝4 656（元）

4. 列式计算分配合计辅助生产费用

厂部分配辅助生产费用＝3 742.40＋3 104＝6 846.40（元）

一车间分配辅助生产费用＝28 068＋7 760＝35 828（元）

二车间分配辅助生产费用＝14 969.60＋4 656＝19 625.60（元）

5. 编制辅助生产费用分配表

编制的辅助生产费用分配表见表 6－26。

表 6－26　辅助生产费用分配表

车间：机修、配电　2016 年 12 月　金额单位：元

受益单位	机修分配标准	机修分配率	机修分配额	配电分配标准	配电分配率	配电分配额	分配额合计
一车间	500	15.52	7 760	30 000	0.935 6	28 068	35 828
二车间	300	15.52	4 656	16 000	0.935 6	14 969.60	19 625.60
厂部	200	15.52	3 104	40 00	0.935 6	3 742.40	6 846.40
合计	1 000	—	15 520	50 000	—	46 780	62 300

会计主管：　会计：　制表：

6. 分配辅助生产费用的会计分录

借：制造费用——一车间　35 828
　　　　　——二车间　19 625.60
　　管理费用　6 846.40
　　贷：生产成本——辅助生产成本（配电车间）　46 780
　　　　　　　——辅助生产成本（机修车间）　15 520

（六）制造费用的分配

1. 列式计算制造费用总额

一车间本月制造费用总额＝2 000＋5 000＋700＋18 000＋400＋35 828＝61 928（元）

2. 列式计算制造费用分配额

制造费用分配率＝61 928÷10 000＝6.192 8（元/工时）

甲产品分配制造费用＝6.192 8×6 000＝37 156.80（元）

乙产品分配制造费用＝6.192 8×4 000＝24 771.20（元）

3. 登记制造费用明细账

登记的制造费用明细账见表 6－27。

表 6－27　制造费用明细账

车间：一车间　　2016 年 12 月 31 日　　单位：元

2016 年		凭证号	摘要	项目					合计
月	日	（略）		原材料	人工费	折旧费	水费	辅助费用	
12	31		材料费用分配表	2 000					2 000
12	31		人工费用分配表		5 700				5 700
12	31		折旧费用计提表			18 000			18 000
12	31		水费计算表				400		400
12	31		辅助生产费用分配表					35 828	35 828
12	31		本月合计	2 000	5 700	18 000	400	35 828	61 928
12	31		月末结转	2 000	5 700	18 000	400	35 828	61 928

4. 编制制造费用分配表，登记制造费用明细账

编制的制造费用分配表见表 6－28。

表 6－28　制造费用分配表

车间：一车间　　2016 年 12 月 31 日　　金额单位：元

受益产品	分配标准	分配率	分配金额
甲产品	6 000	6.192 8	37 156.80
乙产品	4 000	6.192 8	24 771.20
合计	10 000		61 928

会计主管：　　会计：　　制表：

二车间本月制造费用总额＝2 000＋280＋14 400＋200＋19 625.60＝36 505.60（元）

登记的制造费用明细账见表 6－29。

表 6－29　制造费用明细账

车间：二车间　　2016 年 12 月 31 日　　单位：元

2016 年		凭证号	摘要	项目					合计
月	日	（略）		原材料	人工费	折旧费	水费	辅助费用	
12	31		人工费用分配表		2 280				2 280
12	31		折旧费用计提表			14 400			14 400
12	31		水费计算表				200		200
12	31		辅助生产费用分配表					19 625.60	19 625.60
12	31		本月合计		2 280	14 400	200	19 625.60	36 505.60
12	31		月末结转		2 280	14 400	200	19 625.6	36 505.60

（七）成本在完工产品和在产品之间的分配

1. 列式计算甲产品成本

单位甲产品材料成本＝214 900÷（2 000＋100×100%）＝102.333 3（元）

单位甲产品人工成本＝88 580÷（2 000＋100×50%）＝43.209 8（元）

单位甲产品制造费用＝39 156.80÷（2 000＋100×50%）＝19.100 9（元）

完工产品材料费用＝102.333 3×2 000＝204 666.60（元）

完工产品人工费用＝43.209 8×2 000＝86 419.60（元）

完工产品制造费用＝19.100 9×2 000＝38 201.80（元）

登记甲产品基本生产成本明细账，见表6－30。

表6－30　　基本生产成本明细账

产品名称：甲产品　　2016年12月31日　　月末在产品数量：100件

本月投产数量：1 900件　　本月完工产品数量：2 000件　　单位：元

2016年		凭证号数（略）	摘要	成本项目			合计
月	日			直接材料	直接人工	制造费用	
12	1		月初在产品成本	85 000	6 500	2 000	93 500
	31		直接材料分配表	129 900			129 900
	31		直接人工分配表		82 080		82 080
	31		制造费用分配表			37 156.80	37 156.80
	31		生产费用合计	214 900	88 580	39 156.80	342 636.80
	31		产品折合产量（件）	2 100	2 050	2 050	
	31		费用分配率	102.333 3	43.209 8	19.100 9	
	31		结转完工产品成本	204 666.60	86 419.60	38 201.80	329 288.00
	31		月末在产品成本	10 233.40	2 160.40	955.00	13 348.80
	31		完工产品单位成本	102.33	43.21	19.10	164.64

2. 列式计算乙产品成本

单位乙产品材料成本＝163 600÷（3 000＋300×100%）＝49.575 7（元）

单位乙产品人工成本＝57 920÷（3 000＋300×50%）＝18.387 3（元）

单位乙产品制造费用＝25 271.20÷（3 000＋300×50%）＝8.022 6（元）

完工产品材料费用＝49.575 7×3 000＝148 727.10（元）

完工产品人工费用＝18.387 3×3 000＝55 161.90（元）

完工产品制造费用＝8.022 6×3 000＝24 067.80（元）

3. 登记乙产品基本生产成本明细账

登记的乙产品基本生产成本明细账见表6－31。

表 6-31　　　　基本生产成本明细账

产品名称：乙产品　　　2016 年 12 月 31 日　　　月末在产品数量：300 件

本月投产数量：3 200 件　　　本月完工产品数量：3 000 件　　　单位：元

2016 年		凭证号数	摘要	成本项目			合计
月	日	（略）		直接材料	直接人工	制造费用	
12	1		月初在产品成本	10 000.00	3 200.00	500.00	13 700.00
	31		直接材料分配表	153 600.00			153 600.00
	31		直接人工分配表		54 720.00		54 720.00
	31		制造费用分配表			24 771.20	24 771.20
	31		生产费用合计	163 600.00	57 920.00	25 271.20	246 791.20
	31		折合完工产量（件）	3 300	3 150	3 150	
	31		费用分配率	49.575 7	18.387 3	8.022 6	
	31		结转完工产品成本	148 727.10	55 161.90	24 067.80	227 956.80
	31		月末在产品成本	14 872.90	2 758.10	1 203.40	18 834.40
	31		完工产品单位成本	49.58	18.39	8.02	75.99

4. 登记丙产品基本生产成本明细账

登记的丙产品基本生产成本明细账见表 6-32。

表 6-32　　　　基本生产成本明细账

产品名称：丙产品　　　2016 年 12 月 31 日　　　月末在产品数量：0 件

本月投产数量：150 件　　　本月完工产品数量：2 000 件　　　单位：元

2016 年		凭证号数	摘 要	成本项目			合计
月	日	（略）		直接材料	直接人工	制造费用	
12	1		月初在产品成本	5 000	3 000	1 000	9 000
	31		直接材料分配表	150 000			150 000
	31		直接人工分配表		31 920		31 920
	31		制造费用分配表			36 505.60	36 505.60
	31		生产费用合计	155 000	34 920	37 505.60	227 425.60
	31		结转完工产品成本	155 000	34 920	37 505.60	227 425.60
	31		月末在产品成本	0	0	0	0
	31		完工产品单位成本	77.50	17.46	18.75	113.71

5. 登记库存商品明细账

登记的库存商品明细账此处略。

6. 编制产品入库会计分录

借：库存商品——甲产品　　　329 288.00

　　　　　　——乙产品　　　227 956.80

　　　　　　——丙产品　　　227 425.60

　贷：生产成本——基本生产成本（甲产品）　　　329 288.00

　　　　　　　——基本生产成本（乙产品）　　　227 956.80

　　　　　　　——基本生产成本（丙产品）　　　227 425.60

第二节　分批法

一、分批法的概念

分批法是以产品批别（或订单）作为成本计算对象来归集生产费用，进而计算产品成本的一种方法。

二、分批法的特点

产品批别在成批组织产品生产的企业或车间中，是按照一定品种、一定批量产品划分的。因此，分批法也就是计算一定品种、一定批量的产品成本的方法。在实际工作中，产品的品种和每批产品的批量往往根据客户的订单确定，按照产品批别计算产品成本，往往就是按照订单计算产品成本，因此分批法亦称订单法。

但是应该注意，如果几份订单的产品品种规格均一样，则可以合并为同一个批次组织生产；如果一份订单数量比较大，也可以分解为几个批次组织生产。分批法的特点为：

(1) 以产品的批次（订单或生产通知单等）为成本计算对象，开设产品成本计算单或设置基本生产成本明细账。

一般情况下，企业根据订单开设生产通知单，车间根据生产通知单组织生产，仓库根据生产通知单准备材料，会计部门根据生产通知单开设成本计算单或基本生产成本明细账归集生产费用，计算产品成本。

由于生产通知单是根据订单开设的，因此，一般是以一张订单上的产品为一批，即以订单划分批别。但在一张订单上如果规定的产品不止一种，那么为了分别计算不同产品的生产成本和便于生产管理，可以按照产品的品种划分批别组织生产并计算成本；如果订单中只规定一种产品，但其数量较大，不便于集中一次投产，或者客户要求分批交货，也可以分几批组织生产并计算成本；如果订单中只规定一件产品，但其生产周期很长并且是由许多零部件装配而成的，则可按生产进度或构成成品的部件分别开设生产通知单组织生产、计算成本，如大型船舶的生产等。

(2) 产品成本计算期不固定。

分批法下，由于是以产品的批别或件别作为成本计算对象，因而一批产品只有全部完工后才能通过成本计算单将生产费用归集完整，这就决定了成本计算期与产品生产周期同步，而与会计报告期不一致。

(3) 一般不需要计算期末在产品成本。

这主要是由成本计算期与产品生产周期一致决定的。就单件生产来说，产品完工之前，基本生产成本明细账中所归集的生产费用都是在产品成本，产品完工时，则为完工产品成本，因而月末计算成本时，就不需要计算月末在产品成本；如果是小批生产，批内产品一般都能同时完工，在月末计算成本时，或是全部已经完工，或是全部没有完工，因而也都不存在计算月末在产品成本的问题。但在批内产品跨月陆续完工的情况下，月末计算成本时，一部分产品已完工，另一部分产品尚未完工，这时就要在完工产品与月末在产品之间分配费用，以分别计算完工产品成本和月末在产品成本。

此外，在同一月内投产的产品批数很多的企业中，还采用着一种简化的不分批次计算在产品成本的分批法。此方法专门作一专题在后面阐述。

思考：采用分批法进行成本计算时，产品订单份数是否一定等于批次数，为什么？

三、分批法的计算程序

分批法的计算程序与品种法的计算程序极为相似，也是“三层六步”。与品种法的主要差别是：分批法是按照产品的批别（批号）设置基本生产成本明细账计算产品成本，生产费用的归集与分配也是围绕产品批别展开。即便是同一产品，也可能不是同一批别。在计算批别成本时，依据是产品是否交货或销售。

（一）当月投产，月内全部完工

当月投产，月内整批产品全部完工，月末直接加计完工本批别生产费用，计算完工产品实际成本和单位成本。

（二）跨月陆续完工，中间不结转完工产品成本

如果整批产品跨月陆续完工，中间没有交货或销售，则无须结转完工产品成本，所以在整批产品尚未完工前也不需要计算完工产品成本。各月月末只将分配来的生产费用记入基本生产成本明细账，等到整批产品全部完工时，累计求得完工批别总数，从而求得本批产品单位成本。

（三）跨月陆续完工，中间结转完工产品成本

如果整批产品跨月生产陆续完工，中间存在交货或销售，则需要计算并结转完工产品成本，在结转完工产品成本的月份，要采用适当方法在完工产品与在产品之间分配费用。为了简化核算，月末计算完工产品成本时，可采用计划成本、定额成本或最近时期相同产品的实际成本对完工产品进行计价的简易方法计算，然后将其从基本生产成本明细账中转出，余下的即在产品成本。等到该批产品全部完工时，再计算该整批产品实际总成本和单位成本。

四、分批法核算案例

（一）案例题干

说明：为了突出分批法的重点，生产费用的分配选择了直接材料和制造费用，直接人

工费用的分配结果直接给出。

案例 6-2：天使玩具公司根据客户的订单组织生产，采用分批法计算产品成本。该公司产品经过制作和包装两道工序（生产车间）进行生产，原材料在各工序生产开始时一次投入。有关资料如下：

（1）各批产品的投产及工时情况见表 6-33。

表 6-33　各批产品的生产情况

2016 年 12 月

产品批号	产品名称	开工日期	完工日期	批量/件	完工产量/件		本月耗用工时	
					11 月	12 月	缝制车间	填充车间
1607	绒毛马	2016.11.10	2016.12.31	2 000	1 000	1 000	3 000	1 700
1608	绒毛狗	2016.12.01	2016.12.31	1 500		1 500	1 400	2 000
1609	绒毛兔	2016.12.05	2017.01.15	1 200			3 600	1 800

（2）各批产品 12 月投产数量见表 6-34。

表 6-34　产品投产资料表

2016 年 12 月

产品批号	1607	1608	1609	备注
制作车间投产（件）	1 000	1 500	1 200	
包装车间投产（件）	1 000	1 500	1 200	

（3）12 月各批产品耗用材料。

各批产品的毛绒布单独耗用，直接计入产品成本。毛绒布是三批产品的单独使用材料，1607 绒毛马使用毛绒布 8 000 元，1608 绒毛狗使用毛绒布 18 000 元，1609 绒毛兔使用毛绒布 6 000 元。包装物在包装车间投入。填充料为共耗材料，1607 绒毛马耗用定额 0.10 千克，1608 绒毛狗耗用定额 0.08 千克，1609 绒毛兔耗用定额 0.05 千克。按定额耗用量分配共耗材料费用。直接计入的材料费用已经填入分配表，见表 6-35。

表 6-35　直接材料分配表

2016 年 12 月　　金额单位：元

产品名称	制作车间						包装车间	合计
	直接计入	分配计入				小计	直接计入	
		分配标准（千克）		分配率	分配额			
		列式	标准					
1607 绒毛马	8 000						5 000	
1608 绒毛狗	18 000						6 000	
1609 绒毛兔	6 000							
合计	32 000				30 800	62 800		

会计主管：　　会计：　　制表：

（4）直接人工费用分配表见表 6-36。

表 6-36　**直接人工费用分配表**

2016 年 12 月　　单位：元

批号	品名	制作车间	包装车间	合计
1607	绒毛马	9 900	4 000	13 900
1608	绒毛狗	4 950	5 010	9 960
1609	绒毛兔	3 300	3 750	7 050

会计主管：　　会计：　　制表：

(5) 12 月的制造费用资料。

制作车间的制造费用为 9 600 元，包装车间的制造费用为 5 500 元。制造费用按两个车间的生产工时比例在各批产品之间分配，见表 6-37。

表 6-37　**制造费用分配表**

2016 年 12 月 31 日　　金额单位：元

产品批别	制作车间			包装车间			金额合计
	工时	分配率	金额	工时	分配率	金额	
1607 绒毛马							
1608 绒毛狗							
1609 绒毛兔							
合计			9 600			5 500	

会计主管：　　会计：　　制表：

(6) 1607 绒毛马 11 月费用资料（基本生产成本明细账）见表 6-38。

表 6-38　**基本生产成本明细账**

批号：1607　　开工日期：2016 年 11 月　　单位：元

名称：绒毛马　　完工日期：2016 年 12 月　　完工数量：2 000 件

2016 年		凭证号数（略）	摘要	直接材料	直接人工	制造费用	合计
月	日						
11	30		11 月生产费用合计	25 500	28 000	9 000	62 500
	30		转出 1 000 件完工产品	24 000	21 000	8 000	53 000
	30		11 月末在产品成本	1 500	7 000	1 000	9 500
12	31		制作车间成本分配				
	31		包装车间成本分配				
	31		12 月成本合计				
	31		12 月转出 1 000 件完工产品成本				
	31		2 000 件产品累计总成本				
	31		单位成本				

(7) 计算完工产品成本的要求。

该公司对订单内跨月陆续完工的产品，月末计算成本时，对完工产品按计划成本转出，待全部完工后再重新计算完工产品的实际总成本和单位成本。1607 绒毛马 11 月末完工 1 000 件，按计划单位成本 53 元结转，其中原材料计划单位成本 24 元，人工计划单位成本 21 元，制造费用计划单位成本 8 元。

1607 绒毛马 2016 年 11 月投产，12 月全部完工，月末按计划成本结转完工产品成本；1608 绒毛狗 12 月投产，当月全部完工；1609 绒毛兔 2016 年 12 月投产，月末 2017 年 1 月全部完工，12 月末不结转完工产品成本。

要求：根据天使玩具公司会计资料，分别编制直接材料分配表、制造费用分配表；分别登记三批产品基本生产成本明细账。

建议教师在授课时，可指导学生首先利用空白账表编制直接材料分配表（见表 6－35）、制造费用分配表（见表 6－37），登记三批产品的基本生产成本明细账（见表 6－38、表 6－39、表 6－40）。

表 6－39 基本生产成本明细账

批号：1608　　开工日期：2016 年 12 月　　单位：元

名称：绒毛狗　　完工日期：2016 年 12 月　　完工数量：1 500 件

2016 年		凭证号数（略）	摘要	直接材料	直接人工	制造费用	合计
月	日						
12	31		制作车间成本分配				
	31		包装车间成本分配				
	31		生产费用合计				
	31		转出完工产品成本				
	31		单位成本				

表 6－40 基本生产成本明细账

批号：1609　　开工日期：2016 年 12 月　　单位：元

产品名称：绒毛兔　　完工日期：2017 年 1 月　　完工数量：1 000 件

2016 年		凭证号数（略）	摘要	直接材料	直接人工	制造费用	合计
月	日						
12	31		制作车间成本分配				
	31		包装车间成本分配				
	31		12 月累计成本				

思考：在学习费用在完工产品与在产品之间分配时，只有在产品定额法，而没有完工产品定额法。但在产品成本基本方法的分批法中，在某批产品没有生产完毕前结转完工产品成本时，为什么会运用完工产品定额成本结转产品成本？

（二）案例解答

1. 填充 12 月直接材料分配表

解：列式计算：

1607 绒毛马填充料分配标准＝0.1×1 000＝100（千克）

1608 绒毛狗填充料分配标准＝0.08×1 500＝120（千克）

1609 绒毛兔填充料分配标准＝0.05×1 200＝60（千克）

填充料分配标准合计＝100＋120＋60＝280（千克）

填充完的直接材料分配表见表 6－41。

表 6-41　　直接材料分配表

2016 年 12 月　　金额单位：元

产品名称	制作车间						包装车间	合计
	直接计入	分配计入				小计	直接计入	
		分配标准（千克）		分配率	分配额			
		列式	标准					
1607 绒毛马	8 000	0.1×1 000	100	110	11 000	19 000	5 000	24 000
1608 绒毛狗	18 000	0.08×1 500	120	110	13 200	31 200	6 000	37 200
1609 绒毛兔	6 000	0.05×1 200	60	110	6 600	12 600		12 600
合计	32 000		280		30 800	62 800		73 800

会计主管：　　会计：　　制表：

2. 填充 12 月制造费用分配表

填充完的制造费用分配表见表 6-42。

表 6-42　　制造费用分配表

2016 年 12 月　　金额单位：元

产品批别	制作车间			包装车间			金额合计
	工时	分配率	金额	工时	分配率	金额	
1607 绒毛马	3 000	1.2	3 600	1 700	1	1 700	5 300
1608 绒毛狗	1 400	1.2	1 680	2 000	1	2 000	3 680
1609 绒毛兔	3 600	1.2	4 320	1 800	1	1 800	6 120
合计	8 000		9 600	5 500		5 500	15 100

3. 登记基本生产成本明细账

根据前面各种费用分配表分配结果分别登记三种产品的基本生产成本明细账，见表 6-43～表 6-45。

表 6-43　　基本生产成本明细账

批号：1607　　开工日期：2016 年 11 月　　单位：元

名称：绒毛马　　完工日期：2016 年 12 月　　完工数量：2 000 件

2016 年		凭证号数（略）	摘要	直接材料	直接人工	制造费用	合计
月	日						
11	30		11 月生产费用合计	25 500	28 000	9 000	62 500
	30		转出 1 000 件完工产品	24 000	21 000	8 000	53 000
	30		11 月末在产品成本	1 500	7 000	1 000	9 500
12	31		制作车间成本分配	19 000	9 900	3 600	32 500
	31		包装车间成本分配	5 000	4 000	1 700	10 700
	31		12 月成本合计	25 500	20 900	6 300	52 700
	31		12 月转出 1 000 件完工产品成本	25 500	20 900	6 300	52 700
	31		2 000 件产品累计总成本	49 500	41 900	14 300	105 700
	31		单位成本	24.75	20.95	7.15	52.85

表 6-44　　基本生产成本明细账

批号：1608　　开工日期：2016 年 12 月　　单位：元

名称：绒毛狗　　完工日期：2016 年 12 月　　完工数量：1 500 件

2016 年		凭证号数（略）	摘要	直接材料	直接人工	制造费用	合计
月	日						
12	31		制作车间成本分配	31 200	4 950	1 680	37 830
	31		包装车间成本分配	6 000	5 010	2 000	13 010
	31		生产费用合计	37 200	9 960	3 680	50 840
	31		转出完工产品成本	37 200	9 960	3 680	50 840
	31		单位成本	24.8	6.64	2.45	33.89

表 6-45　　基本生产成本明细账

批号：1609　　开工日期：2016 年 12 月　　单位：元

名称：绒毛兔　　完工日期：2017 年 1 月　　完工数量：1 000 件

2016 年		凭证号数（略）	摘要	直接材料	直接人工	制造费用	合计
月	日						
12	31		制作车间成本分配	12 600	3 300	4 320	20 220
	31		包装车间成本分配		3 750	1 800	5 550
	31		12 月累计成本	12 600	7 050	6 120	25 770

4. 编制会计分录

某批次产品部分完工转出或该批次产品全部完工缴库结转其成本时，借记“库存商品——××产品”科目，贷记“生产成本——基本生产成本（××产品）”科目。

五、简化分批法

在小批或单件生产的企业，如果同一月份内投产的产品批数很多，则各种间接费用在各批产品之间按月分配的工作量就会很大。在这种情况下，可采用简化分批法。

（一）简化分批法的特点

简化分批法的特点是，每月发生的人工费用和制造费用等间接费用不是按月在各批产品之间分配，而是累加起来，直到产品完工的那个月份，再按照完工产品累计生产工时比例，在各批完工产品之间进行分配。所以，这种方法也叫累计间接费用分配法，有时也称为不分批计算在产品成本分批法。间接费用分配的计算公式如下：

$$\text{全部产品某项累计间接费用分配率}=\left(\text{期初结存全部产品该项间接费用}+\text{本月发生全部产品该项间接费用}\right)\div\left(\text{期初结存全部在产品累计工时}+\text{本月发生全部工时数}\right)$$

$$\text{某批完工产品应负担的某项间接计入费用}=\text{该批完工产品累计生产工时}\times\text{全部产品该项累计间接费用分配率}$$

（二）简化分批法的计算程序

1. 按产品批别设立基本生产成本明细账和基本生产成本二级账

按产品批别设立基本生产成本明细账，平时账内仅登记直接计入费用（原材料费用）和生产工时；另外，要设立基本生产成本二级账，归集企业投产的所有批次合计发生的各项费用以及累计的生产工时。

2. 计算间接费用分配率

在有完工产品的月份，通过基本生产成本二级账上的累计生产工时和累计间接费用计算成本项目的累计间接费用分配率，分别在基本生产成本明细账和基本生产成本二级账上登记。

3. 计算完工产品应分配的间接费用

计算完工产品应分配的间接费用，应先在基本生产成本明细账中分批次计算（即用各批次完工产品的累计生产工时乘以不同成本项目的间接费用分配率），并在各批次的成本明细账中登记；然后将所有批次的产品成本明细账中完工产品的各项间接费用汇总起来，计入基本生产成本二级账的相应成本项目栏。基本生产成本二级账中完工产品的原材料费用和生产工时也是根据各批次产品基本生产成本明细账中完工产品的原材料费用和生产工时汇总登记的，见图 6－2。

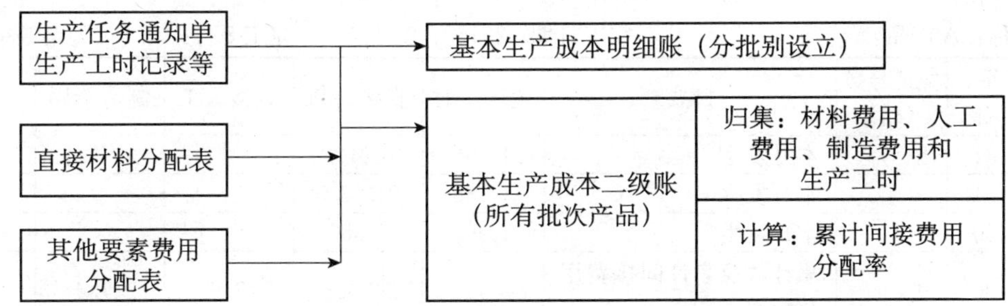

图 6－2　简化分批法下的成本计算程序

说明：（1）根据生产任务通知单设立多张基本生产成本明细账和一张基本生产成本二级账，根据直接材料分配表和生产工时记录等将各批别耗用的材料费和工时记入各成本明细账和二级账。

（2）根据其他要素费用分配表将人工费用和制造费用记入基本生产成本二级账。

（3）月终，将二级账中的直接材料费用和生产工时与成本明细账中直接材料费用和生产工时核对。

（4）月终，如有完工产品，计算累计间接费用分配率，并据此分配间接费用，登记基本生产成本明细账。

（三）简化分批法举例

案例 6－3：东方神韵有限责任公司属于小批生产多种产品的企业，产品批数多。为了简化核算，采用简化分批法计算各批次产品成本。该公司 2016 年 9 月各批产品的情况是：

第 16701 批：A 产品 8 件，7 月投产，本月全部完工；

第16812批：B产品10件，8月投产，本月完工6件；

第16824批：C产品8件，8月投产，尚未完工；

第16901批：D产品5件，9月投产，尚未完工。

该公司9月的月初在产品成本和本期生产费用以及实耗工时已记入基本生产成本二级账和各批号产品的基本生产成本明细账，见表6-46、表6-47、表6-48、表6-49、表6-50。（表格中斜体数字是分配计算数字，其他为原始资料）

表6-46 **基本生产成本二级账**

2016年9月 金额单位：元

2016年		凭证号数（略）	摘要	生产工时	直接材料	直接人工	制造费用	合计
月	日							
9	1		期初余额	6 130	54 500	50 276	68 240	173 016
9	30		本月发生额	6 030	20 400	54 300	70 384	145 084
9	30		累计金额	12 160	74 900	104 576	138 624	318 100
9	30		累计间接费用分配率			*8.60*	*11.40*	*20.00*
9	30		完工转出	7 690	49 576	66 134	87 666	203 376
			余额	4 470	25 324	38 442	50 958	114 724

表6-47 **基本生产成本明细账**

批号：16701 开工日期：2016年7月 批量：8件

产品名称：A产品 完工日期：2016年9月 完工8件 金额单位：元

2016年		凭证号数（略）	摘要	生产工时	直接材料	直接人工	制造费用	合计
月	日							
7	31		本月发生	1 892	16 212.5			
8	31		本月发生	1 188	9 162.5			
9	30		本月发生	1 960	7 050			
9	30		累计数及累计间接费用分配率	5 040	32 425	8.6	11.4	
9	30		本月转出完工产品成本	5 040	32 425	43 344	57 456	133 225
			完工产品单位成本	0	4 053.125	5 418	7 182	16 653.13

表6-48 **基本生产成本明细账**

批号：16812 开工日期：2016年8月 批量：10件

产品名称：B产品 完工日期：2016年9月 完工6件 金额单位：元

2016年		凭证号数（略）	摘要	生产工时	直接材料	直接人工	制造费用	合计
月	日							
8	31		本月发生	1 482	18 605			
9	30		本月发生	1 884	1 720			
9	30		累计数及累计间接费用分配率	3 366	20 325	8.6	11.4	
9	30		本月转出完工产品成本	2 650	17 151	22 790	30 210	70 151
9	30		完工产品单位成本	0	2 858.5	3 798.33	5 035	11 691.83

续前表

2016年		凭证号数（略）	摘要	生产工时	直接材料	直接人工	制造费用	合计
月	日							
			月末在产品	716	3 174			

表6-49　　**基本生产成本明细账**

批号：16824　　开工日期：2016年8月　　批量：8件

产品名称：C产品　　完工日期：　　金额单位：元

2016年		凭证号数（略）	摘要	生产工时	直接材料	直接人工	制造费用	合计
月	日							
8	31		本月发生	1 568	10 520			
9	30		本月发生	854	2 170			

表6-50　　**基本生产成本明细账**

批号：16901　　开工日期：2016年9月　　批量：5件

产品名称：D产品　　完工日期：　　金额单位：元

2016年		凭证号数（略）	摘要	生产工时	直接材料	直接人工	制造费用	合计
月	日							
9	30		本月发生	1 332	9 460			

在简化分批法下，产品完工缴库结转其成本时，依据基本生产成本明细账和产品入库单编制会计分录，借记："库存商品——××产品"科目，贷记"生产成本——基本生产成本（××产品）"科目。为检验简化分批法计算结果的正确性，可按照下列公式逐个成本项目或工时进行试算。简化分批法的试算公式，与总账及其所属明细账的试算如出一辙。在成本会计实务中，试算直接人工和制造费用是最常见的事情。

$$\text{二级账期初在产品}_{\text{某项目}}+\text{二级账本期投入}_{\text{该项目}}=\text{二级账期末完工}_{\text{该项目}}+\text{二级账月末在产品}_{\text{该项目}}$$

$$=\sum\text{明细账期初在产品}_{\text{某项目}}+\sum\text{明细账本期投入}_{\text{该项目}}$$

$$=\sum\text{明细账期末完工}_{\text{该项目}}+\sum\text{明细账月末在产品}_{\text{该项目}}$$

第三节　分步法

一、分步法概述

（一）分步法的特点

分步法是以各种生产步骤的产品为成本计算对象来归集生产费用，从而计算产品成本的一种方法。其特点主要有以下三个方面：

（1）以某一产品的各个加工步骤的各种产品作为成本计算对象，并据以设置基本生产成本明细账。在大量大批多步骤生产方式下，每经过一个加工步骤产出的半成品，其形态和性质各不相同，计算单位也可能不尽相同，而且各步骤生产的半成品既可能转入后续步骤加工成不同的产成品，也可能对外出售。因此，成本计算必须按各步骤的各种产品进行。但应指出的是，产品成本计算的分步与实际的生产步骤不一定完全一致。为了简化成本计算工作，可以只对管理上有必要计算成本的生产步骤单独设立产品成本明细账，单独计算成本；而对管理上不要求单独计算成本的生产步骤，则可与其他生产步骤合并，设立基本生产成本明细账，计算其成本。

（2）产品成本计算期与会计报告期一致。产品成本计算期是按月进行的，故产品成本计算期与会计报告期一致，但与生产周期不一致。

（3）月末要将生产费用采用适当方法在完工产品与在产品之间进行分配。在大量大批多步骤生产方式下，月末通常都会有在产品，因此必须按加工步骤将所归集的生产费用在完工产品与在产品之间进行分配。

（二）分步法的种类

分步法按是否需要计算和结转各步骤半成品成本，分为逐步结转分步法和平行结转分步法两种。逐步结转分步法，指的是按加工步骤归集生产费用，计算各加工步骤半成品成本，而且半成品成本随半成品实物转移在各加工步骤之间按顺序结转，最后计算出产品成本的一种成本计算方法。平行结转分步法，指的是各加工步骤只计算本步骤发生的生产费用，然后把这些生产费用中应计入产品成本的份额，以及相同产品各步骤计入产品成本的份额平行结转、汇总，计算出产品成本的一种方法，这种方法由于不计算各步骤所生产半成品的成本，也不计算各步骤所耗用上一步骤半成品的成本，所以称为不计算半成品成本的分步法。

二、逐步结转分步法

（一）逐步结转分步法的计算程序

由于采用逐步结转分步法计算各步骤产品成本时，上一步骤所生产半成品的成本要随半成品实物的转移，从上一步骤的成本计算单转入下一步骤相同产品的成本计算单中，因而其计算程序要受半成品实物流转程序的制约。半成品实物流转程序有不通过仓库收发和通过仓库收发两种方式。

1. 半成品不通过仓库收发

在这种情况下，逐步结转分步法的产品成本计算程序是：首先计算第一步骤半成品成本，然后随半成品实物转移，将其成本转入第二步骤产品成本明细账，再加上第二步骤所发生的费用，计算第二步骤半成品成本，依次逐步累计结转，直到最后步骤计算出产品成本为止，具体见图 6－3。

	第一步骤			
时间	本期	期初	期末	完工
产品数量	196	12	4	204
直接材料	3 528	216	72	3 672
直接人工	2 800	84	28	2 856
制造费用	400	12	4	408
合计	6 728	312	104	6 936

转移

第二步骤			
本期	期初	期末	完工
102	5	9	98
6 936	340	612	6 664
2 000	50	90	1 960
397	5	10	392
9 333	395	712	9 016

转移

第三步骤			
本期	期初	期末	完工
98	10	8	100
9 016	920	736	9 200
2 548	130	103	2 575
594	30	24	600
12 158	1 080	863	12 375

图 6-3 半成品不通过仓库收发

2. 半成品通过仓库收发

在这种情况下，成本核算的基本步骤与上述半成品不通过仓库收发基本相同，唯一差别是：在各步骤设立自制半成品明细账核算各步骤半成品的收、发、存情况，具体见图 6-4。

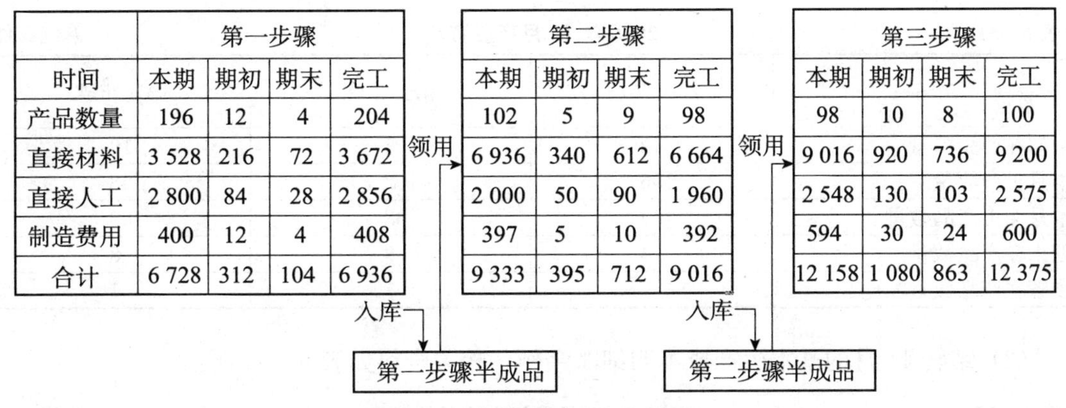

	第一步骤			
时间	本期	期初	期末	完工
产品数量	196	12	4	204
直接材料	3 528	216	72	3 672
直接人工	2 800	84	28	2 856
制造费用	400	12	4	408
合计	6 728	312	104	6 936

第二步骤			
本期	期初	期末	完工
102	5	9	98
6 936	340	612	6 664
2 000	50	90	1 960
397	5	10	392
9 333	395	712	9 016

第三步骤			
本期	期初	期末	完工
98	10	8	100
9 016	920	736	9 200
2 548	130	103	2 575
594	30	24	600
12 158	1 080	863	12 375

图 6-4 半成品通过仓库收发

从以上所述的成本结转计算程序可以看出，逐步结转分步法实际上就是品种法的多次连续应用，即在采用品种法加上一步骤的半成品成本以后，按照上一步骤的耗用数量转入下一步骤成本；下一步骤再一次采用品种法归集所耗用半成品的费用和本步骤其他费用，计算半成品成本；如此逐步结转，直至最后一个步骤算出产成品成本。

（二）半成品成本结转的方式

逐步结转分步法，按照半成品成本在下一步骤成本明细账中的反映方法不同，又可分为综合结转法和分项结转法两种。

1. 综合结转法

综合结转法是将各生产步骤耗用上一步骤的半成品成本，以一个合计的金额综合计入各该步骤产品成本明细账中的“直接材料”或专设的“半成品”项目。半成品的综合结转可以按实际成本结转，也可以按计划成本结转。因此，综合结转法又可分为按实际成本综合结转法和按计划成本综合结转法两种。考虑到学习的难度，并且企业大多使用按实际成本综合结转法，所以本教材只介绍该种结转方法。对按计划成本综合结转法有兴趣的同学，可以查阅其他资料。

采用按实际成本综合结转法结转时，各步骤所耗用上一步骤的半成品费用，应根据所耗用半成品的数量乘以半成品的实际单位成本计算。在通过仓库收发半成品的情况下，发出半成品的单位成本可用全月一次加权平均法、先进先出法和后进先出法等发出存货计价方法计算。下面举例说明。

案例 6-4：2016 年 12 月，青云有限责任公司生产甲产品经过三个生产步骤，各步骤半成品的配比为 2：1：1，材料在第一步骤一开始一次投入，其他步骤不再投入。三道工序的工时定额分别是 2 小时、3 小时、5 小时，各生产步骤在产品在本工序的完工程度均为 50%，直接人工费用和制造费用在完工产品和月末在产品之间的分配均采用约当产量法。三道工序的半成品分别为 A 半成品、B 半成品和 C 产成品，半成品核算不通过半成品仓库。

为了突出重点，言简意赅地阐明按实际成本综合结转法，本案例不出现各种要素费用的分配过程及各种分配表，直接列表汇总给出分配结果。

（1）2016 年 12 月产量资料如表 6-51 所示。

表 6-51　　2016 年 12 月产量资料　　单位：件

数量 \ 步骤	第一步骤	第二步骤	第三步骤
期初在产品数量	12	5	10
本月投产数量	196	102	98
本月完工产品数量	204	98	100
期末在产品数量	4	9	8
步骤在产品数量配比	2	1	1

（2）结转 11 月的基本生产成本明细账余额，相关资料如表 6-52 所示。

表 6-52　　2016 年 12 月月初在产品成本　　单位：元

步骤	第一步骤	第二步骤	第三步骤	合计
直接材料	216	340	920	312
直接人工	84	50	130	400
制造费用	12	10	30	1 080
合计	324	405	1 090	1 790

（3）2016 年 12 月要素费用分配如表 6-53 所示。

表 6-53　　2016 年 12 月费用分配表　　单位：元

步骤	第一步骤	第二步骤	第三步骤	合计
直接材料	3 528	6 936	9 016	6 278
直接人工	2 800	2 000	2 548	9 336
制造费用	400	400	594	12 158
合计	6 924	9 438	12 256	28 222

要求：运用综合结转分步法计算完工产品总成本和单位成本。

解：核算过程如下：

（1）第一步骤成本计算：

完工半成品单位材料成本＝（216＋3 528）÷（204＋4）＝18（元/件）

完工半成品单位人工成本＝（84＋2 800）÷（204＋4×50%）＝14（元/件）

完工半成品单位制造费用＝（12＋400）÷（204＋4×50%）＝2（元/件）

完工产品单位成本＝18＋14＋2＝34（元/件）

完工产品总成本＝34×204＝6 936（元）

登记的基本生产成本明细账如表 6－54 所示。

表 6－54　　**基本生产成本明细账**

产品名称：A 半成品　　2016 年 12 月　　金额单位：元

月初在产品：12 件　　本月投产：196 件　本月完工：204 件　　月末在产品：4 件

2016 年		凭证号数（略）	摘要	直接材料	直接人工	制造费用	合计
月	日						
12	31		月初在产品	216	84	12	312
12	31		费用分配表	3 528			3 528
12	31		费用分配表		2 800		2 800
12	31		费用分配表			400	400
12	31		生产费用合计	3 744	2 884	412	7 040
12	31		结转完工产品总成本	3 672	2 856	408	6 936
12	31		月末在产品成本	72	28	4	104
12	31		完工产品单位成本	18	14	2	34

编制的会计分录如下：

借：生产成本——自制半成品（A 半成品）　　6 936

　　贷：生产成本——基本生产成本（A 半成品）　　6 936

（2）第二步骤成本计算：

完工半成品单位材料成本＝（340＋6 936）÷（98＋9）＝68（元/件）

完工半成品单位人工成本＝（50＋2 000）÷（98＋9×50%）＝20（元/件）

完工半成品单位制造费用＝（10＋400）÷（98＋9×50%）＝4（元/件）

完工产品单位成本＝68＋20＋4＝92（元/件）

完工产品总成本＝92×98＝9 016（元）

登记的基本生产成本明细账如表 6－55 所示。

表 6－55　　**基本生产成本明细账**

产品名称：B 半成品　　2016 年 12 月　　金额单位：元

月初在产品：5 件　　本月投产：102 件　本月完工：98 件　　月末在产品：9 件

2016 年		凭证号数（略）	摘要	直接材料	直接人工	制造费用	合计
月	日						
12	31		月初在产品	340	50	10	400
12	31		费用分配表	6 936			6 936
12	31		费用分配表		2 000		2 000
12	31		费用分配表			400	400
12	31		生产费用合计	7 276	2 050	410	9 736

续前表

2016年		凭证号数（略）	摘要	直接材料	直接人工	制造费用	合计
月	日						
12	31		结转完工产品总成本	6 664	1 960	392	9 016
12	31		月末在产品成本	612	90	18	720
12	31		完工产品单位成本	68	20	4	92

编制的会计分录如下：

借：生产成本——自制半成品（B半成品） 9 016

　　贷：生产成本——基本生产成本（B半成品） 9 016

（3）第三步骤成本计算：

完工半成品单位材料成本＝（920＋9 016）÷（100＋8）＝92（元/件）

完工半成品单位人工成本＝（130＋2 548）÷（100＋8×50%）＝25.75（元/件）

完工半成品单位制造费用＝（30＋594）÷（100＋8×50%）＝6（元/件）

完工产品单位成本＝92＋25.75＋6＝123.75（元/件）

完工产品总成本＝123.75×100＝12 375（元）

登记的基本生产成本明细账如表6－56所示。

表6－56　　　　基本生产成本明细账

产品名称：C产品　　　　2016年12月　　　　金额单位：元

月初在产品：10件　　　　本月投产：98件　本月完工：100件　　　　月末在产品：8件

2016年		凭证号数（略）	摘要	直接材料	直接人工	制造费用	合计
月	日						
12	31		月初在产品	920	130	30	1 080
12	31		费用分配表	9 016			9 016
12	31		费用分配表		2 548		2 548
12	31		费用分配表			594	594
12	31		生产费用合计	9 936	2 678	624	13 238
12	31		结转完工产品总成本	9 200	2 575	600	12 375
12	31		月末在产品成本	736	103	24	863
12	31		完工产品单位成本	92	25.75	6	123.75

编制的会计分录如下：

借：库存商品——C产品 12 375

　　贷：生产成本——基本生产成本（C产品） 12 375

三个步骤综合结转的关系如图6－5所示。

从图6－5不难看出，第一步骤以外的各个步骤所消耗的直接材料，不仅含有真实的材料，还含有前面各工序的直接人工和制造费用。所以，如果管理上要求从整个企业角度分析和考核成本项目构成，要将逐步综合结转算出的产成品进行还原，使其成为按原始成本项目反映的成本。

以案例6－4为例，各步骤所耗的半成品费用恰好是上步骤完工的半成品成本，那么成本还原的方法很简单：将各步骤半成品费用忽略不计，将其余项目分别汇总即可。在实

	第一步骤			
时间	本期	期初	期末	完工
产品数量	196	12	4	204
直接材料	3 528	216	72	3 672
直接人工	2 800	84	28	2 856
制造费用	400	12	4	408
合计	6 728	312	104	6 936

转移

第二步骤			
本期	期初	期末	完工
102	5	9	98
6 936	340	612	6 664
2 000	50	90	1 960
400	10	18	720
9 336	400	720	9 016

转移

第三步骤			
本期	期初	期末	完工
98	10	8	100
9 016	920	736	9 200
2 548	130	103	2 575
594	30	24	600
12 158	1 080	863	12 375

图 6－5　三个步骤综合结转的关系

际工作中，这种下步骤半成品费用与上步骤半成品成本正好相等的情况很少，因而成本还原就不能用以上简单的方法进行，而需要采用别的方法进行专门的成本还原。通常采用的成本还原方法是：从最后一个步骤起，把各个步骤所耗用上一步骤半成品的综合成本，按照上一步骤所生产半成品的成本结构逐步分解还原，算出按原始成本项目反映的产成品成本。成本还原有成本还原率法和项目比重还原法两种，本教材只介绍成本还原率法，其计算公式如下：

$$成本还原率=\frac{本月产成品所耗用上一步骤半成品费用合计}{本月上一步骤所生产半成品成本合计}$$

某项成本项目金额＝上一步骤生产的半成品某个成本项目的成本×成本还原率

成本还原的公式和步骤可以概括为：所耗比所产，依次逆还原，首先计算料，工费后还原。下面我们以案例 6－4 为例进行还原。

第一次还原：

成本还原率＝9 200÷9 016＝1.020 408 2

原材料还原金额＝1.020 408 2×6 664＝6 800（元）

直接人工还原金额＝1.020 408 2×1 960＝2 000（元）

制造费用还原金额＝9 200－（6 800＋2 000）＝400（元）

第二次还原：

成本还原率＝6 800÷6 936＝0.980 392 2

原材料还原金额＝0.980 392 2×3 672＝3 600（元）

直接人工还原金额＝0.980 392 2×2 856＝2 800（元）

制造费用还原金额＝6 800－（3 600＋2 800）＝400（元）

注意：第二次还原，计算成本还原率使用的是第一次还原后的“所耗用上一步骤半成品费用合计”6 800 元，而不是还原前的 6 664 元。第二次以后的还原依此类推。

按照上述方法进行成本还原比较简单，但由于未考虑以前月份所生产半成品成本结构的影响，在各月所生产半成品的成本结构变化较大的情况下，采用这种方法进行成本还原会产生误差。如果企业有半成品的定额成本或计划成本并且较准确，可以按半成品的定额成本或计划成本的成本结构进行还原。

采用综合结转法逐步结转半成品成本，便于分析和考核各步骤所耗用半成品费用的水平，以利于加强内部成本控制，努力降低成本，但还原工作量较大。因此，这种方法一般适用于管理上既要求单独计算各步骤所耗用半成品费用又要求成本还原的情况。

2. 分项结转法

采用分项结转法，将各步骤所耗用上一步骤半成品费用，按照成本项目分项转入各该步骤产品成本明细账中相应的成本项目。如果半成品通过仓库收发，那么在自制半成品明细账中登记半成品成本时，也要按照成本项目分别登记。

分项结转既可以按半成品实际单位成本结转，也可以按其计划成本结转。在按计划成本结转时，要分成本项目调整成本差异，因而计算工作量较大。实际工作中，一般按实际成本分项结转。分项结转法的基本原理与综合结转法基本相同，这里以案例 6-4 的资料进行计算，并列出成本结转程序，不再列出计算式子，不再登记明细账。具体程序和计算结果可参见图 6-6。

	第一步骤				第二步骤				第三步骤			
时间	本期	期初	期末	完工	本期	期初	期末	完工	本期	期初	期末	完工
产品数量	196	12	4	204	102	5	9	98	98	10	8	100
直接材料	3 528	216	72	3 672	3 672	340	337.46	3 674.54	3 674.54	920	766.26	3 828.28
直接人工	2 800	84	28	2 856	2 856	50	127.58	2 778.42	2 778.42	130	215.44	2 692.98
制造费用	400	12	4	408	408	10	18.35	399.65	399.65	30	31.83	397.82
合计	6 728	312	104	6 936	6 936	400	483.39	6 852.61	6 852.61	1 080	1 013.53	6 919.08

图 6-6　分项结转法

由上述成本计算程序可以看出，采用分项结转法结转半成品成本可以直接准确地提供按原始成本项目反映的企业产品成本资料，便于从整个企业的角度考核和分析产品成本计划的执行情况，不需要进行成本还原。但是，这种方法的成本结转工作比较复杂，而且在各步骤完工产品成本中看不出所耗用上一步骤的半成品成本是多少、本步骤加工费用是多少，不利于对各步骤完工产品进行成本分析。因而，这种方法一般适用于管理上只要求按原始成本项目计算产品成本、不要求计算各步骤完工产品所耗用半成品费用和本步骤加工费用的企业。

三、平行结转分步法

（一）平行结转分步法的特点

在采用分步法的大量大批多步骤生产企业中，有的各生产步骤所生产半成品的种类很多（如机械制造企业），又很少对外出售，因而管理上并不需要计算半成品成本。在这种情况下，为了简化和加快成本计算工作，在计算各步骤成本时，不计算各步骤所生产半成品成本，也不计算各步骤所耗用上一步骤的半成品成本，只计算本步骤发生的各项其他费用以及这些费用中应计入产品成本的份额。将相同产品的各个生产步骤应计入产品成本的份额平行汇总，即可计算出该种产品的成本，这种结转各步骤成本的方法称为平行结转分步法。它的主要特点表现在如下方面：

(1) 各步骤之间只进行实物转移，而不进行成本的结转，各步骤只汇集本步骤发生的费用。

(2) 能直接提供按原始成本项目反映的产品成本资料。

(3) 不计算半成品成本。

(4) 将各生产步骤所归集的本步骤所发生的生产费用在完工产品与广义在产品之间进行分配，计算各步骤应计入产品成本的份额。

这里的广义在产品如前所述，既包括本步骤加工中的在产品，又包括本步骤已经完工、转入以后各步骤继续加工和入半成品库但尚未最后产出的半成品。

(5) 将各生产步骤确定的应计入产成品成本的份额平行汇总，计算产成品的总成本。

平行结转分步法的特点可用程序图表示，见图 6－7。

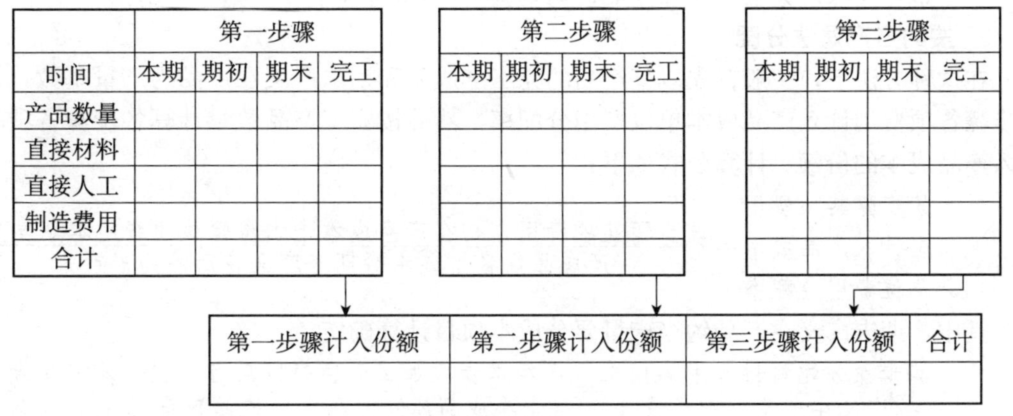

图 6－7　平行结转分步法

(二) 各步骤应计入产成品成本份额的计算

平行结转分步法的关键在于合理计算各步骤应计入产成品成本中的份额。

各步骤应计入产成品成本的份额，一般按下列公式计算：

$$\text{某步骤计入产成品成本的份额}=\text{产成品数量}\times\frac{\text{单位产成品耗用}}{\text{各步骤半成品数量}}\times\text{各步骤半成品单位成本}$$

其中，在实际计算“各步骤半成品单位成本”时，要分成本项目确定，即分成本项目计算它的分配率。计算时可采用定额比例法或约当产量法求得。

1. 按定额比例法分配

在这种方法下，分配率的计算公式为：

$$\text{某步骤某项费用的分配率}=\frac{\text{该步骤该项目期初费用}+\text{该步骤该项目本月发生费用}}{\text{产品定额消耗量或定额费用}+\text{月末广义在产品定额消耗量或定额费用}}$$

其中：

$$\text{月末广义在产品定额消耗量}=\text{月初广义在产品定额消耗量}+\text{本月投入定额消耗量}-\text{本月产成品定额消耗量}$$

$$\text{本月产成品定额消耗量}=\text{本月产成品数量}\times\text{本月投入定额}$$

$$\text{某步骤某项费用应计入产成品成本的份额}=\text{产成品定额消耗量（工时）或定额费用}\times\text{某步骤某项费用的分配率}$$

下面用一个简单的例子说明它的基本计算原理。

案例 6－5：假定某产品本月产成品数量为 40 件，该产成品的工时定额为 100 小时，其中第一步骤为30小时。第一步骤月初广义在产品的定额工时为3 200小时，本月投入定额工时2 200小时。第一步骤月初广义在产品制造费用为38 000元，本月发生制造费用16 000元。第一步骤制造费用在产成品与广义在产品之间按定额比例法分配计算如下：

$$\text{制造费用分配率}=\frac{38\ 000+16\ 000}{3\ 200+2\ 200}=10\text{（元/小时）}$$

产成品第一步骤定额工时＝40×30＝1 200（小时）

月末广义在产品第一步骤定额工时＝3 200＋2 200－1 200＝4 200（小时）

第一步骤制造费用应计入产品的份额＝1 200×10＝12 000（元）

第一步骤广义在产品应分配的制造费用＝4 200×10＝42 000（元）

2. 按约当产量法分配

在这种方法下，一般首先以某产品的完工产成品和期末广义在产品为产量基数，计算各步骤各项费用计入产品成本单位费用分配率，然后按完工产品数量计算各步骤各项费用计入产品成本的份额。计算公式如下：

$$\begin{array}{l}\text{某步骤某项费用}\\ \text{应计入产品成本}\\ \text{单位费用分配率}\end{array}=\frac{\text{该步骤某项费用期初在产品成本}+\text{本步骤该项费用本期发生额}}{\text{产成品数量}+\text{该步骤期末广义在产品约当产量}}$$

其中，期末广义在产品约当产量要分成本项目计算确定。

$$\begin{array}{c}\text{某步骤分配材料费用的期末}\\ \text{广义在产品约当产量}\end{array}=\begin{array}{c}\text{已经本步骤加工而留存以后各步骤}\\ \text{（含半成品库）的月末半成品数量}\end{array}+\begin{array}{c}\text{本步骤期末}\\ \text{在产品数量}\end{array}\times\begin{array}{c}\text{本步骤期末}\\ \text{在产品投料程度}\end{array}$$

$$\begin{array}{c}\text{某步骤分配人工及制造费用}\\ \text{的期末广义在产品约当产量}\end{array}=\begin{array}{c}\text{已经本步骤加工而留存以后各步骤}\\ \text{（含半成品库）的月末半成品数量}\end{array}+\begin{array}{c}\text{本步骤期末}\\ \text{在产品数量}\end{array}\times\begin{array}{c}\text{本步骤期末}\\ \text{在产品完工程度}\end{array}$$

$$\begin{array}{c}\text{某步骤某项费用}\\ \text{应计入产成品份额}\end{array}=\begin{array}{c}\text{产成品}\\ \text{数量}\end{array}\times\begin{array}{c}\text{单位产成品需要该}\\ \text{步骤半成品数量}\end{array}\times\begin{array}{c}\text{该步骤该项费用应计入}\\ \text{产成品单位费用分配率}\end{array}$$

$$\begin{array}{c}\text{某步骤某项费用}\\ \text{期末在产品成本}\end{array}=\begin{array}{c}\text{该步骤该项费用}\\ \text{期初在产品成本}\end{array}+\begin{array}{c}\text{该步骤该项费用}\\ \text{本期发生额}\end{array}-\begin{array}{c}\text{该步骤该项费用应计入}\\ \text{产成品成本的份额}\end{array}$$

下面举例说明约当产量法的具体应用。

案例6-6：晨曦有限责任公司生产的C产成品经过三个生产车间完成，三个步骤的狭义完工产品分别是A自制半成品、B自制半成品和C产成品。原材料于生产开始时一次投入，各生产车间的在产品完工程度均为50%。由于该产品在各步骤的半成品不对外出售，管理上也不需要计算各步骤半成品生产成本，所以，为简化核算，企业采用平行结转分步法计算产品成本，而且采用约当产量法计算各步骤应计入产成品成本的份额。单位产成品消耗各生产步骤半成品的比例为2∶1∶1。2016年9月产量统计资料见表6-57。

表6-57　　产品产量统计表

2016年9月　　数量单位：件

项目	一车间	二车间	三车间	产成品
月初在产品数量	16	14	22	

续前表

项目	一车间	二车间	三车间	产成品
本月投产或上一车间转入数量	220	90	92	
本月完工或转入下一车间数量	180	92	100	100
期末各车间在产品数量	56	12	14	
完工程度	50%	50%	50%	

生产费用分配汇总资料见表 6-58。

表 6-58 **生产费用分配表**

2016 年 9 月 金额单位：元

项目		直接材料	直接人工	制造费用	合计
一车间	月初在产品成本	5 030	1 880	960	7 870
	本月生产费用	25 000	5 680	3 240	33 920
二车间	月初在产品成本		950	680	1 630
	本月生产费用		4 330	3 520	7 850
三车间	月初在产品成本		540	660	1 200
	本月生产费用		4 810	3 941	8 751

要求：根据上述资料，用约当产量法计算各生产车间计入产成品成本的份额。

解：(1) 第一车间成本计算。

直接材料费用分配：

第一车间期末广义在产品约当产量＝56×100%＋（12＋14）×2＝108（件）

材料费用分配率$=\frac{5\ 030+25\ 000}{2\times100+108}=97.50$（元/件）

材料费用应计入产成品成本的份额＝2×100×97.50＝19 500（元）

期末广义在产品的材料费用＝5 030＋25 000－19 500＝10 530（元）

直接人工费用分配：

第一车间期末广义在产品约当产量＝56×50%＋（12＋14）×2＝80（件）

直接人工费用分配率$=\frac{1\ 880+5\ 680}{2\times100+80}=27$（元/件）

直接人工应计入产成品成本的份额＝2×100×27＝5 400（元）

期末广义在产品的直接人工费用＝1 880＋5 680－5 400＝2 160（元）

制造费用分配：

制造费用分配率$=\frac{960+3\ 240}{2\times100+80}=15$（元/件）

制造费用应计入产成品成本的份额＝2×100×15＝3 000（元）

期末广义在产品的制造费用＝960＋3 240－3 000＝1 200（元）

依据材料费用分配表、直接人工分配表、制造费用分配表登记第一车间基本生产成本明细账，并计算产品成本（计算过程和结果已经在列式计算中展示），详尽内容见表 6-59。

(2) 第二车间成本计算。

在产品约当产量计算：

第二车间期末广义在产品约当产量＝12×50%＋14＝20（件）

表 6-59　　第一车间基本生产成本明细账

产品名称：A 自制半成品

本月完工：200 件　　2016 年 9 月　　金额单位：元

2016 年		凭证号数	摘要	直接材料	直接人工	制造费用	合计
月	日	（略）					
9	30		月初在产品	5 030	1 880	960	7 870
9	30		材料费用分配表	25 000			25 000
9	30		直接人工分配表		5 680		5 680
9	30		制造费用分配表			3 240	3 240
9	30		生产费用合计	30 030	7 560	4 200	41 790
9	30		单位费用分配率	97.50	27	15	139.50
9	30		应计入产成品成本份额	19 500	5 400	3 000	27 900
9	30		期末在产品成本	10 530	2 160	1 200	13 890

直接人工费用分配：

$$直接人工费用分配率=\frac{950+4\ 330}{100+20}=44（元/件）$$

直接人工费用应计入产成品成本的份额＝100×44＝4 400（元）

月末广义在产品的直接人工费用＝20×44＝880（元）

制造费用分配：

$$制造费用分配率=\frac{680+3\ 520}{100+20}=35（元/件）$$

制造费用应计入产成品成本的份额＝100×35＝3 500（元）

期末广义在产品的制造费用＝20×35＝700（元）

依据材料费用分配表、直接人工分配表、制造费用分配表登记第二车间基本生产成本明细账，并计算产品成本（计算过程和结果已经在列式计算中展示），详尽内容见表 6-60。

表 6-60　　第二车间基本生产成本明细账

产品名称：B 自制半成品

本月完工：100 件　　2016 年 9 月　　金额单位：元

2016 年		凭证号数	摘要	直接材料	直接人工	制造费用	合计
月	日	（略）					
9	30		月初在产品		950	680	1 630
9	30		材料费用分配表				
9	30		直接人工分配表		4 330		4 330
9	30		制造费用分配表			3 520	3 520
9	30		生产费用合计		5 280	4 200	9 480
9	30		单位费用分配率		44	35	79
9	30		应计入产成品成本份额		4 400	3 500	7 900
9	30		期末在产品成本		880	700	1 580

（3）第三车间成本计算。

在产品约当产量计算：

第三车间期末广义在产品约当产量＝14×50%＝7（件）

直接人工费用分配：

$$直接人工费用分配率=\frac{540+4\ 810}{100+7}=50（元/件）$$

直接人工应计入产成品成本的份额＝100×50＝5 000（元）

期末在产品的人工费用＝50×7＝350（元）

制造费用分配：

$$制造费用分配率=\frac{660+3\ 941}{100+7}=43（元/件）$$

制造费用应计入产成品成本的份额＝100×43＝4 300（元）

期末在产品的制造费用＝43×7＝301（元）

提示：完工产品需要三个步骤的半成品的数量比是 2∶1∶1，所以计入完工产成品的半成品应为 200 件。

依据材料费用分配表、直接人工分配表、制造费用分配表登记第三车间基本生产成本明细账，并计算产品成本（计算过程和结果已经在列式计算中展示），详尽内容见表 6-61。

表 6-61　　　　第三车间基本生产成本明细账

产品名称：C 产成品

本月完工：100 件　　　　2016 年 9 月　　　　金额单位：元

2016 年		凭证号数（略）	摘要	直接材料	直接人工	制造费用	合计
月	日						
9	30		月初在产品		540	660	1 200
9	30		材料费用分配表				
9	30		直接人工分配表		4 810		4 810
9	30		制造费用分配表			3 941	3 941
9	30		生产费用合计		5 350	4 601	9 951
9	30		单位费用分配率		50	43	93
9	30		应计入产成品成本份额		5 000	4 300	9 300
9	30		期末在产品成本		350	301	651

思考：在案例 6-6 中，第二步骤转入第三步骤的半成品只有 92 件，而第三步骤却完工产成品 100 件，另外的 8 件从何而来？

依据第二、第二、第三车间基本生产成本明细账，汇总计算完工产品总成本和单位成本，详尽内容见表 6-62。

表 6-62　　　　产成品成本汇总计算表

产品名称：C 产成品

本月完工：100 件　　　　2016 年 9 月　　　　单位：元

项目	直接材料	直接人工	制造费用	合计
第一步骤	19 500	5 400	3 000	27 900
第二步骤		4 400	3 500	7 900
第三步骤		5 000	4 300	9 300
产成品总成本	19 500	14 800	10 800	45 100
产成品单位成本	195	148	108	451

产品验收入库，结转完工产品成本的会计分录如下：

借：库存商品——C产品　　45 100

　　贷：生产成本——基本生产成本（A自制半成品）　　27 900

　　　　　　　——基本生产成本（B自制半成品）　　7 900

　　　　　　　——基本生产成本（C自制产成品）　　9 300

思考：在案例6-6中，月末完工产品入库结转后，停留在生产线上的完工A自制半成品有多少件？

由上述举例可以看出，平行结转分步法由于不计算各步骤半成品成本，只是平行汇总各步骤应计入产成品成本的份额，因而能提高成本计算的速度；另外，由于产成品成本是按原始成本项目直接平行汇总计算的，直接反映了产成品的原始成本构成，因此不需要成本还原，大大简化了成本计算工作。由于各步骤不计算和结转半成品成本，所以，不能提供各步骤耗用前一步骤半成品成本资料，也不能反映各步骤在产品成本状况。这既不利于在产品的资金管理和实物管理，也不利于成本耗费水平的分析和核算工作。因而这种方法适用于半成品种类较多、管理上又不要求提供各步骤半成品成本资料的产品。

知识体系总结

<table>
<tr><td rowspan="9">产品成本计算的基本方法</td><td>种类</td><td>特点</td><td colspan="3">计算方法再分类</td><td>各类别要点及备注</td></tr>
<tr><td>品种法</td><td>(1) 以产品品种作为成本计算对象；
(2) 成本计算期与生产周期不一致，但与会计报告期一致；
(3) 月末一般需要计算在产品成本。</td><td colspan="3"></td><td>品种法是最基本的成本计算方法，其他成本计算方法都是由它演变而来的。
核心点："三合三分"。</td></tr>
<tr><td rowspan="2">分批法</td><td rowspan="2">(1) 以产品批次作为成本计算对象；
(2) 成本计算期与生产周期一致，但与会计报告期不一致；
(3) 月末一般不需要计算在产品成本。</td><td colspan="3">一般分批法</td><td>登记基本生产成本明细账分为三种情况。
核心点："二合二分"。</td></tr>
<tr><td colspan="3">简化分批法</td><td>设置生产费用二级账，平时累计费用和工时，只有产品完工时进行分配结转。
核心点：完工一批，分配一批。</td></tr>
<tr><td rowspan="5">分步法</td><td rowspan="5">(1) 以各个加工步骤的各种产品为成本计算对象；
(2) 成本计算期与生产周期一致，但与会计报告期不一致；
(3) 月末需要计算在产品成本。</td><td rowspan="3">逐步结转分步法</td><td rowspan="2">综合结转</td><td>按实际成本结转</td><td>需要成本还原。
核心点：品种法的串联运用。</td></tr>
<tr><td>按计划成本结转</td><td>本书略</td></tr>
<tr><td colspan="2">分项结转</td><td>不需要进行成本还原</td></tr>
<tr><td rowspan="2">平行结转分步法</td><td colspan="2">定额比例法</td><td rowspan="2">只按照最后完工产成品成本的份额计算产品成本。
核心点：品种法的并联运用。</td></tr>
<tr><td colspan="2">约当产量法</td></tr>
</table>

课后综合实训

Ⅰ成本会计理论实训题

一、单项选择题

1. 企业采用品种法核算产品成本，一般需要（　　）。

A. 定期（月末）计算产品成本　　B. 每季计算产品成本

C. 按年计算成本成本　　D. 随时计算产品成本

2. 品种法的特点是（　　）。

A. 按步骤、分品种计算产品成本

B. 按步骤、不分品种计算产品成本

C. 分批别、不分品种计算产品成本

D. 不分批别、不分步骤但分品种计算产品成本

3. 采用简化的分批法，在产品完工之前，产品成本明细账（　　）。

A. 不登记任何费用

B. 只登记直接计入费用和生产工时

C. 只登记原材料费用

D. 登记间接计入费用，不登记直接计入费用

4. 下列方法中，属于不计算半成品成本的分步法的是（　　）。

A. 逐步结转法　　B. 综合结转法

C. 分项结转法　　D. 平行结转法

5. 采用逐步结转分步法，按照半成品成本在下一步骤成本明细账中反映的方法，可以分为（　　）。

A. 实际成本结算法和计划成本结转法　　B. 综合结转法和分项结转法

C. 平行结转法和分项结转法　　D. 平行结转法和综合结转法

6. 成本还原的对象是（　　）。

A. 产品成本

B. 各步骤半成品成本

C. 最后步骤的产成品成本

D. 各步骤所耗用上一步骤半成品的综合成本

7. 在各种产品成本计算方法中，必须设置基本生产成本二级账的方法是（　　）。

A. 简化分批法　　B. 分类法

C. 定额法　　D. 平行结转分步法

8. 定额成本是按（　　）制定的成本。

A. 现行消耗额　　B. 计划期平均消耗额

C. 标准消耗定额　　D. 实际消耗定额

9. 采用定额法计算产品成本时，月初在产品定额变动差异为正数，说明（　　）。

A. 本月实际发生的生产成本增加了　　B. 定额降低了
C. 定额成本提高了　　D. 累计实际成本增加了
10. 产品成本计算的分步法是以（　　）为计算对象的成本计算方法。
A. 车间产品　　B. 生产步骤中的产品
C. 产品成本中各步骤的份额　　D. 各步骤半成品和最后步骤产品

二、多项选择题

1. 品种法适用于（　　）。
A. 小批量，生产管理上不要求分步骤计算成本的多步骤生产
B. 分批轮番生产同一种产品
C. 单件、多步骤生产
D. 大批、大量，管理上不要求分步骤计算成本的多步骤生产
2. 分批法不适用于（　　）。
A. 小批生产
B. 分批轮番生产同一种产品
C. 单件、单步骤生产
D. 大批、大量，管理上不要求分步骤计算成本的多步骤生产
3. 采用分步法计算各步骤产品成本是（　　）。
A. 成本计算的需要
B. 对外销售的需要
C. 成本控制的需要
D. 全面考核和分析成本计划执行情况的要求
4. 企业采用平行结转分步法，（　　）。
A. 各步骤可以同时计算产品成本
B. 不能提供半成品资料
C. 费用结转与半成品实物转移脱节
D. 不能直接提供按原始成本项目反映的产成品成本资料
5. 广义的在产品是指（　　）。
A. 尚在本步骤加工中的在产品
B. 转入半成品库的半成品
C. 全部加工中的在产品和半成品
D. 已从半成品库转到以后各步骤进一步加工、尚未最后制成的半成品
6. 采用分步法时，作为成本计算对象的生产步骤可以（　　）。
A. 按生产车间设立　　B. 按实际生产步骤设立
C. 在一个车间内按不同生产步骤设立　　D. 将几个车间合并设立
7. 品种法适用于（　　）。
A. 大批量的单步骤生产
B. 小批量、单件的单步骤生产
C. 大批量、多步骤生产，但管理上不需要分步计算产品成本
D. 小批量或单件、多步骤生产，但管理上不需要分步计算产品成本

8. 简化分批法下，累计间接计入费用分配率是（　　）的依据。

A. 在各批产品之间分配间接费用

B. 在各批产品之间分配间接计入费用

C. 在完工产品与在产品之间分配间接计入费用

D. 在完工产品与在产品之间分配间接费用

9. 采用分批法计算产品成本时，如果批内产品跨月陆续完工的情况不多，完工产品全部批量的比重很小，可以先按照完工产品的（　　）计价从产品成本明细账转出。

A. 定额单位成本　　B. 计划单位成本

C. 估计单位成本　　D. 近期相同产品单位成本

10. 平行结转分步法的特点有（　　）。

A. 不计算各步骤半成品成本

B. 半成品实物转移不体现在账面上

C. 不管各步骤实际完工多少半成品，只计算计入完工产品成本的份额

D. 成本计算对象是完工产品和广义在产品

三、判断题

1. 品种法只适用于单步骤生产的产品成本计算。（　　）

2. 只要产品的品种、规格繁多，就可以采用分类法计算产品成本。（　　）

3. 采用逐步结转分步法时，无论是综合结转还是分项结转，第一个生产步骤的产品成本明细账的登记方法相同。（　　）

4. 在平行结转分步法下，如果半成品通过仓库收发，应设置“自制半成品”账户核算。（　　）

5. 在平行结转分步法下，各步骤完工产品与在产品之间的费用分配，是指产成品与广义在产品之间的费用分配。（　　）

6. 分批法适用于单件、小批生产的企业或车间。（　　）

7. 分批法下，由于成本计算期是不固定的，与生产周期一致，因此在任何情况下，月末不存在完工产品与在产品之间分配费用的问题。（　　）

8. 简化分批法下，在各批产品完工以前，产品成本明细账只需要按月登记直接费用。（　　）

9. 产品成本需要进行成本还原的次数与计算成本的生产步骤相等。（　　）

10. 产品成本计算的品种法，是一种只分产品品种、不分产品批别和生产步骤的成本计算方法。（　　）

11. 多步骤生产一定不能采用品种法计算产品成本。（　　）

12. 大批生产一定不能采用分批法计算产品成本。（　　）

13. 成本计算对象是区别不同成本计算方法的主要标志。（　　）

14. 逐步结转分步法实际上就是品种法依次连续运用。（　　）

15. 平行结转分步法在计算每一生产步骤的半成品成本时与品种法完全相同。（　　）

四、简答题

1. 简要叙述品种法的特点和核算程序。

2. 简要叙述分批法的特点和核算程序。

3. 简要叙述分步法的特点和核算程序。
4. 简化分批法适用于什么样的企业？其核算程序与分批法有什么不同？
5. 简要叙述逐步结转分步法与平行结转分步法的联系与区别。
6. 在逐步结转分步法中，综合结转与分项结转的差别是什么？

Ⅱ成本会计实务操作

实务操作一：运用品种法计算产品成本

圆梦有限责任公司设有供电和机修两个辅助车间，不开设“制造费用”账户，所发生的费用全部直接计入辅助生产成本，采用直接分配法分配辅助生产费用。设有基本生产车间一个，生产的甲、乙两种产品经过一道工序生产。材料一次全部投入，月末在产品完工程度为50%，产量资料见下表。

产品产量记录表

2016年9月

单位：件

产品名称	月初在产品	本月投产	本月完工	月末在产品
甲产品	200	1 900	2 000	100
乙产品	100	3 200	3 000	300

会计主管： 会计： 制表：

要求：进行指定的费用分配，用品种法计算甲、乙两种产品成本。填制相关表格，编制会计分录。计算分配率要求保留4位小数，金额保留2位小数。

1. 材料费用的分配。

（1）填充下表中所缺数字。

发出材料汇总表

2016年9月

单位：元

受益		材料名称			合计
受益单位	受益产品	A材料	B材料	C材料	
产品	甲产品	90 000			
	乙产品		120 000		
	甲、乙合用			73 500	
一车间	一般耗用	2 000			
供电车间	一般耗用	1 000			
机修车间	一般耗用	3 000			
厂部		2 500			
合计					

会计主管： 会计： 制表：

（2）已知C材料为甲、乙产品共用材料，单价为12元，甲产品耗用定额为2千克，乙产品耗用定额为1千克，实际发生C材料费用73 500元，按照甲、乙产品的定额耗用量分配共用材料费。

（3）编制材料费用分配表，做出会计分录。

材料费用分配表

2016 年 9 月　　　　金额单位：元

应借科目		直接计入		分配计入（C 材料）			金额合计
		A 材料	B 材料	分配标准	分配率	分配金额	
基本生产成本	甲产品						
	乙产品						
	金额小计						
制造费用——一车间							
辅助生产——供电车间							
辅助生产——机修车间							
管理费用							
合计							

会计主管：　　　　会计：　　　　制表：

会计分录如下：

2. 人工费用的分配。

（1）本月共计发生工资费用 160 000 元，甲产品生产工人实际工时 3 000 小时，乙产品生产工人实际工时 2 000 小时。按照实际工时分配直接人工费用，并编制工资费用分配表，做出会计分录。

工资费用分配表

2016 年 9 月　　　　金额单位：元

受益单位或产品		实际工时	分配率	工资额度	备注
一车间生产工人	甲产品	3 000			
	乙产品	2 000			
	小计	5 000		100 000	
一车间管理人员				10 000	
供电车间				6 000	
机修车间				12 000	
厂部				32 000	
合计				160 000	

会计主管：　　　　会计：　　　　制表：

会计分录如下：

（2）按照工资比例的14%计提职工福利费，编制分配表，并做出会计分录。

福利费用计提表

2016年9月

金额单位：元

受益对象	工资金额	分配率	计提金额	福利费用合计
基本生产成本——甲产品		14%		
基本生产成本——乙产品		14%		
制造费用——一车间	10 000	14%		
辅助生产成本——供电车间	6 000	14%		
辅助生产成本——机修车间	12 000	14%		
管理费用	32 000	14%		
合计	160 000			

会计主管： 会计： 制表：

会计分录如下：

3. 计提本月折旧费。

按照综合折旧率，计提本月折旧费，填写下表。

固定资产折旧费计提表

2016年9月

金额单位：元

受益单位	固定资产原值	折旧率	计提金额
制造费用——一车间	500 000	0.5%	
辅助生产费用——供电车间	200 000	0.5%	
辅助生产费用——机修车间	100 000	0.5%	
管理费用	400 000	0.5%	
合计	1200 000		

会计主管： 会计： 制表：

4. 辅助生产费用的分配。

供电车间外购电力42 000千瓦时，单价0.60元/千瓦时，其他费用前面已经述及，采用直接分配法进行分配，填写辅助生产费用分配表。

辅助生产车间提供产品、服务数量表

2016 年 9 月

受益单位 提供单位	第一车间	厂部	供电车间	机修车间	合计
供电车间（千瓦时）	30 000	10 000	—	2 000	42 000
机修车间（小时）	400	100	50	—	500

会计主管：　　　　　　　　　　　　会计：　　　　　　　　　　　　制表：

辅助生产费用分配表

2016 年 9 月　　　　　　　　　　　　金额单位：元

项目 受益单位	供电数量	分配率	分配电费	机修工时	分配率	机修费用	合计
第一车间							
厂部							
合计							

5. 制造费用的分配。

依据本月实际发生制造费用总和，按实际工时比例进行分配，编制制造费用分配表，并做出会计分录。

制造费用分配表

车间：　　　　　　　　　　2016 年 9 月　　　　　　　　　　金额单位：元

受益产品	分配标准	分配率	分配金额
甲产品	3 000		
乙产品	2 000		
合计	5 000		

会计主管：　　　　　　　　　　　　会计：　　　　　　　　　　　　制表：

会计分录如下：

6. 用约当产量法进行费用在完工产品和在产品之间的分配。

计算甲、乙两种完工产品的总成本和单位成本，并登记基本生产成本明细账，做出会计分录。

月初在产品费用表

2016 年 9 月　　　　　　　　　　　　金额单位：元

产品名称	产品数量	直接材料费用	直接人工费用	制造费用
甲产品	200	15 550	7 600	3 491.60
乙产品	100	5 000	760	360

会计主管：　　　　　　　　　　　　会计：　　　　　　　　　　　　制表：

基本生产成本明细账

产品名称：甲产品　　2016 年 9 月　　金额单位：元

本月完工：2 000 件　　本月投产：1 900 件　　月末在产品：100 件

2016 年		凭证号数（略）	摘要	直接材料	直接人工	制造费用	合计
月	日						
			材料费用分配表				
			人工费用分配表				
			制造费用分配表				
			生产费用合计				
			完工产品总成本				
			完工产品单位成本				

基本生产成本明细账

产品名称：乙产品　　2016 年 9 月　　金额单位：元

本月完工：3 000 件　　本月投产：3 200 件　　月末在产品：300 件

2016 年		凭证号数（略）	摘要	直接材料	直接人工	制造费用	合计
月	日						

会计分录如下：

实务操作二：运用分批法计算产品成本

先瑞有限责任公司生产甲、乙两种产品，属于小批量生产，采用分批法计算产品成本。2016 年 11 月有关资料如下：

（1）本月生产产品批次：

1101 批次：甲产品 20 台，本月 1 日投产，本月全部完工，交予订货单位太阳公司。完工产品按计划成本结转。

1102 批次：乙产品 10 台，本月 5 日投产，本月完工 3 台，交予订货单位月亮湾公司。其余产品 12 月完工交货。完工产品按计划成本结转，每台完工产品耗用直接材料 2 850 元、直接人工 2 400 元、制造费用 1 200 元。

（2）本月各批次生产费用资料如下表所示。

费用汇总分配表

2016 年 9 月　　　　单位：元

项目	直接材料	直接人工	制造费用
1101 批次（甲产品）	24 000	11 250	12 960
1102 批次（乙产品）	28 200	22 800	10 800
合计			

会计主管：　　　　会计：　　　　制表：

要求：分别计算两种产品的成本，并登记基本生产成本明细账。

基本生产成本明细账

产品批次：1101（甲产品）　　　　2016 年 11 月　　　　单位：元

本月完工：20 台　　　　本月投产：20 台　　　　月末在产品：0 台

2016 年		凭证号数（略）	摘要	直接材料	直接人工	制造费用	合计
月	日						

基本生产成本明细账

产品批次：1102（乙产品）　　　　2016 年 11 月　　　　单位：元

本月完工：3 台　　　　本月投产：10 台　　　　月末在产品：7 台

2016 年		凭证号数	摘要	直接材料	直接工资	制造费用	合计
月	日						

实务操作三：运用综合结转分步法计算产品成本

泰勒集团公司生产甲产品经过三个生产步骤，三个生产步骤生产的半成品和产品分别为 A 半成品、B 半成品和甲产品，三个生产步骤均不通过半成品库核算，直接转入下一步骤继续生产。公司采用综合结转分步法计算产品成本。原材料在第一步骤一次投入，其他费用跨月陆续投入，各步骤在产品成本均采用约当产量法进行计算，在产品完工程度均为 50%。该公司 2016 年 10 月产品产量、发生费用等资料见下表。

产品产量记录表

2016 年 9 月　　　　单位：件

项目	第一步骤	第二步骤	第三步骤
月初在产品	300	120	100
本月投入或上月转入	800	900	980
本月完工产品	900	980	800
月末在产品	200	40	280

会计主管：　　　　会计：　　　　制表：

生产费用汇总分配表

2016 年 9 月　　　　单位：元

成本项目	第一步骤		第二步骤		第三步骤	
	月初在产品成本	本月生产费用	月初在产品成本	本月生产费用	月初在产品成本	本月生产费用
直接材料（半成品）	16 500	60 500	28 560	—	30 016	—
直接人工	12 500	47 500	10 800	66 000	12 280	46 000
制造费用	8 000	32 000	9 000	45 000	10 980	33 200
合计	37 000	140 000	48 360	111 000	53 276	79 200

会计主管：　　　　会计：　　　　制表：

要求：（1）根据提供的资料，采用综合结转分步法计算各个步骤半成品成本及完工产品成本，登记基本生产成本明细账，并编制会计分录。

（2）采用成本还原率法进行成本还原。

基本生产成本明细账

产品名称：A 半成品　　　　年　　月　　　　金额单位：元

本月完工：　　　　件　　　　本月投产：　　　　件　　　　月末在产品：　　　　件

年		凭证号数（略）	摘要	直接材料	直接人工	制造费用	合计
月	日						

基本生产成本明细账

产品名称：B半成品　　　　　　　　　　年　　月　　　　　　　　　　金额单位：元

本月完工：　　　　件　　　　　　本月投产：　　　　件　　　　　　月末在产品：　　件

年		凭证号数（略）	摘要	直接材料	直接人工	制造费用	合计
月	日						

基本生产成本明细账

产品名称：甲产品　　　　　　　　　　年　　月　　　　　　　　　　金额单位：元

本月完工：　　　　件　　　　　　本月投产：　　　　件　　　　　　月末在产品：　　件

年		凭证号数（略）	摘要	直接材料	直接人工	制造费用	合计
月	日						

会计分录如下：

实务操作四：运用平行结转分步法计算产品成本

佳佳有限责任公司设有三个基本生产车间，一车间生产甲半成品，完工后直接转入第二车间，第二车间将甲半成品加工成乙半成品后直接转入第三车间加工成丙产品（产成品），完工产品需要三个车间的半成品配比为1∶1∶1。原材料在第一车间一次投入，加工费用跨月陆续投入，在产品完工程度均为50%。2016年6月相关资料见下表。要求：采用平行结转分步法计算完工产品成本，依据生产费用汇总分配表登记基本生产成本明细账，编制产成品成本汇总计算表，并做出会计分录。

产品产量记录表

2016年6月　　单位：件

项目	第一步骤	第二步骤	第三步骤
月初在产品	24	16	8
本月投入或上月转入	68	80	72
本月完工产品	80	73	60
月末在产品	12	24	20

会计主管：　　会计：　　制表：

生产费用汇总分配表

成本项目	第一步骤		第二步骤		第三步骤	
	月初在产品成本	本月生产费用	月初在产品成本	本月生产费用	月初在产品成本	本月生产费用
直接材料	9 900	11 096				
直接人工	3 000	8 000	1 800	9 240	2 600	6 500
制造费用	1 430	6 600	1 190	8 700	2 200	4 800
合计	14 330	25 696	2 990	17 940	4 800	11 300

会计主管：　　会计：　　制表：

基本生产成本明细账

产品名称：　　年　月　　单位：元

本月完工：　件　　本月投产：　件　　月末在产品：　件

年		凭证号数（略）	摘要	直接材料	直接人工	制造费用	合计
月	日						

基本生产成本明细账

产品名称：　　　　　　　　　　　　　　　年　　月　　　　　　　　　　　　　　　单位：元

本月完工：　　　　　件　　　　　　　本月投产：　　　　　件　　　　　　　月末在产品：　　　件

年		凭证号数（略）	摘要	直接材料	直接人工	制造费用	合计
月	日						

基本生产成本明细账

产品名称：　　　　　　　　　　　　　　　年　　月　　　　　　　　　　　　　　　单位：元

本月完工：　　　　　件　　　　　　　本月投产：　　　　　件　　　　　　　月末在产品：　　　件

年		凭证号数（略）	摘要	直接材料	直接工资	制造费用	合计
月	日						

产成品成本汇总计算表

产品名称：

本月完工：　　件　　　　　　　　　　　年　　月　　　　　　　　　　　　　　　单位：元

项目	直接材料	直接人工	制造费用	合计
第一步骤				
第二步骤				
第三步骤				
产成品总成本				
产成品单位成本				

会计主管：　　　　　　　　　　　　　　会计：　　　　　　　　　　　　　　制表：

第七章 产品成本计算的辅助方法

学习目标

理解产品成本计算辅助方法的含义，了解成本计算基本方法和辅助方法之间的关系；了解各辅助方法的核算程序及适用范围；理解分类法、定额法的特点；掌握分类法、联产品及副产品成本的计算方法。

学习重点： 分类法、联产品成本的计算方法，定额法的计算。

学习难点： 定额法的计算。

实际工作中，由于企业的具体情况比较复杂，管理基础、管理水平及管理要求不一，所以有的企业采用第六章所述三种基本方法以外的成本计算方法核算产品成本。如产品品种、规格繁多，但加工工艺基本相同的企业，为简化成本计算而采用分类法；定额管理工作做得较好的企业为配合成本管理采用定额法等。由于这些方法从计算产品实际成本角度来说并不是必不可少，因而称为产品成本计算的辅助方法。本章主要阐述分类法、定额法以及联产品、副产品和等级品的成本计算方法，并配以简单的案例加以说明。

第一节　分类法

一、分类法的概念

以产品的类别为成本计算对象的成本计算方法，称为成本计算的分类法。分类法与品种法十分相似，先将工艺相似的一类产品“捆绑”，再仿照品种法的计算方法计算该类产品的生产成本，最后在类内求出各种产品成本。所以，分类法也叫大品种法。

二、分类法的特点

分类法是为了简化某些特定企业的成本计算工作，在产品成本基本计算方法基础上发展起来的一种方法。在核算上，它先按产品类别设立生产成本明细账并归集生产费用，计算出各类完工产品成本，然后按一定标准分配计算各类产品中各种产品的成本。分类法的特点可概括为如下三个方面：

(1) 以产品的类别作为成本计算对象，归集各类产品的生产费用。归集时，直接费用直接计入，间接费用采用一定的分配标准分配计入。

(2) 成本计算期取决于生产特点及管理要求，如果是大批量生产，结合品种法和分步法进行成本计算，则应定期在月末进行成本计算；如果与分批法结合运用，成本计算期可不固定，而与生产周期一致。所以，分类法并不是一种独立的成本计算方法。

(3) 月末一般要将各类产品发生的生产费用总额在完工产品和月末在产品之间进行分配。

分类法一般适用于使用同样的原材料，通过基本相同的加工工艺过程，虽然生产产品的品种、规格、型号繁多，但可以按一定标准予以分类的生产企业或车间，如制鞋、制衣、针织、轧钢等行业。采用分类法可以适当减少成本计算对象，简化成本计算工作。

三、分类法的计算程序

(1) 按产品类别设立生产成本明细账。采用分类法计算产品成本，首先要将产品按照性质、结构、用途、生产工艺过程、耗用原材料的不同标准划分为若干类别。如制鞋厂可以按照耗用的原材料不同，将产品分为塑料鞋、布鞋、皮鞋三个类别，然后以该类别作为成本计算对象，设立成本计算单。

(2) 按照规定的成本项目归集生产费用，计算各类产品的总成本。

(3) 采用适当的方法将各类完工产品成本在该类各种不同规格的产品中进行分配，计算类内各产品的总成本和单位成本。分配方法与计算原理与第六章介绍的成本计算方法基本相同。

以某制鞋厂为例，分类法的计算程序见图 7-1。

在图 7-1 中，第一步，生产费用在两类产品之间分配，分别计算男皮鞋和男布鞋两个类别产品的总成本；第二步，在男皮鞋类内计算不同规格（号码）男皮鞋的总成本和单位成本。男布鞋成本的计算方法类推。

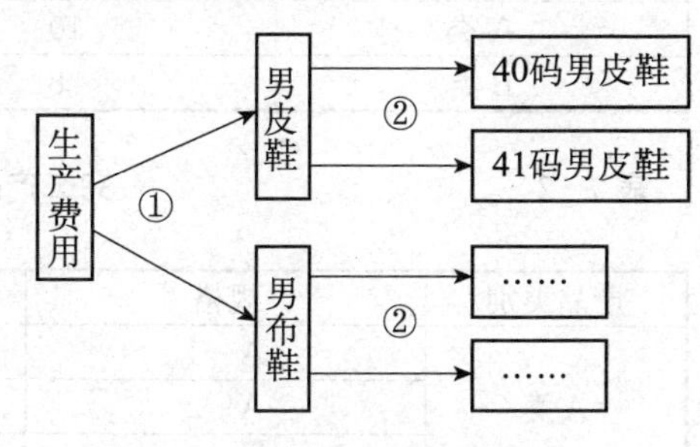

图 7-1　分类法的计算程序

四、类内各种产品成本的分配方法

分类法下，各类别产品总成本在类内各种产品之间分配的方法是根据产品生产特点确定的。既可以采用产品的经济价值指标（计划成本、定额成本、销售单价），也可以采用产品的技术性指标（重量、长度、体积、浓度、含量等），还可以采用产品生产的各种定额消耗指标来作为分配标准。常用的分配方法有定额比例法和系数分配法两种。定额比例法原理前已述及，这里不再重述。系数分配法是运用系数分配计算类内各规格产品成本的一种方法。这里的系数是指各种规格产品之间的比例关系。系数分配法的步骤如下：

（1）确定分配标准，即选择与耗用费用关系最密切的因素作为分配标准，如定额消耗量、定额成本、计划成本、售价或重量、体积和长度等。

（2）将分配标准折算成固定系数，其方法是：在同类产品中选择一种有代表性的产品，如将产销量大、生产正常、售价稳定的产品作为标准产品，定其标准系数为“1”，并定出其他产品与标准产品的比率，即系数。

（3）将类内各产品的产量按照系数折算出相当于标准产品的产量，计算公式为：

该产品相当于标准产品的产量＝该产品的实际产量×该产品的系数

（4）计算出全部产品相当于标准产品的总产量，以此为标准分配类内各种产品的成本。

五、分类法案例

案例7-1：先瑞有限责任公司生产的产品规格繁多，成本计算采用分类法。产品按其结构和工艺过程分为A、B两大类，每类产品的月末在产品均按所耗直接材料定额成本计算，其他费用全部由完工产品负担。2016年1月，两个类别产品有关成本资料如表7-1、表7-2和表7-3所示。要求：用分类法计算每一种产品的成本。

为了简化计算、突出重点，省略辅助生产费用分配，制造费用及类别之间共耗费用直接给出分配结果。

表7-1 完工产品直接材料成本定额表

2016年1月

产品类别	单位产品消耗定额（千克）	计划单价（元）	成本定额（元）
A类	10	0.7	7
B类	8	2	16

表7-2 完工产品产量和单位定额成本表

2016年1月

产品类别	规格	产量（件）	成本定额（元）
A类	A—1	100	9
	A—2	300	12
	A—3	200	14.16
B类	B—1	300	20
	B—2	100	25
	B—3	50	32

表7-3 类别产量及本月发生费用

2016年1月

产品类别	类别产量（件）				本月发生费用（元）			
	月初在产品	本月投产	本月完工	月末在产品	直接材料	直接人工	制造费用	合计
A类	40	620	600	60	4 340	2 280	2 685	9 305
B类	20	460	450	30	7 040	3 420	1 719	12 179

相关成本计算表格见表7-4～表7-9。授课教师可指导学生填列。

表 7-4　　月末在产品直接材料定额成本计算表

年　月

产品类别	数量（件）	成本定额（元）	定额成本（元）
A类	60		
B类	30		

表 7-5　　产品系数计算表

2016 年 1 月　　金额单位：元

产品类别	规格	成本定额	系数
A类	A—1	9	
	A—2	12	
	A—3	14.16	
B类	B—1	20	
	B—2	25	
	B—3	32	

说明：为了计算过程与结果的统一，A类产品选择规格 A—2 为标准产品，则其系数为 1；B类产品选择规格 B—1 为标准产品，则其系数为 1。

表 7-6　　A类产品成本计算表

2016 年 1 月　　单位：元

项目	直接材料	直接人工	制造费用	合计
月初在产品成本				
本月发生费用				
合计				
本月完工产品成本				
月末在产品成本				

表 7-7　　A类产品各种规格完工产品成本计算单

产品类别：A类　　2016 年 1 月　　金额单位：元

产品规格	实际产量	系数	标准产量	完工产品总成本	标准产品单位成本	各规格产品总成本	各规格产品单位成本
合计							

表 7-8　　B类产品成本计算表

2016 年 1 月　　单位：元

项目	直接材料	直接人工	制造费用	合计
月初在产品成本				
本月发生费用				
合计				
本月完工产品成本				
月末在产品成本				

表 7-9　　**B 类产品各种规格完工产品成本计算单**

产品类别：B 类　　2016 年 1 月　　金额单位：元

产品规格	实际产量	系数	标准产量	完工产品总成本	标准产品单位成本	各规格产品总成本	各规格产品单位成本
合计							

解：计算方法、过程及结果见表 7-10～表 7-15。

表 7-10　　**月末在产品直接材料定额成本计算表**

2016 年 1 月

产品类别	数量（件）	单位定额成本	定额成本（元）
A 类	60	7	420
B 类	30	16	480

表 7-11　　**产品系数计算表**

2016 年 1 月　　金额单位：元

产品类别	规格	系数
A 类	A—1	9÷12＝0.75
	A—2	1
	A—3	14.16÷12＝1.18
B 类	B—1	1
	B—2	25÷20＝1.25
	B—3	32÷20＝1.6

表 7-12　　**A 类产品成本计算表**

2016 年 1 月　　单位：元

项目	直接材料	直接人工	制造费用	合计
月初在产品成本	280			280
本月发生费用	4 340	2 280	2 685	9 305
合计	4 620	2 280	2 685	9 585
本月完工产品成本	4 200	2 280	2 685	9 165
月末在产品成本	420			420

表 7-13　　**B 类产品成本计算表**

2016 年 1 月　　单位：元

项目	直接材料	直接人工	制造费用	合计
月初在产品成本	320			320
本月发生费用	7 040	3 420	1 719	12 179
合计	7 360	3 420	1 719	12 499
本月完工产品成本	6 880	3 420	1 719	12 019
月末在产品成本	480			480

表 7-14　　**A 类产品各种规格完工产品成本计算单**

产品类别：A 类　　2016 年 1 月　　金额单位：元

产品规格	实际产量	系数	标准产量	完工产品总成本	标准产品单位成本	各规格产品总成本	各规格产品单位成本
A—1	100	0.75	75			1 125	11.25
A—2	300	1.00	300			4 500	15.00
A—3	200	1.18	236			3 540	17.70
合计			611	9 165	15	9 165	

表 7-15　　**B 类产品各种规格完工产品成本计算单**

产品类别：B 类　　2016 年 1 月　　金额单位：元

产品规格	实际产量	系数	标准产量	完工产品总成本	标准产品单位成本	各规格产品总成本	各规格产品单位成本
B—1	300	1.00	300			7 140	23.80
B—2	100	1.25	125			2 975	29.75
B—3	50	1.60	80			1 904	38.08
合计			505	12 019	23.80	12 019	

A 类产品验收缴库的会计分录如下：

借：库存商品——（A—01）　　1 125
　　　　　　——（A—02）　　4 500
　　　　　　——（A—03）　　3 540
　贷：生产成本——基本生产成本（A—01）　　1 125
　　　　　　——基本生产成本（A—02）　　4 500
　　　　　　——基本生产成本（A—03）　　3 540

B 类产品验收缴库的会计分录如下：

借：库存商品——（B—01）　　7 140
　　　　　　——（B—02）　　2 975
　　　　　　——（B—03）　　1 904
　贷：生产成本——基本生产成本（B—01）　　7 140
　　　　　　——基本生产成本（B—02）　　2 975
　　　　　　——基本生产成本（B—03）　　1 904

第二节　定额法

一、定额法的特点

定额法是指为了反映产品实际成本脱离定额成本的差异，配合企业加强定额管理和进行成本控制所采用的一种成本计算方法。其基本原理是：当费用发生时，将其划分为定额成本与脱离定额差异两部分来归集，并分析产生差异的原因，及时反馈到管理部门，月终以产品定额成本为基础，加减所归集和分配的差异，以此求得产品实际成本。

成本计算采用定额法，产品实际成本由定额成本、脱离现行定额差异、材料成本差异和定额变动差异四个因素组成。其计算公式如下：

产品实际成本＝按现行定额计算的产品定额成本±脱离现行定额差异
±材料成本差异±月初在产品定额变动差异

定额成本是指以企业在一定时期所实行的各种消耗定额为基础计算的一种预计产品成本。

脱离现行定额差异是指生产费用脱离现行定额或预算数额的差额，它标志着各项生产费用支出的合理程度。

材料成本差异是指在定额法下，材料或半成品的日常核算以计划成本计价而产生的材料或半成品实际成本与计划成本的差异。

定额变动差异是指由于修订消耗定额而产生的新、旧定额成本之间的差额。它与生产费用的超支或节约无关，是定额成本本身运用的结果。

定额法并非一种基本成本计算方法，它是在品种法、分步法、分批法的基础上，运用一种特殊汇集费用的技术计算产品成本的方法。采用此方法计算产品成本，能及时反映差异，提供有关成本形成动态的各种信息，有助于促使企业控制和节约费用。该方法一般适用于定额管理制度较健全，而且消耗定额比较准确、稳定的企业。

二、定额法计算产品成本的程序

（1）按照企业生产工艺特点和管理要求，确定成本计算对象及成本计算的基本方法。

（2）根据有关定额标准，计算各成本项目的定额费用，编制产品定额成本计算表。

（3）生产费用发生时，将实际费用分为定额成本和定额成本差异两部分，分别编制凭证，予以汇总。

（4）按确定的成本计算基本方法，汇集、结转各项费用的定额成本差异，并按一定标准在完工产品与在产品之间进行分配。

（5）将产品定额成本加减所分得的差异，求得产品实际成本。

三、定额成本及其差异的计算

（一）产品定额成本的计算

定额成本一般是以产品现行的消耗定额、计划价格或费用的计划分配率为依据并分项目计算的。具体公式如下：

直接材料定额成本＝产品原材料消耗定额×原材料计划单位成本

直接人工定额成本＝产品生产工时定额×计划小时工资率

制造费用定额成本＝产品生产工时定额×计划小时费用率

计算时，如果产品的零、部件不多，一般先计算零件的定额成本，然后汇总计算部件和产成品的定额成本。如果产品的零、部件较多，为了简化成本计算工作，也可以不计算零、部件定额成本，而根据列有零件材料消耗定额、工序计划、工时消耗定额的零件定额卡，以及材料计划单价、计划的工资率和费用率，计算部件定额成本，然后汇总计算产成品定额成本；或者根据零、部件的定额卡直接计算产成品的定额成本。零件定额卡、部件定额成本计算表及产品定额成本计算表的格式分别见表 7－16、表 7－17 和表 7－18。

表 7－16　零件定额卡

零件编号、名称：2000　　2016 年 1 月

材料名称、编号	计量单位	材料消耗定额
9901	千克	6
工序	工时定额（小时）	累计工时定额（小时）
1	4	4
2	8	12
3	6	18

表 7－17　部件定额成本计算表

部件编号、名称：2001　　2016 年 1 月　　金额单位：元

<table>
<tr><td rowspan="3">所用部件编号名称</td><td rowspan="3">部件数量</td><td colspan="7">材料定额</td><td rowspan="3">工时定额（小时）</td></tr>
<tr><td colspan="3">9901</td><td colspan="3">9902</td><td rowspan="2">金额合计</td></tr>
<tr><td>数量</td><td>计划单价</td><td>金额</td><td>数量</td><td>计划单价</td><td>金额</td></tr>
<tr><td>2007</td><td>4</td><td>24</td><td>5</td><td>120</td><td></td><td></td><td></td><td>120</td><td>72</td></tr>
<tr><td>2008</td><td>8</td><td></td><td></td><td></td><td>40</td><td>5</td><td>200</td><td>200</td><td>48</td></tr>
<tr><td>装配</td><td></td><td></td><td></td><td></td><td></td><td></td><td></td><td></td><td>5</td></tr>
<tr><td>合计</td><td></td><td></td><td></td><td>120</td><td></td><td></td><td>200</td><td>320</td><td>125</td></tr>
<tr><td colspan="9">定额成本项目</td><td rowspan="3">部件定额成本合计</td></tr>
<tr><td rowspan="2">直接材料</td><td colspan="3">直接人工</td><td colspan="5">制造费用</td></tr>
<tr><td colspan="2">计划工资率</td><td>金额</td><td colspan="2">计划费用率</td><td colspan="3">金额</td></tr>
<tr><td>320</td><td colspan="2">2</td><td>250</td><td colspan="2">2.5</td><td colspan="3">312.5</td><td>882.5</td></tr>
</table>

表 7－18　产品定额成本计算表

部件编号、名称：2003　　2016 年 1 月　　金额单位：元

<table>
<tr><td rowspan="2">所用部件编号名称</td><td rowspan="2">所用部件数量</td><td colspan="2">材料定额</td><td colspan="2">工时定额（小时）</td></tr>
<tr><td>部件</td><td>产品</td><td>部件</td><td>产品</td></tr>
<tr><td>2000A</td><td>2</td><td>320</td><td>640</td><td>125</td><td>250</td></tr>
<tr><td>2000B</td><td>1</td><td>260</td><td>260</td><td>50</td><td>50</td></tr>
<tr><td>装配</td><td></td><td></td><td></td><td></td><td>10</td></tr>
<tr><td>合计</td><td></td><td></td><td>900</td><td></td><td>310</td></tr>
<tr><td colspan="5">产品定额成本项目</td><td rowspan="3">产品定额成本合计</td></tr>
<tr><td rowspan="2">直接材料</td><td colspan="2">直接人工</td><td colspan="2">制造费用</td></tr>
<tr><td>计划工资率</td><td>金额</td><td>计划费用率</td><td>金额</td></tr>
<tr><td>900</td><td>2.2</td><td>682</td><td>1</td><td>310</td><td>1 892</td></tr>
</table>

(二) 脱离定额差异的计算

脱离定额差异的计算包括直接材料脱离定额差异的计算、直接人工费用脱离定额差异的计算和制造费用脱离定额差异的计算。计算和分析脱离定额成本差异是定额法的核心内容。

1. 直接材料脱离定额差异的计算

在各项成本项目中，材料费用一般占较大比重，而且属于直接计入费用，因而有必要在费用发生的当时就按产品种类来计算定额费用和脱离定额的差异并进行控制。直接材料脱离定额差异的计算一般有以下三种方法：

(1) 限额法。这种方法运用限额领料单和限额领料卡来反映材料领用数量和实际耗用数量。符合定额的材料应根据限额领料单等定额凭证领发，如果增加产品产量或需要增加用料，必须办理追加手续，然后根据定额凭证领发。由于其他原因需要超额领料或者领用代用材料，根据专设的超额材料领用单、代用材料领用单等差异凭证，经过一定的审批手续领发。超额领用的材料，全部是定额差异；代用材料并不都是定额差异，要先计算出所领用代用材料相当于原规定材料的数量，然后计算出差异。

每月末应根据领料部门余料编制退料单，办理退料手续。退料单位应视退料单为差异凭证，退料单中所列的材料数额和限额领料单中的原材料余额，都是材料脱离定额的节约差异。

案例 7-2：先瑞有限责任公司本月投产甲产品 500 件，单位产品消耗 A 材料定额为 25 千克，每千克计划单位成本为 4 元，本月超额领料单登记数量为 150 千克。计算甲产品耗用 A 材料脱离定额差异。

解：甲产品耗用 A 材料脱离定额差异为：

甲产品耗用 A 材料定额成本＝500×25×4＝50 000（元）

甲产品耗用 A 材料脱离定额差异＝150×4＝600（元）

(2) 切割法。这种方法要求对于需要切割才能使用的材料（如板材、棒材等），通过材料切割核算单核算用料差异，以控制用料。这种核算单一般应按切割材料的批别开立，核算单中填明发交切割材料的种类、数量、消耗定额和应切割成的毛坯数量；切割完成后，再填写实际切割成的毛坯数量和材料的实际消耗量。根据实际切割成的毛坯数量和消耗定额，计算出材料定额消耗量，与材料实际消耗量相比较，可得出用料脱离定额的差异。

案例 7-3：先瑞有限责任公司发出材料 500 千克，切割成 A 种零件（毛坯）150 个，每个消耗定额为 3.2 千克，每千克材料计划单价为 5 元。计算材料脱离定额差异。

解：材料脱离定额差异为：

定额耗用量＝150×3.2＝480（千克）

材料脱离定额差异数量＝500－480＝20（千克）

材料脱离定额差异金额＝5×20＝100（元）

采用材料切割核算单进行材料切割核算，可以及时反映材料的耗用情况和产生差异的具体原因，加强对材料耗用的控制。

(3) 盘存法。对于不能采用切割法核算的材料，为了更好地控制用料，可通过盘存法核算用料差异。其做法是：根据完工产品数量和在产品盘存数量计算产品投产数量；将产品投产数量乘以材料消耗定额，计算出材料定额消耗量；根据限额领料单、超额领料单和退料单等凭证以及车间余料的盘存材料，算出材料实际消耗量；最后将材料的定额消耗量与实际消耗量对比，确定材料脱离定额差异。

不论采用哪种方法核算直接材料定额消耗量和脱离定额差异，都应分批或定期地将这些核算资料按照成本计算对象汇总，编制直接材料定额费用和脱离定额差异汇总表（见表7-19）。表中填明该批或该种产品所耗各种原材料的定额消耗量、定额费用和脱离定额差异，并分析说明产生差异的主要原因。这种汇总表既可以汇总反映和分析直接材料脱离定额差异，又可用来代替直接材料费用分配表登记产品成本明细账，还可以报送管理当局或向职工公布，以便根据产生差异的原因采取措施，进一步挖掘降低材料费用的潜力。

表 7-19　　直接材料定额费用和脱离定额差异汇总表

2016 年 1 月　　金额单位：元

材料种类	材料编号	单位	计划单位成本	定额费用		按计划价格计算的实际费用		脱离定额差异		差异原因分析
				数量	金额	数量	金额	数量	金额	
A材料	2001	kg	6	11 600	69 600	10 800	64 800	−800	−4 800	略
B材料	2011	kg	4	9 200	36 800	9 600	38 400	+400	+1 600	略
合计					106 400				−3 200	

2. 直接人工费用脱离定额差异的计算

直接人工费用脱离定额差异的核算，因采用工资形式不同而有所区别。

在计件工资形式下，直接人工脱离定额差异的核算与直接材料脱离定额差异的核算类似。其计算公式为：

直接人工费用定额＝计件数量×计件单价

$$计件单价=\frac{计划单位工时的人工费用}{每工时产量定额}$$

在计时工资形式下，直接人工脱离定额差异平时不能按产品直接计算，所以平时只以工时进行考核，只有在月末实际生产工人工资总额确定以后，才能按下式计算：

$$计划单位工时工资=\frac{计划产量的定额生产工人工资总额}{计划产量的定额生产工时总数}$$

$$实际单位工时工资=\frac{实际生产工人工资总额}{实际生产工时总数}$$

某产品定额工资＝该产品实际产量的定额生产工时×计划单位工时工资

该产品实际工资＝该产品实际产量的实际生产工时×计划单位工时工资

该产品实际工资脱离定额差异＝该产品实际工资－该产品定额工资

无论采用哪种工资形式，都应根据核算资料，按照成本计算对象汇总编制定额工资及脱离定额差异汇总表，表中汇总反映各种产品的定额工资、实际工资、产生工资差异的原因，并据此登记有关的产品成本计算单。

3. 制造费用脱离定额差异的计算

制造费用属于间接费用，即发生时先按发生地点进行归集，月末再直接或分配计入产品成本。所以，在日常核算中，不能按照产品直接核算费用脱离定额的差异，只能根据费用计划、费用项目核算费用脱离计划差异，以控制和监督费用的发生。各种产品应负担的定额制造费用和制造费用脱离定额差异，在月末可比照上述计时工资形式下的计算方法确定。

（三）材料成本差异的分配

在定额法下，材料日常核算都是按计划成本进行的，即材料定额成本和材料脱离定额差异都按材料计划单位成本计算。因此，在月末计算产品实际成本时，必须按照下列公式计算产品应负担的材料成本差异。

$$\text{某产品应分配的材料成本差异}=\left(\text{该产品原材料定额成本}\pm\text{原材料脱离定额差异}\right)\times\text{材料成本差异率}$$

（四）定额变动差异的计算

定额变动差异，是指由于修订消耗定额而产生的新旧定额之间的差额。新定额一般在月初开始实行，当月投入的产品费用，都应该按新定额来计算脱离定额差异，但在新定额运用后，月初在产品的定额成本并未修订，仍然是按旧定额计算的月初在产品定额成本和按新定额计算的本月投入产品的定额。要在新定额的同一基础上相加起来，计算产品的实际成本，必须计算月初在产品定额成本的运用差异，将月初在产品按旧定额计算的定额成本调整为按新定额计算的定额成本。由此可见，定额变动差异主要是指月初在产品由于定额变动产生的差异。其计算公式为：

$$\text{月初在产品定额变动差异}=\text{月初在产品按原定额计算的定额成本}-\text{月初在产品按调整后定额计算的定额成本}$$

对于计算出的定额变动差异，应分不同的情况予以处理。在消耗定额降低的情况下产生的差异，一方面应从月初在产品定额成本中扣除，另一方面还应将属于月初在产品生产费用实际支出的该项差异，列入本月产品成本中，同时从本月产品成本中予以扣除。

月末，对计算出的定额成本、脱离定额差异、定额变动差异以及材料成本差异，应在完工产品和月末在产品之间按照定额成本比例进行分配。如果各种差异数额不大，或者差异数额虽然较大，但各月在产品数量比较均衡，在这种情况下，月末在产品可按定额成本计价，即不负担差异，差异全部由产成品负担。

四、定额法举例

案例 7-4：先瑞有限责任公司生产的甲产品，各项消耗定额比较准确。2016 年 10 月生产情况和定额资料如下：月初在产品 30 件，本月投产甲产品 140 件，本月完工 150 件，月末在产品 20 件，月末在产品完工程度为 50%，材料系开工时一次投入，单位产成品直接材料消耗定额由上月的 4.4 千克降为 4 千克，工时定额为 3 小时，计划小时工资率为 3 元，计划小时制造费用率为 4 元，材料计划单位为 5 元，材料成本差异率为−2%。要求：完成月初在产品成本计算表、本月生产费用汇总表和产品成本计算单（见表 7-20～表 7-22）。

解：列式计算如下：

（1）月初在产品定额成本计算见表 7-20，其中月初在产品实际成本为上月结转，即根据上月成本计算表转抄。

表 7-20　　**月初在产品成本计算表**

2016 年 10 月　　单位：元

项目	直接材料	直接人工	制造费用
月初在产品定额成本列式	30×4.4×5	30×50%×3×3	30×50%×3×4
月初在产品定额成本计算结果	660	135	180
脱离定额差异	−9	5	6
实际成本	651	140	186

（2）本月生产费用定额成本计算见表 7-21，其中产品实际成本为实际发生费用，通过相关记录获得。

表 7-21　　**本月生产费用汇总表**

2016 年 10 月　　单位：元

项目	直接材料	直接人工	制造费用
产品定额成本列式	140×4×5	[150+(20−30)×50%]×3×3	[150+(20−30)×50%]×3×4
产品定额成本计算结果	2 800	1 305	1 740
脱离定额差异	30	8	12
实际成本	2 830	1 313	1 752

（3）产品成本相关计算：

月初在产品定额调整＝30×（4−4.4）×5＝−60（元）

材料成本差异＝（2 800+30）×（−2%）＝−56.6（元）

直接材料脱离定额差异分配率＝21÷3 400×100%＝0.62%

产成品直接材料成本脱离定额差异＝3 000×0.62%＝18.6（元）

将上述计算结果填入表 7-22。

表 7-22　　**产品成本计算单**

产品名称：甲产品　　2016 年 10 月　　金额单位：元

项目		行次	直接材料	直接人工	制造费用	合计
月初在产品	定额成本	1	660	135	180	975
	脱离定额差异	2	−9	5	6	+2
月初在产品定额变动	定额成本调整	3	−60			−60
	定额变动差异	4	60			60
本月生产费用	定额成本	5	2 800	1 305	1 740	5 845
	脱离定额差异	6	30	8	12	50
	材料成本差异	7	−56.6			−56.6
生产成本合计	定额成本	8	3 400	1 440	1 920	6 760
	脱离定额差异	9	21	13	18	52
	材料成本差异	10	−56.6			−56.6
	定额变动差异	11	60			60
脱离定额差异分配率		12	0.62%	0.9%	0.94%	—
完工产品成本	定额成本	13	3 000	1 350	1 800	6 150
	脱离定额差异	14	18.6	12.2	16.9	47.7
	材料成本差异	15	−56.6			−56.6
	定额变动差异	16	60			60
	实际成本	17	3 022	1 362.2	1 816.9	6 201.1

续前表

项目		行次	直接材料	直接人工	制造费用	合计
月末在产品成本	定额成本	18	400	90	120	610
	脱离定额差异	19	2.4	0.8	1.1	4.3

注：第17行计算过程为：(17) ＝ (13) ＋ (14) ＋ (15) ＋ (16)。

第三节　联产品、副产品、等级品的成本计算方法

一、联产品的成本计算

（一）联产品的含义

联产品是指同样的原材料，经过一道或一系列工序的加工同时生产出几种地位相同但用途不同的主要产品。例如，煤油厂以原油为原料，经过一定的生产工艺过程，加工成汽油、煤油、柴油等各种燃料油。联产品与同类产品不同，同类产品是指在产品品种、规格繁多的企业或车间，按一定的标准归类的产品，其目的是便于采用分类法简化产品成本计算工作。联产品生产是联合生产，其特点是同一资源在同一生产过程中投入，分离出两种或两种以上的主要产品。其中，个别产品的产出必然伴随联产品同时产出。

各种联产品的产出，有的要到生产过程终了才分离出来，有的也可能在生产过程中的某个步骤先分离出来，有些产品分离后，还需要继续加工。联产品分离出来时的生产步骤称为分离点。分离点是联产品的联合生产程序结束，各种产品可以辨认的生产交界点。

（二）联产品联合成本的分配方法

联合成本是指在联合生产过程中生产联产品所发生的总成本。如上所述，在分离点之前，联产品中某一产品的生产，必须同时生产别的产品。因此，不可能分别归集每种产品的生产费用并直接计算其产品成本。只能把分离点前联合生产过程发生的费用归集在一起，计算联产品分离前的联合成本。然后，在分离点，采用一定的分配方法，在各联产品之间分配联合成本，计算出各联产品的成本。至于有些联产品分离后继续加工发生的费用，可按分离后各联产品品种分别归集，计算出分离后成本。用分离后成本加上由联合成本分配来的成本，构成该种产品整个生产过程成本。

因此，联产品成本计算同一般产品的成本计算有所不同，要分三个部分进行，即联产品分离点前成本计算、分离点的联合成本分配和分离点后加工成本的计算。联产品分离点前成本计算和分离点后加工成本的计算，都应根据生产类型和管理要求，选用第六章的基本成本计算方法，而分离点的联合成本分配则要采用专门的方法进行。常用的分配方法有系数分配法、实物量分配法和相对销售收入分配法等。

1. **系数分配法**

系数分配法是将各种联产品的实际产量乘以事先制定的各该联产品的系数，把实际产量换算成相对产量，然后，按各联产品的相对产量比例来分配联产品的联合成本。系数分配法的关键是系数的确定要合理。实践中，系数的确定标准有的是用各联产品的技术特征（如重量、体积、质量、性能、含量和加工难易程度等），也有的是用各联产品的经济指标（如定额成本、售价等）。

2. **实物量分配法**

实物量分配法是按分离点上各种联产品的重量、容积或其他实物量度比例来分配联合成本。采用这种方法计算出的各产品单位成本是一致的，并且是平均单位成本，因此简便易行。但由于并非所有的成本发生都与实物量直接相关，容易造成成本计算与实际相脱节的情况，故此法一般适用于成本的发生与产量关系密切，而且各联产品的销售价格较为均衡的联合成本的分配。

3. **相对销售收入分配法**

相对销售收入分配法是指用各种联产品的销售收入比例来分配联合成本。这种分配法强调经济比值，认为既然联合生产过程的联产品是同时产出的，并不是只产出其中一种，从销售中所获得的收益就理应在各种联产品之间按比例进行分配。也就是说，售价较高的联产品应该成比例地负担较高份额的联合成本，售价较低的联产品应负担较低份额的联合成本，其结果是各种联产品的毛利率相同。这种方法克服了实物量分配法的不足，但其本身也存在着缺陷，表现在：一方面，并非所有的成本都与售价有关，价格较高的产品不一定要负担较高的成本；另一方面，并非所有的联产品都具有同样的获利能力。这种方法一般适用于分离后不再加工，而且价格波动不大的联产品成本计算。

（三）联产品成本计算举例

案例 7-5： 先瑞有限责任公司用某种原材料经过同一生产过程同时生产出甲、乙两种联产品。2016 年 12 月共生产甲产品 4 000 千克、乙产品 2 000 千克，无期初、期末在产品。该月生产发生的联合成本分别为：原材料 60 000 元，直接人工 21 600 元，制造费用 38 400 元。甲产品每千克售价为 500 元，乙产品每千克售价为 600 元，设全部产品均已售出。要求：根据资料分别用系数分配法、实物量分配法、相对销售收入分配法计算甲、乙产品的成本。

解： 计算过程分别见表 7-23、表 7-24、表 7-25。

表 7-23　　**联产品成本计算表（系数分配法）**

2016 年 12 月　　金额单位：元

产品名称	产量（千克）	系数	折合标准产量	分配比例	应负担的成本			
					直接材料	直接人工	制造费用	合计
甲产品	4 000	1.0	4 000	62.50	37 500	13 500	24 000	75 000
乙产品	2 000	1.2	2 400	37.50	22 500	8 100	14 400	45 000
合计	6 000		6 400	100	60 000	21 600	38 400	120 000

注：以售价为标准确定系数，选择甲产品为标准产品，其系数为 600÷600=1，乙产品系数为 600÷500=1.2。

表 7-24 **联产品成本计算表（实物量分配法）**

2016 年 12 月 金额单位：元

产品名称	产量（千克）	联合成本				分配率	应负担的成本			
		直接材料	直接人工	制造费用	合计		直接材料	直接人工	制造费用	合计
甲成品	4 000						40 000	14 400	25 600	80 000
乙成品	2 000						20 000	7 200	12 800	40 000
合计	6 000	60 000	21 600	38 400	120 000	20	60 000	21 600	38 400	120 000

注：1. 综合分配率＝120 000÷6 000＝20；

2. 直接材料分配率＝60 000÷6 000＝10；

3. 直接人工分配率＝21 600÷6 000＝3.6；

4. 制造费用分配率＝38 400÷6 000＝6.4。

表 7-25 **联产品成本计算表（相对销售收入分配法）**

2016 年 12 月 金额单位：元

产品名称	产量（千克）	销售单价	销售价值	分配比例	应负担的成本			
					直接材料	直接人工	制造费用	合计
甲成品	4 000	500	2 000 000	62.5	37 500	13 500	24 000	75 000
乙成品	2 000	600	1 200 000	37.5	22 500	8 100	14 400	45 000
合 计	6 000	—	3 200 000	100	60 000	21 600	38 400	120 000

二、副产品的成本计算

副产品是指使用同种原材料在同一生产过程中生产主要产品的同时，附带生产出一些非主要产品，或利用生产中废料加工而成的产品，如肥皂厂生产出来的甘油，炼油厂在炼油过程中产出的渣油、石油焦等。

副产品不是企业生产的主要目的，其价值与主要产品相比较低，但它仍具有一定的经济价值，能满足社会某些方面的需要，而且客观上也发生耗费，因此，需要采取一定的成本计算方法求出其成本。副产品和联产品都是投入同一原材料，经过同一生产过程同时生产出来的。但联产品全都是主要产品，而副产品则是伴随主要产品生产出来的次要产品，其价值较低。当然，副产品与主要产品是相对而言的，随着生产技术的发展和综合利用，在一定条件下，副产品也能转为主要产品，同样，主要产品也会转为副产品。

由于副产品和主要产品是同一原材料经过同一生产过程生产出来的，所以副产品成本与主要产品成本在分离步骤前是共同发生的，这也决定了副产品的成本计算就是确定其应负担分离点前的联合成本。又由于副产品的经济价值较小，因此在计算成本时，可采用简单的计算方法确定副产品的成本，然后从分离前联合成本中扣除，其余额就是主要产品成本。

副产品的成本计算方法通常有以下几种：

（1）对分离后不再加工的副产品，若价值不大（与主要产品相比），可不负担分离前的联合成本，或以定额单位成本计算其成本。

（2）对分离后不再加工但价值较高的副产品，往往以销售价格作为计算的依据，按销售价格扣除销售税金、销售费用和一定的利润后即副产品成本。

(3) 对于分离后仍需要进一步加工才能出售的副产品，如价值较低，可只计算归属于本产品的成本；如价值较高，则需要同时负担可归属成本和分离前联合成本，以保证主要产品成本计算的合理性。

下面举例说明计算方法。

案例 7-6：先瑞有限责任公司在生产甲产品的过程中，附带生产出副产品乙和丙。2016 年 12 月生产该类产品所发生的费用资料见表 7-26，假定本月甲产品产量为 200 千克，乙产品为 80 千克，丙产品为 40 千克，乙产品计划单价为 20 元，丙产品单位售价为 75 元。要求：计算甲、乙、丙产品的成本。

表 7-26　　**生产成本费用表**

2016 年 12 月　　金额单位：元

项目	直接材料	直接人工	制造费用	合计
月初在产品成本	1 600	400	1 200	3 200
本月费用	24 000	6 000	6 800	36 800

解：乙产品总成本＝80×20＝1 600（元）

直接材料＝1 600×64%＝1 024（元）

直接人工＝1 600×16%＝256（元）

制造费用＝1 600×20%＝320（元）

丙产品总成本＝40×75＝3 000（元）

直接材料＝3 000×64%＝1 920（元）

直接人工＝3 000×16%＝480（元）

制造费用＝3 000×20%＝600（元）

甲产品总成本＝40 000－1 600－3 000＝35 400（元）

直接材料＝25 600－1 024－1 920＝22 656（元）

直接人工＝6 400－256－480＝5 664（元）

制造费用＝8 000－320－600＝7 080（元）

将上述计算结果填充到表 7-27。

表 7-27　　**甲、乙、丙产品的成本计算表**

2016 年 12 月　　单位：元

项目		行次	直接材料	直接人工	制造费用	合计
总成本	月初在产品成本	1	1 600	400	1 200	3 200
	本月费用	2	24 000	6 000	6 800	36 800
	合计	3	25 600	6 400	8 000	40 000
费用项目比重		4	64%	16%	20%	100%
甲产品	总成本	5	22 656	5 664	7 080	35 400
	单位成本	6	113.28	28.32	35.4	177
乙产品	总成本	7	1 024	256	320	1 600
	单位成本	8	12.8	3.2	4	20
丙产品	总成本	9	1 920	480	600	3 000
	单位成本	10	48	12	15	75

三、等级品的成本计算

等级品是指使用同种原材料，经过相同加工过程生产出来的品种相同、但质量有所差别的产品，如纺织品、搪瓷器皿的生产常有等级品产生。等级品与联产品、副产品的相同之处在于：它们都是使用同种原材料，经过同一生产过程而产生的。它们的不同之处在于：联产品、副产品之间性质、用途不同，属于不同种产品，而等级品是性质、用途相同的同种产品；在每种联产品、副产品中，其质量比较一致，因而销售单价相同，而各等级品质量存在差异，从而销售单价相应分为不同等级。

等级品与非合格品是两个不同的概念。等级品质量上的差异一般是在允许的设计范围之内，这些差异一般不影响产品的使用寿命。非合格品是指等级品以下的产品，其质量标准达不到设计的要求，属于废品范围。

等级品应视造成其质量差别的原因确定成本计算方法。如果等级品是由于工人操作不当、技术不熟练等主要原因造成的，就可以采用实物量分配法，使各等级品的单位成本相同。因为各产品虽然等级不同，但使用的原材料、经过的生产过程相同，所以各等级品的单位成本理应没有差别。在成本相同的情况下，低等级品由于售价较低而使其毛利低于正品，从而能够比较敏感地反映由于企业产品质量管理不善所导致的经济损失。等级品也可能是由于所用原材料的质量或受目前技术水平限制等原因而产生的，即客观原因造成的。如某些电子元件产品，由于目前生产技术水平限制，工人难以控制其产品质量，生产出售价差别比较大的等级品；对原煤进行洗煤加工，由于受原材料质量限制，洗出售价不同的等级煤。在这些情况下，一般不能对各等级品确定相同的单位成本，而采用系数分配法计算各等级品成本。通常以单位售价比例定出系数，再按系数的比例计算出不同等级品应负担的联合成本。这样，不同等级品具有不同的单位成本，等级高、售价高的产品负担的成本多，等级低、售价低的产品负担的成本少。这种做法更符合收入与成本费用配比的要求。

联产品、副产品、等级品的成本计算不需要用专门方法，只需用简单的分配标准（方法）在其与主（正常）产品之间适当分配即可。

知识体系总结

	种类	特点	计算方法	要点点评
产品成本计算的辅助方法	分类法	(1) 以产品类别作为成本计算对象。 (2) 成本计算期取决于生产特点及管理要求。分类法不是一种独立的成本计算方法，它要根据各类产品生产工艺特点和管理要求，结合品种法、分批法、分步法使用。 (3) 月末一般要将各类产品的生产成本在完工产品与在产品之间分配。	定额比例法 系数分配法	分类法的关键点：一是要合理确定产品类别，以准确计算各大类产品成本；二是要选用适当的方法分配类内各种产品应负担的成本。

<table>
<tr><td rowspan="4">产品成本计算的辅助方法</td><td>定额法</td><td colspan="2">定额法是在产品成本计算过程中，将各项生产费用按照定额来进行归集和分配，同时反映各项费用定额与实际差异以计算出产品的定额成本和实际成本的成本计算方法。成本计算采用定额法，产品实际成本在产品定额成本基础上加减生产费用脱离定额的差异计算得出。</td><td></td><td>采用定额法计算产品成本能及时揭示成本差异，提供有关成本形成动态的各种信息，有助于促使企业控制和节约费用。此方法一般适用于定额管理制度比较健全，而且消耗定额比较准确、稳定的企业。</td></tr>
<tr><td rowspan="3">联产品、副产品、等级品的成本计算方法</td><td>联产品</td><td>联产品是在同一生产过程中同时生产出的几种性质和地位都相同的产品，都属于主要产品的范围，仅仅是用途不同。</td><td></td><td>某种联产品的成本＝联合费用＋分离费用。</td></tr>
<tr><td>副产品</td><td>副产品是在同一生产过程中生产主产品的同时附带生产出的产品，它处于次要地位，价值也较低。</td><td></td><td>副产品成本计算具有人为性。</td></tr>
<tr><td>等级品</td><td>等级品与上述产品都不同，它与主产品没有主次之分，产品的品种与主产品完全一样，只是质量上存在差别，因此，它不是企业生产的目的，是由生产中不利的主、客观因素造成的。</td><td></td><td>计算等级品成本是为了进一步提高产品的优等品率。</td></tr>
</table>

课后综合实训

Ⅰ成本会计理论实训题

一、单项选择题

1. 定额成本是按（　　）制定的成本。

A. 现行消耗额　　B. 计划期平均消耗额
C. 标准消耗定额　　D. 实际消耗定额

2. 采用分类法，应该以（　　）为成本核算对象设置产品成本明细账或产品成本计算单。

A. 产品品种　　B. 产品生产步骤
C. 产品类别　　D. 联产品

3. 企业在生产主要产品过程中，附带生产出来的非主要产品称为（　　）。

A. 联产品　　B. 主产品　　C. 副产品　　D. 正产品

4. 联产品在分离前发生的费用称为（　　）。

A. 直接成本　　B. 间接成本　　C. 联合成本　　D. 分项成本

5. 原材料脱离定额差异属于（　　）。

A. 数量差异　　B. 原材料成本差异

C. 价格差异 D. 定额变动差异

6. 采用定额法计算产品成本时，月初在产品定额变动差异为正数，说明（ ）。

A. 定额降低了 B. 本月实际发生的生产成本增加了

C. 定额成本提高了 D. 累计实际成本增加了

7. 采用分类法的目的是（ ）。

A. 分类计算产成品成本 B. 简化各种产品成本计算工作

C. 简化各类产品成本计算工作 D. 准确计算各种产品的成本

8. 按照系数分配同类产品中各种产品成本的方法（ ）。

A. 是一种完工产品和月末在产品之间分配费用的方法

B. 是一种单独产品成本计算方法

C. 是一种简化的分类法

D. 是一种分配间接费用的方法

9. 定额成本是（ ）。

A. 企业制定的计划成本 B. 企业发生的实际成本

C. 同行业的实际平均成本 D. 企业控制的目标成本

10. 计件工资形式下的产品生产工人工资等于（ ）。

A. 直接人工成本 B. 定额工资

C. 脱离定额差异 D. 定额变动差异

二、多项选择题

1. 核算脱离定额差异的目的是（ ）。

A. 简化产品成本计算

B. 进行产品成本的日常分析和事中控制

C. 为月末进行产品实际成本计算提供数据

D. 为考核成本管理工作提供数据

2. 原材料脱离定额差异的计算方法有（ ）。

A. 限额法 B. 切割法

C. 系数法 D. 定期盘存法

3. 在脱离定额差异的核算中，与原材料脱离定额差异核算方法相同或者类似的是（ ）。

A. 自制半成品 B. 计件工资形式下的生产工人工资

C. 制造费用 D. 计时工资形式下的生产工人工资

4. 在定额法下，产品实际成本等于（ ）之和。

A. 按现行定额计算的产品定额成本 B. 材料成本差异

C. 脱离现行定额的差异 D. 月初在产品定额变动差异

5. 定额法的优点有（ ）。

A. 有利于对成本进行日常控制

B. 便于对产品成本进行定期分析

C. 有助于提高成本的定额管理工作水平

D. 能全面解决产品计价问题

6. 分类法不适用于计算（　　）的成本。

A. 联产品　　　　B. 副产品

C. 等级品　　　　D. 相同生产工艺、品种和规格繁多的产品

7. 下列产品中，可以作为同一个成本核算对象的有（　　）。

A. 炼油厂利用石油裂解生产出的汽油、煤油、柴油

B. 机床厂各个生产车间同时生产的车床、刨床、铣床

C. 开关厂生产的工艺不同的各种开关

D. 灯泡厂生产的同一类型、不同功率的白炽灯泡

8. 下列各项中，定额成本是按照现行定额计算的有（　　）。

A. 月初在产品　　　　B. 本月生产费用

C. 生产费用合计　　　　D. 完工产品

三、判断题

1. 原材料脱离定额差异是按计划单位成本反映的数量差异。（　　）

2. 产品的原材料定额成本与原材料脱离定额差异的代数和，乘以材料成本差异率的结果，是产品所耗用原材料应负担的材料成本差异。（　　）

3. 在计算月初在产品定额变动差异时，如果定额提高，则定额变动差异为负。（　　）

4. 定额法是一种单纯计算产品实际成本的成本计算方法。（　　）

5. 只要产品的品种、规格繁多，就可以采用分类法计算产品成本。（　　）

6. 分类法一种是以产品的类别为成本计算对象的成本计算基本方法。（　　）

7. 按照系数分配计算类内各种产品成本的方法，是一种简化的分类法。（　　）

8. 用分类法计算出的类内各种产品的成本具有一定的假定性。（　　）

9. 主产品与副产品在分离前应合并为一类产品计算成本。（　　）

10. 计算脱离定额差异分配率，是为了在完工产品和月末在产品之间分配某种费用。（　　）

11. 分类法适用联产品的成本计算。（　　）

12. 分类法不论在什么情况下，都可以简化成本核算。（　　）

13. 在定额法下，产品成本计算单中的定额成本全部是按照现行定额计算。（　　）

14. 定额变动差异与生产费用的超支或节约无关，是定额成本本身运用的结果。（　　）

15. 定额法能及时揭示差异，提供有关成本形成动态的各种信息，有助于促使企业控制和节约费用。（　　）

16. 定额法一般适用于定额管理制度较健全，而且消耗定额比较准确、稳定的企业。（　　）

17. 计算和分析脱离定额成本差异是定额法的核心内容。（　　）

Ⅱ成本会计实务操作

实务操作一：分类法的应用

先瑞有限责任公司 2016 年 10 月生产 A、B、C 三种使用工艺及原材料相同的甲类产

品，使用分类法中的系数法计算产品成本。甲类产品的完工产品总成本为 65 720 元，其中，直接材料 25 720 元，直接人工 30 000 元，制造费用 10 000 元。类内各种产品的产量、定额情况列表如下。

产品产量、定额及系数计算表

2016 年 10 月

产品品种	实际产量（件）	成本定额（元）	总系数	折合标准产量（件）
A 产品	400	50		
B 产品	300	60		
C 产品	300	80		
合计	—	—		

甲类产品各规格完工产品成本计算单

2016 年 10 月

金额单位：元

产品品种	实际产量	总系数	折合标准产量	完工产品总成本	标准产品单位成本	各规格产品总成本	各规格产品单位成本
A 产品	400						
B 产品	300						
C 产品	300						
合计	—	—			—		—

要求：运用系数分配法计算甲类各产品的成本。（提示：直接计算填充上述两张表）

实务操作二：副产品成本的核算

圆梦酒业有限责任公司生产白酒，同时副产酒糟，2016 年 10 月成本核算资料如下：

（1）本月生产白酒 80 000 千克，鲜酒糟 320 000 千克。白酒单位售价 120 元，鲜酒糟单位售价 0.10 元。该公司按售价比例计算分配生产费用。月初、月末在产品极少，不予计算。

（2）本月生产费用：领用直接材料 1 852 800 元，直接人工 1 500 000 元，制造费用 500 000 元，共计 3 852 800 元。

要求：计算白酒及酒糟的总成本和单位成本。

实务操作三：联产品成本的核算

胜利炼油厂利用原油裂解生产汽油、煤油、柴油、沥青四种产品（其他产品不计），2016 年 10 月的成本核算资料如下：

（1）本月裂解共计发生直接材料费用 700 万元，直接人工费用 200 万元，制造费用 87 万元。月初、月末在产品非常少，可以不计。

（2）本月四种产品的产量分别为 1 500 吨、400 吨、500 吨、100 吨。

（3）四种产品的每吨售价分别为 6 000 元、5 500 元、5 000 元、4 000 元。

（4）汽油从裂解炉分离后，还要经过滤蜡、洗油等工序，每吨发生直接材料费用 100 元，直接人工费用 150 元，制造费用 50 元。

（5）裂解发生的生产费用按照售价分配，裂解后发生的费用由相应产品负担。

要求：运用相对销售收入分配法计算四种产品的总成本和单位成本。

实务操作四：定额法的应用

先瑞有限责任公司管理规范，生产甲产品的各项消耗定额管理比较稳定、准确。2016

年9月的生产情况和定额资料如下：

月初在产品40件，本月投产300件，本月完工320件，月末在产品20件，月末在产品完工程度为50%，原材料一开始全部投入，单位产品直接材料消耗定额由上月的5.5千克下降为5千克，工时定额为5小时，计划小时人工费用率为4元，计划小时制造费用率为5元，材料计划单位成本为6元，材料成本差异率为−2%，月初在产品的成本资料和本月分配的各项费用见下表。

月初在产品成本表

单位：元

项目	直接材料	直接人工	制造费用
月初在产品定额成本	40×5.5×6=1 320	40×5×4×50%=400	40×5×5×50%=500
脱离定额差异	−20	10	30
实际成本	1 300	410	530

甲产品生产费用表

2016年9月

项目	直接材料	直接人工	制造费用
产品定额成本	300×5×6 =9 000	[320+(20−40)× 50%]×4×4=4 960	[320+(20−40)× 50%]×5×4=6 200
脱离定额差异	60	30	−20
实际成本	9 060	4 990	6 180

说明：表中的实际成本尚未考虑材料成本差异。

要求：计算完工产品和在产品实际成本，并将计算结果填入下表。

产品成本计算单

产品名称：甲产品　　2016年9月　　产量：320件　单位：元

项目		行次	直接材料	直接人工	制造费用	合计
月初在产品	定额成本	1				
	脱离定额差异	2				
月初在产品定额变动	定额成本调整	3				
	定额变动差异	4				
本月生产费用	定额成本	5				
	脱离定额差异	6				
	材料成本差异	7				
生产成本合计	定额成本	8				
	脱离定额差异	9				
	材料成本差异	10				
	定额变动差异	11				
脱离定额差异分配率		12				

续前表

项目		行次	直接材料	直接人工	制造费用	合计
完工产品成本	定额成本	13				
	脱离定额差异	14				
	材料成本差异	15				
	定额变动差异	16				
	实际成本	17				
月末在产品成本	定额成本	18				
	脱离定额差异	19				

第八章 作业成本法

学习目标

理解作业成本法的含义，掌握作业成本法的特点；理解作业成本法与传统成本计算方法的区别，掌握作业成本法的适用范围；学会作业成本法的计算和账务处理。

学习重点：作业成本法与传统成本计算方法的区别，作业成本法的计算与账务处理。

学习难点：作业成本法与传统成本计算方法的区别，作业成本法的计算与账务处理。

第一节 作业成本法概述

一、作业成本法的基本概念

作业成本法最初源于 20 世纪 30 年代末至 40 年代初美国会计学家科勒的思想，但在当时并未引起社会的重视。1971 年，乔治·斯托布斯教授出版了《作业成本计算和投入产出会计》一书，书中正式提出了作业成本法。它是一种全新的成本计算方法，向传统的成本计算发起了挑战，但这种方法当时并未得到推广和应用。直到 20 世纪 80 年代中期，库珀和卡普兰两位教授对作业成本法的计算进行了系统、深入的理论和应用研究之后，作业成本法才逐渐得到社会的认可。目前，作业成本法主要应用于生产制造型企业和物流行业。

在生产制造型企业中，产品成本主要由直接材料、直接人工和制造费用三部分组成，直接材料和直接人工属于直接费用，制造费用是间接费用。传统成本计算方法认为，对于间接费用的分配可以简单按照产品的产量、人工工时、机器工时等单一标准来进行。当产品不多、技术含量不高、制造费用所占的比重较小时，这种方法还可以接受。但是随着社会需求的多元化和市场竞争的日益激烈，许多企业将高新技术应用于产品生产，资本密集型和知识密集型的生产企业日益增多，这些企业生产的产品成本结构中直接费用所占的比重大大降低了，而间接费用所占的比重大幅度提高。此时，使用简单的传统费用分配标准分配间接费用，必然会导致产品成本的扭曲。传统成本计算方法的缺陷逐渐显现出来，人们开始寻求和探索一种全新的成本计算方法——作业成本法。

作业成本法是以“作业”为基础，以“成本驱动因素”理论为基本依据，根据产品生产或企业经营过程中发生和形成的产品与作业、作业链和价值链的关系，分析成本的动因，对构成产品成本的主要间接费用采用不同的间接费用分配率进行分配的一种成本计算方法。作业成本法对同一内部单位的制造费用采用了“多重标准”进行分配。它将成本计算与成本管理、成本控制紧密结合，是一种全面成本管理制度，并可以应用到战略管理上。

（一）资源

资源的概念外延非常广泛，涵盖了企业所有价值载体，包括物料、能源、设备、资金和人工等。但在作业成本管理中的资源，实质上是指为了产出作业或产品而进行的费用支出，换言之，资源就是指各项费用总体。作为分配对象的资源就是消耗的费用，或可以理解为每一笔费用。资源如果直接面向作业和成本对象分配，就是传统成本法的直接材料。

（二）作业

“作业”是作业成本法的核心。作业这一概念是随着管理实践的发展而逐渐形成的，最早出现在管理学中。进入 20 世纪 90 年代，作业的概念被引入会计领域，指那些基于特定目的、以人为主体、消耗了一定经济资源的特定范围内的工作。在作业成本计算中，作业的实质是将间接费用分配到产品成本中的分配基数。例如，引起间接费用发生变化的因素是工作次数，则企业就按工作次数分配间接费用，此时，工作次数就是“作业”。作业是作业成本管理的核心要素。根据企业业务的层次和范围，可将作业分为单位作业、批别作业、产品作业和支持作业四种类型。

（三）作业链

企业的各项作业不是孤立的，而是按照一定的联系形成的一系列作业的集合，这样就形成了作业链。企业每一项作业的完成都需要消耗一定的资源，而作业的产出又形成一定的价值，再转移给下一项作业，以此类推，最终将产品生产出来，提供给企业外部的客户，这是一个完整的作业链。在实际工作中，我们为了便于分析问题，往往将作业链划分为若干部分，分别加以分析。

（四）作业中心

作业中心又称为成本库，是指作业所发生的成本的归集。在传统的成本会计中，以部门为基础进行各类制造费用的归集；而在作业成本法中，将每一个作业中心所发生的成本或消耗的资源归集起来作为一个成本库。一个成本库是由同质的成本动因组成，它对库内同质费用的耗费水平负有责任。

（五）成本动因

作业成本法的核心理论及主要创意来自成本动因的确认与应用，这是实施该方法最重要的一步，也是最困难的一步。成本动因又称为成本驱动因素，是引起成本发生的因素，亦即成本的诱因。它揭示了企业执行作业的原因及作业消耗资源的多少，表示某一特定作业与一系列成本之间的因果关系。美国学者罗曼诺将成本动因划分为两个阶段：第一阶段是将费用在各作业成本库之间分配的资源成本动因；第二阶段是将作业成本在各产品之间分配的作业成本动因。第一阶段是第二阶段的基础，而第二阶段是第一阶段的延续。

成本动因是分配的标准，对于成本信息的准确性和相关性有重要影响，是进行成本分析的基础，通过成本动因建立成本分析的因果关系，因此成本动因的确定是作业成本实施的重要内容。成本动因可分为三类：交易性成本动因、延续性成本动因和精确性成本动因。在选择成本动因时，需要考虑以下因素：

（1）相关程度：在分配过程中假设分配源的成本与成本动因的数量线性相关。在实际中，存在多个成本动因，成本动因的数量与分配源总成本线性相关是最恰当的成本动因，这样能保证成本信息的准确性。

（2）实行成本：一次分配需要针对每个分配目标采集成本动因数据，无法采集数据则无法分配。确定成本动因时，必须考虑成本动因数据采集成本，保证相关的数据容易获取。如果数据采集成本太大，则可能使得作业成本法无法实施。

（3）行为导向：不同的成本动因有不同的分配结果，不同的成本分配结果以及基于分配结果的管理决策（如奖金）会对组织和员工的行为产生导向作用。因此，必须仔细分析成本动因的行为导向作用。企业可以利用成本动因的行为导向功能，把员工的行为导向有利于降低成本的方向。

成本动因和作业之间并非一一对应，同一作业的成本动因往往不止一个，而一个成本动因也可以支持多个作业。成本动因主要有两类：一类是与产品数量相关的成本动因；另一类是与作业相关联的成本动因。前者是传统意义上的影响因素，以产品的数量作为成本驱动因素；后者是以作业为基础，以作业量为成本驱动因素。作业量成本动因的确定比较复杂，应根据作业发生的因果关系具体分析。例如：采购材料订单的数目是采购部门成本发生的动因；产品的生产批次是生产计划的制订动因。

在成本计算实务中，由于有些成本动因无法量化，或者成本动因数量过多，故给分析问题带来很多不便。出于操作的考虑，只能选择可以量化的动因。动因的数量过多，势必加大成本分配计算的工作量，所以有必要选择一种简单有效的方式来取代这种虽然计算精确但计算成本过高的方式。以选择作业中心为例，将重要的、发生较为频繁的作业单独确认为一个作业中心，而对另一些不重要的、发生较少但其成本动因较为相似，或者虽然相似但单独计算与合并计算成本的结果差异微小的作业，可以合并为一个作业中心。基于“成本-效益”原则，这种相对准确的方法使得作业成本法只能达到对成本计算的相对精确的程度，但就满足企业的成本分析与决策的需要而言，仍然比传统方法具有更大的优越性。

（六）成本对象

成本对象是企业需要计量成本的对象。根据企业的需要，可以把每一个生产批次作为成本对象，也可以把一个品种作为成本对象。在顾客组合管理等新的管理工具中，需要计算出每个顾客的利润，以此确定目标顾客群体，这里的每个顾客就是成本对象。

成本对象可以分为市场类成本对象和生产类成本对象。市场类成本对象主要是按照不同的市场渠道、不同的顾客确定，它主要衡量不同渠道和顾客带来的实际收益，核算结果主要用于市场决策，并支持企业的产品决策。生产类成本对象是在企业内部的成本对象，包括各种产品和半成品，用于计量企业内部的生产成果。

二、作业成本法与传统成本计算方法的比较

作业成本法与传统成本计算方法既有区别又有联系，具体说明如下。

（一）两者的区别

1. 成本计算对象不同

传统成本计算方法的成本计算对象是产品，一般为最终产品；作业成本法下的成本计算对象是各个层次的作业，最终由作业追踪到产品。

2. 成本计算的步骤不同

传统成本计算方法下，所有成本都分配到产品中去；作业成本法下，首先划分作业，计算出各种作业成本，然后以产品对作业的需求为基础，将成本分配到产品中去。

3. 费用分配标准不同

传统成本计算方法下，对间接费用采用统一的总量标准进行分配，如按产品产量、产品人工工时、机器工时等；作业成本法下，间接费用分配的基础是成本动因，是作业的数量，而且不同的作业采用不同的分配标准。

4. 提供的成本信息不同

传统成本计算方法提供的是企业最终产品的成本相关信息，而且由于间接费用的分配采用统一的标准，若产品成本中间接费用所占的比重较大，则提供的成本信息的准确性比较差，导致其决策相关性也较差；作业成本法拓宽了成本核算的范围，不仅提供更为真实准确的产品成本，还提供了作业的成本、成本的动因等有价值的信息，提高了决策的相关性。

（二）两者的联系

不论是作业成本法还是传统成本计算方法，其成本计算的结果都是最终产品的成本。另外，从作业成本法的产生和发展来看，作业成本法是传统成本计算方法的发展、改进和完善。

传统成本计算方法与作业成本法的对比关系见图 8－1。

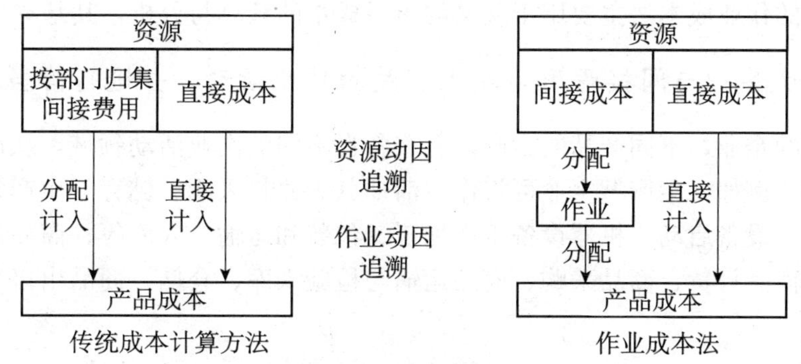

图 8-1 传统成本计算方法与作业成本法对比

三、作业成本法的优缺点

作业成本法与传统成本计算方法相比具有下列优点：

（1）作业成本法的实施使企业产品的成本计算更为合理，克服了传统成本计算方法下成本计算对象呆板的缺陷。

传统成本计算方法以企业的最终产品为成本计算对象，以单一的分配标准对间接费用进行分配，其成本计算结果粗糙，不利于成本分析；作业成本法克服了以上缺陷，根据成本动因采用多种分配标准对间接费用进行分配，使产品成本的计算更为真实。

（2）作业成本法以作业为纽带寻求企业间接费用与产品成本之间的因果关系，为降低产品的成本找到了根源。

作业成本法通过成本动因的分析，明晰了产品成本的来龙去脉，找到了成本形成的根本，从而使企业降低不能为最终产品提供有用价值的作业成本成为可能。

（3）作业成本法为企业管理及决策提供了有用信息，推动了企业管理系统的发展。

作业成本法更为准确的成本计算及动因分析为企业进行成本决策、利润分析等管理活动提供了更为相关的信息，使企业的管理更加合理、科学。目前，由作业成本法发展而来的作业管理已成为企业管理的重要组成部分。

第二节 作业成本法的基本程序

一、作业成本核算

作业成本法的指导思想是“产品耗用作业，作业耗用资源”，采用多种标准来分配产品的间接费用，它把间接费用人为地划分为多个作业中心，每个作业中心就是一个作业成本库，再以作业发生的成本动因为分配基础将各个成本库所归集的作业成本分配计入各个产品的成本。

这里所说的作业成本法主要用于狭义的事后成本的核算与分析，其基本步骤如下。

（一）确认各种与间接费用的发生有关的作业活动，并进行恰当的分类

不同类型的企业，不同产品的生产，有着各自不同的作业活动领域，从而形成不同的成本核算基础。例如，生产型企业可将作业活动分为原料采购、储存、生产领用、人工准备、机器准备、设备启动、机器设备生产加工、包装和运输、入库等；商品流通企业可将作业活动分为商品订货、商品采购、商品运输与检验入库、仓储、商品出售与商品售后服务等。

（二）追踪资源

在确认作业活动的基础上，按不同的作业追踪各作业活动所使用的构成间接费用的各种资源。例如，生产领用原材料活动，应追踪到所领用的原材料种类；机器设备生产加工活动，一般应追踪到产品加工的机器工时；商品验收入库作业，则追踪至验收的商品种类等。

（三）选择分配标准

根据追踪的各作业资源，选择分配作业间接费用的标准。例如，原材料搬运活动的作业分配标准是原材料领用数量；机器设备生产加工活动的作业分配标准是生产活动所耗用的机器工时数；商品验收入库活动的作业分配标准是验收入库的商品数量等。

（四）分配作业成本

将企业所归集的作业间接费用，按照确定的作业分配标准直接进行分配，以确定各项作业的作业成本。

（五）计算产品成本

按照各产品所耗用的作业资源，计算各产品的作业成本，包括各产品的总成本和单位成本。

案例 8-1：科创有限责任公司 2016 年 8 月共生产 A 产品 200 件、B 产品 400 件，本月全部完工。共耗用直接材料 74 000 元，直接人工 18 000 元，直接制造费用 26 000 元，间接制造费用 22 000 元。其他有关资料见表 8-1、表 8-2。要求：分别采用作业成本法和传统成本计算法计算两种产品的单位成本及总成本。

表 8-1　　直接费用资料表

项目	产品名称	
	A 产品	B 产品
直接材料（元）	32 000	42 000
直接人工（小时）	1 500	2 500

解：成本计算如下：

（1）按照作业成本法计算 A、B 产品成本（见表 8-3、表 8-4、表 8-5）。

表 8-2 间接费用及作业次数资料表

作业中心成本库	可追溯生产费用（元）	作业次数		
		A 产品	B 产品	合计
设备调整	7 000	2	3	5
质量检查	4 000	2	2	4
材料领用	5 000	4	4	8
设备维修	6 000	5	5	10
合计	22 000	13	14	27

表 8-3 直接费用分配表 金额单位：元

成本项目	A 产品（200 件）				B 产品（400 件）			
	工时	分配率	总成本	单位成本	工时	分配率	总成本	单位成本
直接材料	—	—	32 000	160.00	—	—	42 000	105.00
直接人工	1 500	4.50	6 750	33.75	2 500	4.50	11 250	28.125
直接制造费用	1 500	6.50	9 750	48.75	2 500	6.50	16 250	40.625
合计	—	—	48 500	242.50	—	—	69 500	173.75

说明： 直接人工分配率＝18 000÷（1 500＋2 500）＝4.50（元/工时）

直接制造费用分配率＝26 000÷（1 500＋2 500）＝6.50（元/工时）

表 8-4 间接制造费用分配表

作业中心成本库	分配率	A 产品（200 件）		B 产品（400 件）		合计
		作业次数	作业成本	作业次数	作业成本	
设备调整	1 400	2	2 800	3	4 200	7 000
质量检查	1 000	2	2 000	2	2 000	4 000
材料领用	625	4	2 500	4	2 500	5 000
设备维修	600	5	3 000	5	3 000	6 000
合计	—	13	10 300	14	11 700	22 000

说明： 设备调整分配率＝7 000÷（2＋3）＝1 400（元/次）

质量检查分配率＝4 000÷（2＋2）＝1 000（元/次）

材料领用分配率＝5 000÷（4＋4）＝625（元/次）

设备维修分配率＝6 000÷（5＋5）＝600（元/次）

A 产品单位间接制造费用＝10 300÷200＝51.50（元）

B 产品单位间接制造费用＝11 700÷400＝29.25（元）

表 8-5 产品总成本和单位成本 单位：元

项目	A 产品（200 件）		B 产品（400 件）	
	总成本	单位成本	总成本	单位成本
直接材料	32 000	160.00	42 000	105.00
直接人工	6 750	33.75	11 250	28.125
直接制造费用	9 750	48.75	16 250	40.625
间接制造费用	10 300	51.50	11 700	29.25
合计	58 800	294.00	81 200	203.00

(2) 按照传统成本计算法计算 A、B 产品成本（见表 8-6）。

间接制造费用分配率=22 000÷（1 500+2 500）=5.50（元/工时）

A 产品间接制造费用分配额=1 500×5.50=8 250（元）

B 产品间接制造费用分配额=2 500×5.50=13 750（元）

表 8-6 **产品总成本和单位成本** 单位：元

项目	A 产品（200 件）		B 产品（400 件）	
	总成本	单位成本	总成本	单位成本
直接材料	32 000	160.00	42 000	105.00
直接人工	6 750	33.75	11 250	28.125
直接制造费用	9 750	48.75	16 250	40.625
间接制造费用	8 250	41.25	13 750	34.375
合计	56 750	283.75	83 250	208.125

分配结转制造费用时，借记“生产成本——基本生产成本（某产品）”账户，贷记“制造费用”账户；产品缴库时，借记“库存商品——某产品”账户，贷记“生产成本——基本生产成本（某产品）”账户。

从上述案例可以看出，采用不同的成本分配方法，会得到不同的计算结果。就案例 8-1而言，从成本动因的角度进行分析显得更为合理，反映出了各产品实际耗用资源的情况。

关于“作业成本管理”和“责任成本管理”等内容，本教材不涉及，我们将在《企业财务管理》中系统研究。

二、作业成本法的适用条件

作业成本法可以为管理人员提供比传统成本计算法更为真实的间接成本信息，有利于企业进行正确的生产经营决策。但是并非所有的间接费用都可以用作业成本法进行计算，作业成本法的应用具有一定的条件：

(1) 制造费用在产品成本结构中所占比重很大；

(2) 产品种类较多；

(3) 生产经营的作业环节较多，各种产品需要技术服务的程度相差较大；

(4) 各项生产运行数量相差很大并且生产准备成本较高；

(5) 随着时间的推移，作业变化很大但会计系统的变化相应较小，传统成本管理方法所提供的成本信息的准确性较差；

(6) 会计电算化程度较高。

知识体系总结

作业成本法
- 基本概念：资源、作业、作业链、作业中心、成本动因、成本对象
- 与传统成本计算方法比较
  - 联系：最终结果都是产品成本，是对传统成本计算方法的发展
  - 区别：成本计算对象、成本计算步骤、费用分配标准、提供的成本信息不同
- 成本计算程序
  - 1. 确认各种与间接费用的发生有关的作业活动，并进行恰当分类
  - 2. 追踪资源
  - 3. 选择分配标准
  - 4. 分配作业成本
  - 5. 计算产品成本
- 适用条件
  - 1. 制造费用在产品成本结构中所占比重很大
  - 2. 产品种类较多
  - 3. 生产经营的作业环节较多，各种产品需要技术服务的程度相差较大
  - 4. 各项生产运行数量相差很大并且生产准备成本较高
  - 5. 随着时间的推移，作业变化很大但会计系统的变化相应较小，传统成本管理方法所提供的成本信息的准确性较差
  - 6. 会计电算化程度较高

课后综合实训

Ⅰ成本会计理论实训题

一、单项选择题

1. 作业成本法的成本计算对象是（　　）。

A. 产品　　B. 作业
C. 作业链　　D. 作业成本库

2. 作业成本法把企业看为最终满足顾客需要而设计的一系列（　　）的集合。

A. 契约　　B. 作业
C. 产品　　D. 生产线

3. 在现代制造业中，（　　）所占的比重极大地增加，结构也彻底发生了改变。

A. 直接人工　　B. 直接材料
C. 间接费用　　D. 期间费用

4. （　　）是负责完成某一特定产品制造功能的一系列作业的集合。

A. 作业中心　　B. 制造中心
C. 企业　　D. 车间

5. 作业成本法的成本计算程序，首先要确认作业中心，将（　　）归集到各作业

中心。

A. 期间费用　　B. 直接材料

C. 直接人工　　D. 间接费用

6. 不论是作业成本法还是传统成本计算法，其成本核算的最终结果是（　　）。

A. 直接费用　　B. 间接费用

C. 作业成本　　D. 产品成本

7. 作业成本法的理论核心及主要创新在于对（　　）的确认与应用，这是实施该方法最重要的一步，也是最困难的一步。

A. 作业　　B. 成本动因

C. 作业链　　D. 间接费用

二、多项选择题

1. 作业应具备的特征有（　　）。

A. 作业以人为主体　　B. 作业消耗一定的资源

C. 区分不同作业的标准是作业目的　　D. 作业为工作步骤

2. 作业成本法的特点是（　　）。

A. 以作业成本计算为中心　　B. 按多标准分配成本

C. 设置成本库归集成本　　D. 不需要确定成本计算对象

3. 作业成本法与传统成本计算法的区别主要包括（　　）。

A. 成本核算对象不同　　B. 成本核算步骤不同

C. 费用分配标准不同　　D. 提供的成本信息不同

4. 作业成本法的应用具有一定的条件，包括（　　）。

A. 制造费用在产品成本结构中所占的比重很大，产品种类较多

B. 生产经营的作业环节较多，各种产品需要技术服务的程度相差较大

C. 各项生产运行数量相差很大，并且生产准备成本较高

D. 随着时间的推移，作业变化很大，但会计系统的变化相应较小，传统成本管理方法所提供的成本信息的准确性较差

5. 根据企业业务的层次和范围，可将作业分为（　　）。

A. 单位作业　　B. 批别作业　　C. 产品作业　　D. 分步作业

6. 成本动因可分为（　　）。

A. 交易性成本动因　　B. 延续性成本动因

C. 精确性成本动因　　D. 相关程度成本动因

三、判断题

1. 在作业成本法下，分配间接费用的基础可以是财务方面的指标，也可以是非财务方面的指标。（　　）

2. 作业成本法下的产品成本是完全成本。（　　）

3. 作业成本法下的成本计算对象是产品步骤或订单。（　　）

4. 资源即使被消耗，也不一定都是对形成最终产品产出有意义的消耗。（　　）

5. 成本动因与作业之间并非一对一关系；同一个作业的成本动因往往不止一个，而一个成本动因也可以支持多个作业。（　　）

6. 作业是作业成本管理的核心要素。 （ ）

7. 企业可以利用成本动因的行为导向功能，把员工的行为导向有利于降低成本的方向。 （ ）

8. 作业链与作业中心含义相同。 （ ）

9. 一个成本库是由同质的成本动因组成，它对库内同质费用的耗费水平负有责任。 （ ）

10. 在作业成本法下，制造费用可以同时采用几种不同的标准进行分配。 （ ）

Ⅱ成本会计实务操作

泰瑞有限责任公司 2016 年 12 月投产甲产品 800 件，当月全部完工；投产乙产品1 100 件，本月完工 900 件，月末在产品完工程度为 50%。两种产品在投产时一次性投入全部材料。甲、乙产品本月共耗用直接材料 80 400 元，直接人工 68 000 元，直接制造费用 33 000 元，间接制造费用 21 000 元。其他有关资料见下表。

直接费用表

项目	产品名称	
	甲产品（800 件）	乙产品（1 100 件）
直接材料（元）	32 000	48 400
直接人工（小时）	1 600	3 400

间接费用及作业次数表

作业中心成本库	可追溯生产费用（元）	作业次数		
		甲产品	乙产品	合计
设备调整	9 000	2	3	5
质量检查	4 000	3	1	4
设备维修	8 000	6	4	10
合计	21 000	11	8	19

要求：(1) 根据上述资料，按照作业成本法计算甲、乙完工产品成本，直接填充表格计算即可（见下表）。

(2) 做出分配制造费用和产品缴库的会计分录。

直接费用分配表

2016 年 12 月 31 日　　　　金额单位：元

成本项目	甲产品（800 件）		乙产品（1 100 件）		费用合计	工时合计	分配率
	工时	总成本	工时	总成本			
直接材料	—		—			—	—
直接人工							
直接制造费用							
合计	—		—				

会计主管：　　　　会计：　　　　制表：

间接制造费用分配表

2016 年 12 月 31 日　　　　金额单位：元

作业中心成本库	甲产品（800 件）		乙产品（1 100 件）		分配标准	分配率	可追溯费用
	作业次数	作业成本	作业次数	作业成本			
设备调整							
质量检查							
设备维修							
合计							

会计主管：　　　　会计：　　　　制表：

产品总成本和单位成本

2016 年 12 月 31 日　　　　单位：元

项目	甲产品（完工 800 件）		乙产品（完工 900 件，在产品 200 件）			
	总成本	单位成本	总成本	单位成本	完工总成本	在产品成本
直接材料						
直接人工						
直接制造费用						
间接制造费用						
合计						

会计主管：　　　　会计：　　　　制表：

分配结转制造费用时的会计分录：

完工产品缴库时的会计分录：

*第九章 成本管理

学习目标

理解成本管理的意义和主要内容，初步熟悉成本报表、成本预测、成本决策、成本计划、成本控制、成本分析、成本评价的知识框架；理解成本计划、成本控制、成本分析、成本评价的作用及要求；初步掌握相关指标的计算或分析方法。

学习重点：成本报表、成本计划、成本控制、成本分析、成本评价的作用及要求，相关核心计算分析方法。

学习难点：成本报表、成本计划、成本控制、成本分析、成本评价的方法。

第一节 成本管理的主要内容

成本管理是指企业在生产经营过程中对成本进行规划、核算、分析、控制、考核等一系列科学管理行为的总和。它的目的是充分组织企业全体员工，对增收节支过程的各个环节进行科学合理的管理，力求以最小的经济投入获取最大的经济产出。

一、成本管理的意义

成本管理是企业日常经营管理的一项中心工作，对企业的生存与发展有着特别重要的意义。利润等于收入与成本的差额，所以要增加企业的利润无非走两条路：一条是“增收”，另一条是“节支”，即节约成本。成本管理有以下三方面的意义。

（一）降低成本，提高经济效益

企业通过成本管理，可以在现有生产条件和保证产品质量的前提下降低成本，从而增加企业利润，提高经济效益。这也正是成本管理的魅力。当然，有条件的企业可以采用新设备和新工艺来降低成本。

（二）减少消耗，提高社会效益

成本管理不仅可以降低成本、提高经济效益，而且可以减少物化劳动和活劳动消耗，减少工业排放，从而减少对环境的污染，达到经济效益、环境效益及社会效益全面提高的目标。

（三）拓宽空间，提高竞争优势

价格是由市场主宰的，在激烈的市场竞争环境中，降低成本就意味着企业有更广阔的定价权和生存空间，在市场上有更明显的竞争优势。而且，企业也为社会提供了物美价廉的产品。

二、成本管理的目标

从成本管理活动所涉及的层面来看，成本管理的目标可分为总体目标和具体目标。

（一）总体目标

成本管理的总体目标是企业整体经营管理目标的重要组成部分。在激烈的市场竞争中，企业成本管理的总体目标必须服从企业的整体经营目标。在成本领先战略中，成本管理的总体目标是追求成本水平的绝对降低；在差异化战略中，成本管理的总体目标则是在保证实现产品、服务等方面差异化的前提下，对产品全生命周期成本进行管理，寻求的是成本的相对节约，实现成本的持续降低。

（二）具体目标

成本管理的具体目标是总体目标的进一步细分，主要包括成本计算的目标和成本控制的目标。成本计算的目标是为所有内、外部信息使用者提供成本信息。外部信息使用者关注的信息主要是资产价值和企业的盈亏情况。因此，成本计算的目标之一是确定存货等资产价值和企业盈亏状况，即按照成本会计制度的规定计算成本，满足编制会计报表的需要。内部信息使用者使用成本信息，除了了解资产价值及盈亏情况外，重点用于经营管理。因此，成本计算的目标又包括：通过向管理人员提供成本信息，借以提高人们的成本意识；通过成本差异分析，评价管理人员的业绩，促进管理人员采取改善措施；通过盈亏平衡分析等方法，提供成本管理信息，有效地满足现代经营决策对成本信息的需求。

成本控制的目标是降低成本水平。在成本管理的发展过程中，成本控制目标经历了通过提高工作效率和减少浪费来降低成本，通过提高成本效益比来降低成本和通过保持竞争优势来降低成本等几个阶段。在竞争性经济环境中，成本控制目标因竞争战略的不同而有所差异。实施成本领先战略的企业中，成本控制的目标是在保证一定产品质量和服务的前提下，最大限度地降低企业内部成本，表现为对生产成本和经营费用的控制。实施差异化战略的企业中，成本控制的目标则是在保证企业实现差异化战略的前提下，降低产品全生命周期成本，实现持续性的成本节省，表现为对产品所处生命周期不同阶段发生成本的控制。

三、成本管理的主要内容

（一）成本规划

成本规划是依据成本管理战略制定的，是成本管理的第一步。它从总体上规划成本管理工作，并为具体的成本管理提供战略思路和总体要求。成本规划根据企业的竞争战略和所处的内部环境制定，主要包括确定成本管理重点、规划控制成本的战略途径、提出成本管理计算的精度、确定成本管理评价的目的和标准。成本规划是企业发展的重要影响因素。所以，在进行成本规划时，不仅要洞悉产品质量和成本的关系，深入探讨各种质量特性发生变化对成本的影响，还要对市场（客户）进行详细调研，更加准确地进行市场和成本定位，确立产品的成本管理战略。

在确立成本管理战略后，依据成本管理战略意图制订详尽的成本计划或预算，以指导成本控制工作。成本计划既是成本控制的依据，又是成本考核的依据。

（二）成本核算

成本核算是指对生产费用发生和产品成本形成所进行的核算，是成本管理的基础环节，也是成本控制的信息基础。成本核算的关键是核算方法的选择，企业可以根据核算与管理的实际情况选择，但必须兼顾成本核算与成本管理两个方面。应该注意的是：财务成本和管理成本是两个不同的概念，从时间上看，财务成本是本期成本会计核算的结果，而管理成本既可以是当期财务成本，也可以是以前各期的财务成本；从口径上看，管理成本既可以采用财务成本核算，也可以采用变动成本法、作业成本法等单独核算。

（三）成本控制

成本控制是指企业以成本计划为依据，采取经济、技术、组织等手段降低成本或改进成本的一系列活动，是成本管理的核心。

成本控制的原则有三：第一，全面控制原则，即全部控制、全员控制、全程控制。全部控制是指对全部生产费用进行控制；全员控制是指全体员工都要关注并参与成本控制，无一例外；全程控制是指从产品的设计、制造、销售的整个流程进行控制。第二，经济效益原则，同时讲求成本绝对数和相对数的节约，从而取得最佳的经济效益。第三，例外管理原则，即成本管理要放在不同寻常的事情上，因为实际发生成本往往与计划成本有偏离，所以要把精力放在非正常和例外事项上。

（四）成本分析

成本分析是指利用成本核算，结合成本计划、预算和技术等资料，应用一定的方法对影响成本变动的各种因素进行科学的分析和比较，了解成本变动规律，系统研究成本变动的因素和原因。通过成本分析，可以深入了解成本变动规律，寻找成本降低的途径，为成本规划和成本决策提供依据。成本分析贯穿于成本管理的全过程，主要分析方法有对比分析法、连环替代法、相关分析法。

（五）成本考核

成本考核是定期对成本计划及有关指标实际完成情况进行总结和评价，对成本控制的效果进行评估。其目的在于改变原有的成本控制活动并激励、约束员工和团体的成本行为，使其更好地履行经济责任，提高企业成本管理水平。成本考核的关键是评价指标体系的选择和评价结果与激励机制的衔接。考核指标既可以是财务指标，也可以是非财务指标。

在成本管理的各项活动中，成本分析贯穿于成本管理的全过程，成本规划在战略上对成本核算、成本控制、成本分析和成本考核进行指导，成本规划的变动是企业外部经济环境和企业内部竞争战略变动的结果，而成本核算、成本控制、成本分析、成本考核则通过成本控制信息的流动互相联系。

第二节　成本报表

成本报表是企业进行成本分析的主要形式，也是进行成本管理的重要手段。成本报表属于企业内部报表，国家对其格式及内容没有统一规定，企业可以根据具体情况自行规定和设计。有条件的企业还可利用计算机及智能技术进行数据分析，自动产生各种成本报表。

一、成本报表的作用和种类

（一）成本报表的作用

1. 反映企业报告期内产品成本水平

产品成本是反映企业生产技术经营成果的一项综合性指标，企业在一定时期内的物质消耗、劳动效率、工艺水平、生产经营管理水平，都会直接或间接地在产品成本中综合地体现出来。通过编制成本报表，能够及时地发现企业在生产、技术、质量、管理等方面取得的成绩和存在的问题，不断总结经验，提高企业经济效益。

2. 反映企业成本计划的完成情况

成本报表中所反映的各项产品成本指标，对掌握企业一定时期的成本水平，分析和考核产品成本计划执行情况及加强成本管理具有重要作用。

3. 为制订成本计划提供依据

计划年度的成本计划是在报告年度产品成本实际水平的基础上，结合报告年度成本计划执行情况，考虑计划年度中可能出现的有利因素和不利因素而制订的，所以本期报表所提供的资料，是制订下期成本计划的重要参考依据。各管理部门还可以根据成本报表的资料对未来时期的成本进行预测，为企业制定正确的经营决策提供相关数据。

4. 为企业成本决策提供信息

对成本报表进行分析，可以发现成本管理工作中存在的问题，揭示成本差异对产品成本升降的影响程度，从而把注意力集中放在那些不正常的、对成本有重要影响的关键性差异上，查明原因和责任，以便采取有针对性的措施。另外，还可以发现各种成本因素对成本变动的影响，促使成本水平不断降低，为企业挖掘降低成本的潜力指明方向。

（二）成本报表的种类

成本报表作为企业内部报表，其格式、编报时间、报送对象等都由企业根据自身的特点和企业管理的具体要求而定。不仅企业之间各不相同，就是同一企业在不同时期也可能设置不同的内部成本报表。一般情况下，成本报表具有种类多、编报迅速、涉及面广、与企业生产工艺过程联系紧密等特点。

1. 按报表反映的内容分类

（1）反映成本计划执行情况的报表。这类报表主要有商品产品成本报表、主要产品单位成本报表、制造费用明细表。通过它们可以揭示企业为生产一定产品所付出的成本是否达到了预定的要求。在报表中，可将报告期实际成本水平与计划成本水平、历史成本水平以及同行业成本水平进行比较，以反映成本管理工作的成效，并为深入进行成本分析、挖掘成本降低潜力提供资料。

（2）反映费用支出情况的报表。这类报表主要有财务费用明细表、管理费用明细表、销售费用明细表。通过它们可以了解企业在一定时期内费用支出的总额及构成情况，了解费用支出的合理程度和变动趋势，以便有利于企业管理部门正确制定费用预算，考核各项消耗和支出指标的完成情况，明确各有关部门和人员的经济责任。

（3）反映生产经营情况的报表。这类报表有生产情况表、材料耗用表、材料差异分析表等。这类报表属于专题报表，主要反映生产中影响产品生产成本的某些特定重要问题，一般依据实际需要灵活设置。

2. 按报表编制的时间分类

成本报表在报送内容上虽不像财务报表那样规范，尤其在报送时间上具有很大的灵活性，但主要报表仍可按编报时间分为年报、季报、月报、旬报、周报、日报等。

二、成本报表的编制

（一）成本报表编制概述

1. 成本报表设置的要求

成本报表一般根据企业的生产特点与管理需要自行设置，并可随着情况的变化对报表的种类、格式进行调整。在设置成本报表时应重点考虑以下几个方面：

（1）成本报表的专题性。专题性即指成本报表的设置要反映成本管理的某一方面需要，突出管理中的重点问题，要对成本形成影响大、费用发生集中的部门设置报表，使成本报表的编制取得最好效果。

（2）成本报表指标内容的实用性。成本报表指标的设置以适应企业内部管理的需要为基础。成本报表指标既可按完全成本反映，也可以按变动成本反映，还可以考虑将成本报表指标与生产工艺规程及各项消耗定额对照，以便从最原始的资料入手，分析成本升降的原因，挖掘降低产品成本的潜力。

（3）成本报表格式的针对性。成本报表格式的设计要针对某一具体业务的特点及存在的问题，重点突出，简明扼要。

2. 成本报表编制的要求

为了充分发挥成本报表在企业管理中的积极作用，企业应按照一定的要求正确编制各种成本报表。编制要求是数字准确、内容完整、编报及时。

说明：下述一般成本报表的格式和内容仅作参考，新产品开发成本报表、成本形态分析报表等企业可自行设计。

（二）商品产品成本报表的编制

商品产品成本报表是反映企业在报告期内生产的全部商品产品总成本和单位成本的会计报表。

编制本报表是为了考核企业全部商品产品成本计划的执行情况以及可比产品成本降低任务的完成情况，以便分析成本增减变化的原因，指出进一步降低产品成本的途径。

商品产品成本报表按可比产品和不可比产品分别反映其单位成本和总成本。可比产品是指以前年度或上年度曾经生产过并具有完备成本资料的产品；不可比产品是指以前年度或上年度未正常生产过或生产过但没有完备成本资料的产品。对可比产品而言，因需要同上年度实际成本做比较，所以表中不仅要列示本期的计划成本和实际成本，而且要列示按上年实际平均单位成本计算的总成本。对不可比产品而言，因没有上年的实际单位成本可比，所以只列示计划成本和实际成本。商品产品成本报表的格式可参见表9-1。

为了研究方便，我们设基期实际平均单位成本为 p_0，报告期计划单位成本为 p_n，报告期实际平均单位成本为 p_1；设基期实际产量为 q_0，报告期计划产量为 q_n，报告期实际产量为 q_1。基期一般为上年，计划期一般为今年，报告期一般为今年。又设成本为 W。则 n 种产品的总成本如下：

基期实际总成本 $W_0 = \sum q_0\ p_0$

报告期实际总成本 $W_1 = \sum q_1\ p_1$

计划期计划总成本 $W_n = \sum q_n\ p_n$

与上年单位成本比较成本降低额 $W_{0-1} = \sum q_1\ (p_0 - p_1)$

与上年单位成本比较成本降低率 $W_{0-1}R = W_{0-1} / \sum q_1\ p_0$

与计划单位成本比较成本降低额 $W_{n-1} = \sum q_1\ (p_n - p_1)$

与计划单位成本比较成本降低率 $W_{n-1}R = W_{n-1} / \sum q_1\ p_n$

学法指导：可比产品成本降低额公式与因素分析法中讲述的增长量公式有两点不同：第一，计算降低额时的顺序不同，因素分析法是报告期减基期或减计划（1－0或1－n），而可比产品成本降低额（因对于成本管理比较好的企业，一般来说单位成本逐年降低，为了使成本变动为正数，所以研究时采取了0－1的顺序）是基期减报告期或减计划（0－1，n－1）；第二，计算降低率时分母不同，因素分析法的分母为 $\sum q_0\ p_0$，而可比产品成本降低额的分母是 $\sum q_1\ p_0$ 或 $\sum q_1\ p_n$。

表 9－1　　　　　　　　　　**商品产品成本报表**

编制单位：　　　　　　　　　　2016 年 12 月　　　　　　　　　　金额单位：元

产品名称	计量单位	实际产量（q）		单位成本（p）				本月总成本（$q\times p$）			本年累计总成本（$q\times p$）		
		本月	本年累计 p_1	上年实际平均 q_0	本年计划 q_n	本月实际	本年累计实际平均 q_1	按上年实际平均单位成本计算	按本年计划单位成本计算	本月实际	p_1q_0	p_1q_n	p_1q_1
列次		①	②	③	④	⑤＝⑨/①	⑥＝⑫/②	⑦＝①×③	⑧＝①×④	⑨＝①×⑤	⑩＝②×③	⑪＝②×④	⑫＝②×⑥
甲产品	件	30	500	100	98	97	98.50	3 000	2 940	2 910	50 000	49 000	49 250
乙产品	件	50	800	80	79	78	78.20	4 000	3 950	3 900	64 000	63 200	62 560
可比产品合计								7 000	6 890	6 810	114 000	112 200	111 810
丙产品	台												
不可比产品合计													
产品成本合计													

会计主管：　　　　　　　　　　　　　　　　　　　　　　制表：

成本报表补充资料：

与上年单位成本比较成本降低额＝111 810－114 000＝－2 190（元）

与上年单位成本比较成本降低率＝－2 190÷114 000×100%＝－1.92%

与计划单位成本比较成本降低额＝111 810－112 200＝ －390（元）

与计划单位成本比较成本降低率＝ －390÷112 200×100%＝－0.35%

报表主要栏目说明：

（1）“产品名称”栏，按企业规定的主要商品产品的品种分别列示，每项注明各该品种的名称、规格和计量单位。

（2）“实际产量”栏，数字应根据成本计算单等资料所记录的本月和从年初起到本月末止的各种主要商品产品实际产量填列。

（3）“单位成本”栏，数字应按上年度或以前年度报表资料、本期成本计划资料和本期实际成本资料分别计算填列。

（4）“本月总成本”栏，数字按本月实际产量分别乘以上年实际平均单位成本、本月计划单位成本和本月实际单位成本的积填列。

（5）“本年累计总成本”栏，数字应按自年初到本月末止的本年累计产量分别乘以上年实际平均单位成本、本年计划单位成本和本年累计实际平均单位成本的积填列。

（6）补充资料可根据计划、统计和会计等有关资料计算。其中，可比产品的成本降低额和可比产品的成本降低率前面已经讲述，在此不再赘述。

（三）主要产品单位成本报表的编制

主要产品单位成本报表是反映企业一定时期内主要产品生产成本水平、变动情况及构成情况的成本报表。由于商品产品成本报表中各主要产品的成本只列示总数，无法根据表格分析成本构成情况，因此需要编制主要产品单位成本报表作为商品产品成本报表的补充报表。通过本报表，可以反映出主要产品单位成本的变动，并可分析产品成本变动原因。主要产品单位成本报表的格式见表9-2。

表9-2　　主要产品单位成本报表

编制单位：　　　　年　月　　　　金额单位：元

产品名称	产品规格	计量单位	产量		直接材料					直接人工					制造费用					产品单位成本				
			本月实际	本年累计实际	历史先进水平	上年实际均值	本年计划	本月实际	本年累计均值	历史先进水平	上年实际均值	本年计划	本月实际	本年累计均值	历史先进水平	上年实际均值	本年计划	本月实际	本年累计均值	历史先进水平	上年实际均值	本年计划	本月实际	本年累计均值
①	②	③	④	⑤	⑥	⑦	⑧	⑨	⑩	⑪	⑫	⑬	⑭	⑮	⑯	⑰	⑱	⑲	⑳	㉑	㉒	㉓	㉔	㉕
A																								
B																								
C																								
D																								

会计主管：　　　　制表：

本报表的特点是按产品的成本项目分别反映产品单位成本及各成本项目的历史先进水平、上年实际平均、本年计划、本月实际和本年累计实际平均的成本资料。

编制主要产品单位成本报表是为了考核各种主要产品单位成本计划的执行情况，了解单位成本的构成，分析各个成本项目的变化及其原因，以便寻找差距，挖掘潜力，降低成本。本报表的编制方法如下：

（1）产品的名称、规格、计量单位、产量，根据有关产品成本计算单填列。

（2）各成本项目的历史先进水平的数字，根据企业的历史成本资料填列。

（3）各成本项目的上年实际平均单位成本的数字，根据上年度的成本资料填列。

（4）各成本项目的本年计划单位成本的数字，根据本年计划资料填列。

（5）各成本项目的本期实际单位成本的数字，根据实际成本资料填列。

（6）各成本项目的本年累计实际平均单位成本的数字，根据本年各项目总成本除以累计产量后得到的商数填列。

（四）制造费用明细表的编制

制造费用明细表是反映企业在一定时期内为组织和管理生产所发生费用总额和各明细项目数额的报表。利用该报表可以考核企业制造费用的构成和变动情况。

制造费用明细表中费用明细项目可参照财政部有关制度的规定划分，也可根据企业的具体情况进行增减，但不宜经常变更，以保证各报告期之间相关数据的可比性。

若本年度内对某些明细项目的划分做了修改使得计算结果与上年度不一致，应将上年度有关报表的对应明细项目按照本年度划分标准进行调整，并在表后的附注中以文字说明。

制造费用明细表按照其费用明细项目反映企业在本期内实际发生的各项费用。该表按费用项目分别“上年实际”“本年计划”“本年实际”进行反映。通过本年实际与上年实际比较，可了解制造费用各项目的变动情况，从动态上研究其特征及发展规律；通过本年实际与本年计划比较，可以反映制造费用计划完成情况及节约或超支的原因。制造费用明细表的格式见表 9-3。

表 9-3　　制造费用明细表

编制单位：　　2016 年度　　金额单位：元

项目	行次	上年实际	本年计划	本年实际	超支金额	差异率
工资费用	1	15 500	13 500	19 000	5 500	40.74%
职工福利费	2	2 000	1 890	2 590	700	37.04%
折旧费	3	19 800	20 000	22 500	2 500	12.50%
修理费	4	11 000	12 800	10 850	−1 950	−15.23%
办公费	5	1 400	1 800	1 360	−440	−24.44%
水电费	6	7 000	7 000	7 200	200	2.86%
机物料消耗	7	6 500	6 600	6 360	−240	−3.64%
劳动保护费	8	30 220	30 000	29 800	−200	−0.67%
季节性停工损失	9	—	—	—		
保险费	10	—	—	—		
其他项目	11	—	—	—		
合计		93 420	93 590	99 660	6 070	6.49%

会计主管：　　制表：

表中“本年实际”栏应根据制造费用明细账中有关数字填列；“上年实际”栏应根据上年制造费用明细表的有关数字填列；“本年计划”栏应分别根据本年费用计划资料填列。

（五）其他成本报表的编制

企业除了编制上述各种成本报表外，还要根据企业成本管理的需要编制其他成本报表，这些报表主要包括责任成本报表、生产损失报表等。其他报表视企业的具体需要而编制，因此这些报表具有形式灵活、种类繁多、强调时效性和内容针对性等特点。

1. 责任成本报表

责任成本报表是实行责任成本预算和核算的企业，根据各成本责任中心的可控制成本列示其预算数、预算调整数、实际数、业务量差异和各种差异。责任成本报表内容的详细程度应服从各级成本管理人员的信息需求，越低层次的责任成本报表越概要。责任成本报表的核心是揭示差异，如果预算数小于实际数，称为不利差异，表示可控成本的超支，通常用“＋”表示；如果预算数大于实际数，称为有利差异，表示可控成本的节约，通常用“—”表示。

责任成本报表的一般格式见表 9-4。

表 9-4　　　　　　　　　　　基本生产车间责任成本报表

编制单位：　　　　　　　　　　　2016 年 10 月　　　　　　　　　　　金额单位：元

项目	预算 ①	调整预算 ②	实际 ③	业务量差异 ④=②-①	耗费或效率差异 ⑤=③-②
直接材料	20 000	25 000	22 000	+5 000	
材料耗用量差异					-3 000
直接人工	30 000	28 000	32 000	-2 000	
效率差异					-1 000
工资率差异					+5 000
变动制造费用	36 000	39 600	30 800	+3 600	
效率差异					-3 400
耗用差异					-5 400
变动成本合计	86 000	92 600	84 800	+6 600	-7 800
可控固定成本					
管理人员工资	8 000	8 000	8 500		+500
折旧费用	30 000	30 000	30 000		0
可控固定成本合计	38 000	38 000	38 500		+500
车间可控成本合计	124 000	130 600	123 300	+6 600	-7 300

会计主管：　　　　　　　　　　　　　　　　　　　　　　　　　　制表：

责任成本报表的编制方法：第①栏直接根据各责任中心的责任成本预算填列；第②栏以实际生产量、标准单耗和标准单价二者的乘积填列；第③栏和第⑤栏直接根据各责任中心的成本和有关差异账户的数据填列。

2. 生产损失报表

为了分析各项生产损失产生的原因，企业需要有关部门编制生产损失报表。生产损失报表可直接根据“停工损失”“废品损失”等账户的记录或其他原始凭证填列。生产损失报表的一般格式见表 9-5。

表 9-5　　　　　　　　　　　三车间生产损失报表

编制单位：　　　　　　　　　　　2016 年 10 月　　　　　　　　　　　金额单位：元

<table>
<tr><td rowspan="3">项目</td><td rowspan="3">原因</td><td rowspan="3">数量</td><td rowspan="3">工时</td><td colspan="6">报废净损失</td><td colspan="4">修复费用</td><td rowspan="3">备注</td></tr>
<tr><td colspan="4">生产成本</td><td rowspan="2">回收残值</td><td rowspan="2">净损失</td><td rowspan="2">直接材料</td><td rowspan="2">直接人工</td><td rowspan="2">制造费用</td><td rowspan="2">合计</td></tr>
<tr><td>直接材料</td><td>直接人工</td><td>制造费用</td><td>合计</td></tr>
<tr><td rowspan="3">废品损失</td><td>可修复</td><td></td><td></td><td></td><td></td><td></td><td></td><td></td><td></td><td></td><td></td><td></td><td></td><td></td></tr>
<tr><td>不可修复</td><td></td><td></td><td></td><td></td><td></td><td></td><td></td><td></td><td></td><td></td><td></td><td></td><td></td></tr>
<tr><td>合计</td><td></td><td></td><td></td><td></td><td></td><td></td><td></td><td></td><td></td><td></td><td></td><td></td><td></td></tr>
<tr><td rowspan="2">停工损失</td><td colspan="3">工资福利费</td><td colspan="3">办公费</td><td colspan="3">折旧费</td><td colspan="3">其他</td><td colspan="2">合计</td></tr>
<tr><td></td><td></td><td></td><td></td><td></td><td></td><td></td><td></td><td></td><td></td><td></td><td></td><td></td><td></td></tr>
</table>

会计主管：　　　　　　　　　　　　　　　　　　　　　　　　　　制表：

成本报表是通过表格的形式对企业发生的成本费用进行归纳和总结，为企业的内部管理提供所需的会计信息。通过成本报表，为企业制订成本计划提供依据，反映成本计划的完成情况，为企业降低成本指出方向。

为了充分发挥成本报表在企业管理中的积极作用，编制成本报表时应做到数字准确、内容完整、编报及时。同时在报表格式的设置和明细项目的设置方面，应将会计制度的要求与企业的实际需要相结合，充分考虑成本报表的专题性、指标的实用性和报表格式的针对性。

综上，为了揭示企业为生产一定产品所付出成本是否达到预定的要求，通常需要编制商品产品成本报表、主要产品单位成本报表和制造费用明细表等。这些报表的编制依据是企业成本发生的实际资料和成本的计划资料，通过对比揭示成本水平和成本差异，对企业的经济管理发挥作用。

第三节　成本规划

成本规划是成本管理的宏观设计和战略布局。成本预测、成本决策、成本计划是在成本规划指导下的事前实施。

一、成本规划

成本规划可以分为三种情况：第一，成本管理挖潜；第二，设备更新改造或工艺创新；第三，新产品成本定位。

（一）成本管理挖潜

成本管理挖潜是指在不改变现有设备及工艺的前提下，采取恰当的成本管理措施持续降低成本。其措施主要有：第一，通过降低单位产品材料消耗，降低单位产品直接材料成本；第二，通过提高劳动生产率，降低单位产品直接人工成本；第三，通过节约间接费用，降低单位产品制造费用。另外，可通过增加销售数量降低单位产品负担的固定成本。对于成本管理挖潜的成本规划，可以参照历史资料进行。

（二）设备改造更新或工艺创新

1. 设备更新改造

通过设备更新改造，使其标准化、自动化、智能化，企业可以获得三方面的利益：第一，提高劳动生产率，从而降低单位产品的直接人工成本，同时间接降低单位产品制造费用；第二，提高优等品率，从而提高销售价格，增加企业利润；第三，降低废品率或节约材料，从而降低单位产品直接材料成本。

2. 工艺创新

工艺创新往往与设备更新改造相伴，与设备更新改造有异曲同工之妙。需要说明的是，工艺创新一般伴随着设备更新改造，但设备更新改造不一定是工艺创新。还有少量的工艺创新根本不需要设备更新改造，例如创造新配方、改变流程组合等。

设备更新改造与工艺创新，最终要么是降低单位成本，要么是提高产品的质量，在产品成本规划时要予以充分体现。

（三）新产品成本定位

企业在设计生产新产品前，首先要对新产品进行广泛的市场调查，搞清市场消费需求，选定特定消费群体（终端客户），摸清需要总量，然后根据企业的资金实力和生产能力确定市场定位。市场定位一般分为高端产品、中端产品、低端产品（大众产品）。以汽车制造为例，法拉利、保时捷等品牌的汽车属于高端产品，宝马汽车属于中端产品，福克斯、POLO等品牌的汽车属于低端产品。各个汽车制造商为了更好地满足客户差异化需求，将每一款汽车又细分为标配、中配和低配。最后根据产品市场定位设计产品，并将生产成本圈定在预期的成本范围内。

二、成本预测

成本预测是企业对未来生产产品的单位成本或总成本的预计，为成本决策准备“备选”数据。

（一）成本预测的方法

成本预测的方法一般分为定性预测方法和定量预测方法两大类。

1. 定性预测方法

定性预测方法，是指成本预测人员根据专业知识和实践经验，对产品成本的形成、发展趋势、可能达到的水平所做的分析和推断。也就是说，由熟悉情况和业务的专家根据过去的经验进行分析、判断，提出预测意见，或者通过实地调查的形式来了解成本耗费的实际情况，然后通过一定形式（如座谈会、函询、调查征集意见等）进行综合，作为预测未来的主要依据。这种方法主要是在没有历史资料（如新产品成本）或主客观条件有了很大的改变并且不可能根据历史资料来判断的情况下应用。

2. 定量预测方法

定量预测方法主要是利用历史成本以及成本与影响因素之间的数量关系，运用一定的数学方法进行科学的加工处理，借以充分揭示有关变量之间规律性的联系，以此作为预测的依据。

常用的成本定量预测方法有以下三种类型：

（1）因果关系模型。这种模型是利用数学方法描述预测目标与影响因素之间的函数关系，也就是建立成本 y 与影响因素 x 之间的某种函数关系，即 $y=f(x)$。根据收集的统计资料，对函数 $y=f(x)$ 中的参数进行估计和检验，从而得到与统计资料发展趋势大体相符的成本预测模型。常用的模型为一元线性回归分析模型、多元线性回归分析模型、非线性回归分析模型等。

（2）时间关系模型。这种模型是利用数学方法描述预测目标与时间过程之间的演变关系，也就是建立成本 y 与时间变量 t 之间的某种函数关系 $y=f(t)$，通过趋势的外推预测成本。常用的时间关系模型有移动平均模型、趋势外推模型及回归模型。

(3) 结构关系模型。这种模型是通过因素之间相互依存的结构比例变化，预测成本的数值。常用的模型是高低点法分析模型。

定性预测方法与定量预测方法可以相互补充，结合使用。因为任何数学方法的应用都是以过去的资料为基础来预测未来的，因此，还要对对预测期有较大影响的因素的变化进行修正。

上述方法只适用于企业已经生产过的产品成本预测。

（二）成本预测方法的应用

1. 高低点法

高低点法是指以历史成本资料中产量最高和最低两个时期的成本数据为依据，借以推算成本的固定部分和变动部分，用来预测计划期内产量变化条件下的总成本水平。其数学模型为：

$$y = a + bx$$

$$b = \frac{y_{高} - y_{低}}{x_{高} - x_{低}}$$

设：x 为产品产量；a 为固定成本总额；b 为单位变动成本；$y_{高}$ 为高点产量的成本；$y_{低}$ 为低点产量的成本；$x_{高}$ 为高点产量；$x_{低}$ 为低点产量。

案例 9-1：汇丰公司只产销甲产品，该公司 2016 年上半年的产量与成本的有关资料如表 9-6 所示，公司该年 7 月计划甲产品的产销量为 850 件。试利用高低点法预测该年 7 月的甲产品总成本。

表 9-6　　产量与成本

编制单位：汇丰公司　　2016 年 6 月

月份	产量（件）	总成本（元）
1	400	15 000
2	500	20 000
3	900	26 500
4	650	23 000
5	750	24 000
6	800	25 000

解：

$$单位变动成本\,(b) = \frac{26\,500 - 15\,000}{900 - 400} = 23(元)$$

$$固定成本\,(a) = 26\,500 - 23 \times 900 = 5\,800(元)$$

或

$$固定成本\,(a) = 15\,000 - 23 \times 400 = 5\,800(元)$$

$$该年\,7\,月的总成本\,(y) = a + bx = 5\,800 + 23 \times 850 = 25\,350(元)$$

采用高低点法的前提是企业产品成本的变动趋势较为稳定。如果企业各期成本变动幅度较大，采用此法可能会造成较大的误差。

2. 回归分析法（或称回归直线法）

回归分析法是研究变量之间相互关系的一种数理统计方法。它先从变量资料中找出变量之间的内在联系，加以模型化，形成经验公式，即回归方程。然后运用这个方程，根据自变量的变化来预测变量的数值。

回归分析法按照回归方程所含变量的多少，可分为一元回归分析、两元回归分析和多元回归分析；按照回归直线的性质，可分为线性回归分析和非线性回归分析。在经济预测中，常用的是一元线性回归分析，即处理一个自变量 x 和一个因变量 y 之间线性关系的方法。其数学模型为：

$$y=a+bx$$

其中，y 为因变量；x 为自变量；b 为常数（回归直线的斜率）。

在实际工作中，以成本总额为因变量 y，以业务量为自变量 x，并假定成本变化趋势可以近似的用一条直线 $y=a+bx$ 来描述，从数学角度看，全部观测数据点与该直线的误差平方和最小的直线为最合理的成本直线。数学上把误差平方和最小的直线称为回归直线。

直线方程 $y=a+bx$ 中的两个常数 a、b 可以用下列公式计算：

$$a=\frac{\sum y-b\sum x}{n}$$

$$b=\frac{n\sum xy-\sum x\sum y}{n\sum x^2-(\sum x)^2}$$

案例 9－2：光明机械厂是一家小型机器生产厂，该厂产销一种饲料加工机器，2016 年 1—5 月该产品的产量和成本资料如表 9－7 所示，该厂 6 月计划生产的产品产量为 40 台，试利用回归分析法预测 6 月该产品的总成本和单位成本。

表 9－7　　　　产量与成本

编制单位：光明机械厂　　　　2016 年 5 月

月份	产量/台	总成本/元
1	10	6 000
2	40	12 000
3	30	13 500
4	20	11 000
5	50	20 000

解：根据上述资料，按照公式计算的过程如表 9－8 所示。

将表中的有关数据代入回归分析法计算公式，分别计算 b 和 a 的值：

$b=(n\sum xy-\sum x\sum y)\div[n\sum x^2-(\sum x)^2]=290$（元）

$a=(\sum y-b\sum x)\div n=3\ 800$（元）

该厂 6 月生产该产品的总成本（y）$=a+bx=3\ 800+290\times 40=15\ 400$（元）

该厂 6 月生产该产品的单位成本 $=\frac{15\ 400}{40}=385$（元/台）

表 9－8　　回归分析法下的计算表

编制单位：光明机械厂　　2016 年 6 月

月份	产量/台 x	总成本 y	xy	x^2
1	10	6 000	60 000	100
2	40	12 000	480 000	1 600
3	30	13 500	405 000	900
4	20	11 000	220 000	400
5	50	20 000	1 000 000	2 500
$n=5$	$\sum x=150$	$\sum y=62\ 500$	$\sum xy=2\ 165\ 000$	$\sum x^2=5\ 500$

3. 趋势预测分析法

趋势预测分析法是根据积累的历史资料，分析有关指标过去的发展过程及规律性，并且估计这种规律性在将来仍然起作用，据此预测有关指标在将来一定时期的数值。趋势预测分析法主要有加权平均法、指数平滑法和移动平均趋势法。

(1) 加权平均法。当企业具备比较详细的成本资料，并且已经详知固定成本总额和单位变动成本资料时，可利用加权平均法来预测企业未来时期的产品总成本。其计算公式为：

$$y=\frac{\sum af}{\sum f}+\frac{\sum bf}{\sum f}$$

其中，y 为未来总成本；a 为固定成本总额；b 为单位变动成本；f 代表权数；x 代表产量。

(2) 指数平滑法。指数平滑法是根据本期实际数和以前本期的预测数来确定下期预测数的一种方法，它是以过去的发展规律来反映未来变化趋势。其计算公式为：

$$F_t = F_{t-1} + a(A_{t-1} - F_{t-1}) = aA_{t-1} + (1-a)\ F_{t-1}$$

其中，F_t 为下期成本预测值；F_{t-1} 为本期成本预测值；a 为加权因子或平滑系数，取值范围为 $0 < a < 1$；A_{t-1} 为本期实际成本值。

从上述的计算公式中可以看出，F_t 表示第 t 期的指数平滑值，a 为平滑系数。同理：

$$F_{t-1} = aA_{t-2} + (1-a)\ F_{t-2}$$

所以：

$$\begin{aligned} F_t &= aA_{t-1} + (1-a)\ F_{t-1} \\ &= aA_{t-1} + (1-a)[aA_{t-2} + (1-a)\ F_{t-2}] \\ &= aA_{t-1} + a(1-a)\ A_{t-2} + (1-a)^2\ F_{t-2} \\ &= aA_{t-1} + a(1-a)\ A_{t-2} + a\ (1-a)^2\ A_{t-3} + a\ (1-a)^3\ A_{t-4} + \cdots + (1-a)^t\ F_0 \end{aligned}$$

各项系数之和：

$$a + a(1-a) + \cdots + a\ (1-a)^{t-1} + (1-a)^t = 1$$

上式说明，各期数据离本期实际成本值越远，它的系数就越小，因而，它对预测值的影响也越小，说明在指数平滑法这种预测方法中近期数据影响较远期数据影响大，这正是指数平滑法的意义所在。

加权因子 a 的取值范围一般要根据经验确定，通常采用较小的平滑系数，可反映出预测值变动的长期趋势；而采用较大的平滑系数，则能反映近期预测值的变化趋势。$a=1$，说明下期成本预测值与本期实际成本相等；$a=0$，说明下期成本预测值等于本期成本预测值。例如，某企业在2016年4月的实际成本为500万元，3月时对4月预测的成本值为480万元，假定$a=0.3$，则该年5月的成本预测值为：

$$F_5 = 0.3\times 500 + (1-0.3)\times 480 = 486(\text{万元})$$

这种方法的主要优点是：连续预测时，只需储存最低限度的数据，只要有了本期的实际数据及预测值就可以推算出下期的预测值。

(3) 移动平均趋势法。移动平均趋势法就是将过去的历史资料移动平均，并且假定预测期的有关指标与它相连续时期的数值最为接近，以此为基础，运用一定的数学方法来预测未来时期成本值及其变化趋势。

案例9-3：天利工厂2016年全年的成本资料如表9-9所示，要求按移动平均趋势法预测该厂2017年1月的成本。

表9-9 **天利工厂成本资料**

编制单位：天利工厂 2016年12月 金额单位：万元

月份	总成本	5期移动平均	变化趋势	3期变化趋势移动平均值
1	100	—	—	—
2	110	—	—	—
3	130	126	—	—
4	150	130	4	—
5	140	140	10	7.33
6	120	148	8	8.67
7	160	156	8	10.67
8	170	172	16	13.33
9	190	188	16	17.33
10	220	208	20	—
11	200	—	—	—
12	260	—	—	—

解：表9-9中数据的计算方法是：

首先，按连续5个月的成本计算出5期成本的平均值，如：3月的5期成本平均值等于1、2、3、4、5月成本之和除以5，即（100＋110＋130＋150＋140）÷5＝126（万元），其余依此类推计算。

其次，计算出相邻两期平均值的变化趋势，如：4月所对应的变化趋势值为4月的5期平均值减去3月的5期平均值，即130－126＝4（万元），其余依此类推计算。

最后，求出连续3期变化趋势值，如：5月所对应的3期变化趋势值为4、5、6月所对应的变化趋势值之平均值，即（4＋10＋8）÷3＝7.33（万元），其余计算同理。

在完成上述计算后，就可预测2017年1月的成本。我们可以看到，离2017年1月最近的3期变化趋势移动平均值为14.33万元，在2016年9月，期间相隔4个月，故该厂2017年1月的成本预测值为：

$$188 + 17.33\times 4 = 257.32(\text{万元})$$

三、成本决策

成本决策是企业把成本预测的几个方案进行对比选优的过程，是制订成本计划的依据。

（一）成本决策中的成本概念

1. 付现成本与沉没成本

付现成本是指那些由于某些未来决策所引起的，将来需要运用现金支付的费用支出。当企业在经营决策中碰到本身的货币资金比较拮据而筹措资金又有困难的情况时，对付现成本的考虑往往比对总成本的考虑更为重视，并会选择付现成本最小的方案来代替总成本最低的方案。例如，宏达公司计划生产甲产品，需要购进电解铜 20 吨，但在计划期间该公司的货币资金十分缺乏，并预计在短期内无应收款可以收回，而银行贷款利率高达 15％以上，在这种情况下，有两种采购方案供选择：

第一方案：甲公司可提供全部电解铜，开价每吨 3 200 元，共计 64 000 元，但货款必须立即全部付现。

第二方案：乙公司可提供全部电解铜，开价每吨 3 500 元，共计 70 000 元，只需先付现 4 000 元即可取得全部材料，其余货款分 12 个月偿清，每月付 5 500 元。

根据上述情况，宏达公司的管理当局决定选择第二方案是比较合理的。因为该方案所需支付的总成本虽较第一方案要多 6 000（70 000－64 000）元，但近期的付现成本比第一方案要低。这样，第二方案多支付的总成本可以从利用电解铜及早投入生产所取得的销售收入中得到补偿。

沉没成本是指那些由于过去的决策所引起并已经支付过款项的成本。它实质上与“历史成本”是同义语。这类成本是无法由现在或将来的任何决策所能变更的成本，因此在决策时不需要考虑。例如，某公司 7 年前购置一台机床，原价为 60 000 元，历年的累计折旧为39 200 元。现由于科学技术的进步，这台机床已经完全过时，需要处理。在这种情况下，该机床的账面折余价值 20 800 元属于沉没成本。

2. 差量成本与边际成本

差量成本是指一个备选方案的预期成本与另一个备选方案的预期成本之间的差额，也称为差别成本或差额成本。不同方案的经济效益一般可通过差量成本的计算明显地反映出来，因此，计算不同方案的差量成本有助于我们进行决策分析，确定最优方案。例如，某公司的甲零件若自制，其预期的单位成本（包括直接材料、直接人工和制造费用）为 48 元；若从市场采购，预期单位购价为 52 元。那么自制方案较外购方案优越，因为它有差量成本 4 元。

边际成本是指成本对应于产量无限小变化的部分。在实际活动中，产量无限小变化，最小只能小到一个单位。边际成本的实际计量，就是产量每增加一个单位所引起的成本变动。在决策分析中，边际成本可用来判断增减产量在经济上是否合算，当企业的生产能力有富余时，销售单价只要略高于单位边际成本，增加产量就能增加企业的利润。

3. **机会成本与估算成本**

机会成本是指在决策中，选择某个方案而放弃其他方案所丧失的潜在利益。由于每项资产往往会有多种使用的机会，用在某一方面，就不能同时用在另一方面，在某一方面所得，正是因为放弃另一方面的机会而产生的。因此，在决策中，必须把已放弃的方案可能获得的潜在收益作为被选用方案的机会成本，这样才能正确判断备选方案是否真正最优。尽管机会成本不构成企业的实际支出，也无须记入账簿中，但它终究是正确进行决策分析必须认真加以考虑的现实因素。忽视了机会成本，往往造成决策的失误。

估算成本是指与某项经济活动有关联，需要通过估计和推算才能确定的机会成本，也称为假计成本。由于一般的机会成本比较容易计量，一眼可以看出，而估算成本则需要进行比较复杂的估计、推算，故属于机会成本的特殊形态。例如，企业用货币资金购进商品，它的成本通常只包括购价、运输费用、仓储费等，但货币资金若投放到其他方面，则可产生利息，因此，不论企业的资金是自有的还是外借的，都应把利息视同机会成本进行估算。

4. **专属成本与共同成本**

专属成本是指可以明确归属于某种、某批产品或某个部门的成本。如专门为生产某种零件、某批产品而专用的机床的折旧费用、保险费等。

共同成本是指那些需要由几种、几批产品或有关部门共同分担的成本。如企业人员工资、车间的照明费用以及需要由各联产品共同负担的联合成本等都属于共同成本。

5. **可避免成本与不可避免成本**

可避免成本是指通过管理当局的决策行动可改变其数额的成本。例如，某企业需要的A零件可自制也可外购，自制时需要发生直接材料、直接人工和制造费用，而外购时需要发生外购成本。当管理当局决定放弃自制而外购时，那么自制的直接材料、直接人工等成本就不会发生，因而属于可避免成本。

不可避免成本是指通过管理当局的行动很难改变其数额的成本。例如，企业有一项固定资产，既可用于生产A产品，也可用于生产B产品，对于管理当局来说，如果不用该固定资产生产A产品或B产品，所用固定资产的折旧费仍是不可避免发生的。

6. **相关成本与非相关成本**

相关成本是指与决策有关联的成本，也就是在决策分析时必须认真加以考虑的各种形式的未来成本。如差量成本、机会成本、估算成本、可避免成本等。

非相关成本是指过去已经发生或虽未发生但对未来决策没有影响的成本，也就是在决策分析时可予以舍弃、无须加以考虑的成本，如不可避免成本、沉没成本等。

（二）成本决策程序

成本决策是在取得大量有关信息资料的基础上，借助一定的手段、方法进行计算和判断，比较各种可行方案的不同成本，从中选定一个技术先进、经济合理的最佳方案的过程。成本决策的程序可分为下述几步。

1. **提出决策的目标**

成本预测是对成本发展趋势的预见，回答未来成本发展趋势可能是什么情况的问题。成本决策是对成本管理方案的选择，回答“怎么办”的问题。这当中首先要明确这个问题该"怎么办"，即必须明确为什么进行决策和达到什么目标。

2. 提出决策的备选方案

通过收集大量与问题（或目标）有关的技术、经济资料，采用科学的方法制定可供选择的多种方案。

3. 进行决策分析和评价

对备选方案进行分析和研究，从技术和经济两方面论证备选方案所能达到的成本水平和经济效益，为决策的实施提供依据。

4. 进行成本决策

成本决策是在备选方案中选出最优方案，做出最优化的决策，以便按照最优方案实施生产和经营。

（三）成本决策方法及其运用

1. 差量成本法

在成本会计中，不同备选方案的成本优劣，通常能够通过其差量成本比较出来，从而可以确定最优的成本方案。

案例 9-4： 某产品由甲、乙、丙三个部件组装而成，装配费用为 5 000 元，这三种部件均可选用自制、外购、委托加工等方式。有关资料如下：如果自制，总成本为 30 000 元，其中甲部件为 12 000 元，乙部件为 9 750 元，丙部件为 8 250 元；如果外购，总成本为28 500 元，其中甲部件为 12 750 元，乙部件为 9 750 元，丙部件为 6 000 元；如果委托加工，总成本为 31 500 元，其中甲部件为 13 500 元，乙部件为 9 300 元，丙部件为 8 700 元。试根据上述资料做出成本决策。

解： 根据以上资料进行差量分析，见表 9-10。

表 9-10　　**差量分析表**

编制单位：　　单位：元

部件名称	备选方案成本			决策	
	自制	外购	委托加工	最优方案	成本
甲部件	12 000	12 750	13 500	自制	12 000
乙部件	9 750	9 750	9 300	委托加工	9 300
丙部件	8 250	6 000	8 700	外购	6 000
合计	30 000	28 500	31 500		27 300

最优方案部件成本＝12 000＋9 300＋6 000＝27 300（元）

产品决策成本＝最优方案部件成本＋装配成本＝27 300＋5 000＝32 300（元）

由表 9-10 可知，该产品三种部件应分别采用自制（甲部件）、委托加工（乙部件）、外购（丙部件）为宜，然后加上装配成本即该产品最优方案的决策成本。运用这种成本决策方法，必须具备明确、肯定的成本决策条件。

2. 决策表法

决策表法就是将各种自然状态下所分别采取的不同方案以表格的形式列示，然后从中选取最优成本方案的决策方法。常用的有大中取小法。

大中取小法是根据支出情况进行决策的，即在计算各种方案支出的基础上，根据稳健性原则，确定每个行动方案的支出时以各种方案的最大支出为选择对象，从最大支出中选取最小者作为行动方案的成本决策方法。

案例 9－5：2016 年 6 月，某企业在火车站储存石灰 1 000 包，每包 30 元，共计 30 000 元，存放 30 天后运走。如果露天存放，则遇到下小雨的损失为 70%，下大雨的损失为 90%；如果租赁篷布，每天租金为 250 元，则遇到下小雨损失 10%，下大雨损失 30%；若用临时敞篷，需投资 15 000 元，下小雨不受损失，下大雨损失 10%。当地 30 天内天气情况不明，试问企业应当如何决策。

解：在分析计算支出（损失）值时，要考虑两个方面的问题：一是该备选方案的支出；二是该备选方案可能带来的损失。据此编制的决策表见表 9－11。

表 9－11 **决策表**

编制单位： 2016 年 6 月 单位：元

备选方案	支出价值			最大支出（损失）
	不下雨	下小雨	下大雨	
露天存放	—	21 000	27 000	27 000
租用篷布	7 500	10 500	16 500	16 500
建造敞篷	15 000	15 000	18 000	18 000
最大支出中最小值				16 500
最优方案				租用篷布

运用决策表法是在未来自然状态的概率都未知的情况下进行的，所以要特别慎重。

采用决策表法，是以“最不利”的情况作为必然出现的自然情况来对待的；在具体决策上，却是从“最不利”的情况中选取支出（损失）最小的“最有利”的方案。所以，决策表法是一种稳健的成本决策方法。

3. **最优生产批量的成本决策**

在成批生产的企业里，经常会遇到究竟每批生产多少数量、全年分几批生产最为经济的问题，对这类问题进行分析决策，主要应考虑两个成本因素，即调整准备成本和储存成本。至于制造费用、直接材料、直接人工成本，则与此决策无关，无须在决策时加以考虑。

调整准备成本是指在每批产品投产前，因进行一些调整准备工作（如调整机器、清理现场、准备工卡模具、布置生产线、下达派工单、领取原材料等）而发生的成本。这种成本与每批数量的多少没有直接的联系，但与生产批数成正比，具有固定成本的性质。

储存成本是指单位产品（或零部件）在储存过程中所发生的费用（如仓储费、搬运费、保险费、占用资金的利息费、仓库房屋的折旧费、通风费用等）。

成批生产的全年产量一般是固定的，每批产量越大，全年生产的批数就越少；反之，批量越小，全年的批数就越多。而与最优生产批量有关的成本就是每批投产前的调整准备成本和随存量变动而变动的平均储存成本。这两类成本是相互矛盾的，因为调整准备成本与批量无关，但与批数成正比，若要降低全年的调整准备成本，则应减少批数，增大批量，从而提高了全年的平均储存成本。

最优生产批量的决策就是要确定一个适当的生产批量，使全年的调整准备成本与全年平均储存成本之和最低。因此，最优生产批量也可称为经济生产批量。

最优生产批量的公式为：

$$Q^2=\frac{2AS}{C\times\left(1-\frac{d}{p}\right)}$$

式中，Q 为每批产量；A 为全年总产量；p 为生产周期内每日产量；d 为每日领用量；S 为每批投产的调整准备成本；C 为单位产品全年平均储存成本。

案例 9-6：某机械厂全年需用甲零件 36 000 个，专门生产甲零件的设备每天能生产 150 个，每天一般领用 120 个。每批调整准备成本为 200 元，单位零件全年的平均储存成本为 1 元。要求：计算最优生产批量。

解：将本例有关的数据代入计算公式，得：

$$Q^2=\frac{2\times 36\ 000\times 200}{1\times\left(1-\frac{120}{150}\right)}$$

$$Q=8\ 485.28$$

4. 零部件是自制还是外购的成本决策

企业在生产经营活动中经常遇到零部件是自制还是外购的成本决策问题。由于自制或外购决策所依据的情况各异，决策所用的分析方法也不尽相同，现就外购不减少固定成本、自制增加固定成本和外购时有租金收入三种情况，通过实例来研究成本决策。

(1) 外购不减少固定成本。

案例 9-7：某公司每年需用某种铸件 4 000 吨，自制时每吨成本为 800 元，其中单位变动成本为 600 元，单位固定成本为 200 元；而外购时每吨价格为 700 元，该公司某设备若不用于自制该铸件，也别无他用。要求：做出该铸件是自制还是外购的成本决策。

解：因为单位变动成本为 600 元，小于 700 元，所以自制材料比较有利。如果改为外购，原来这部分铸件负担的固定成本照样发生，每年将使公司损失掉 400 000 ［（700－600）×4 000］元。

(2) 自制增加固定成本。

案例 9-8：某公司需用某种零件 400 个，一直依靠外购，购买价格为每个 10 元。现公司可利用不能移作他用的剩余生产能力生产这种零件，每年将增加固定成本 600 元。自制的单位变动成本为 7 元。要求：做出是自制还是外购的成本决策。

解：设 x 为年零件需要量，则：

外购成本＝$10x$

自制成本＝$600+7x$

计算两种成本相等时的年需要量，亦即成本分界点：

$$10x=600+7x$$

解得：

$$x=200\text{（个）}$$

本例的成本决策过程可用图形表示，见图 9-1。

所以，零件需要量在 200 个以内时，应该外购；需要量超过 200 个，应该自制。本例中的需要量为 400 个，所以应该自制。

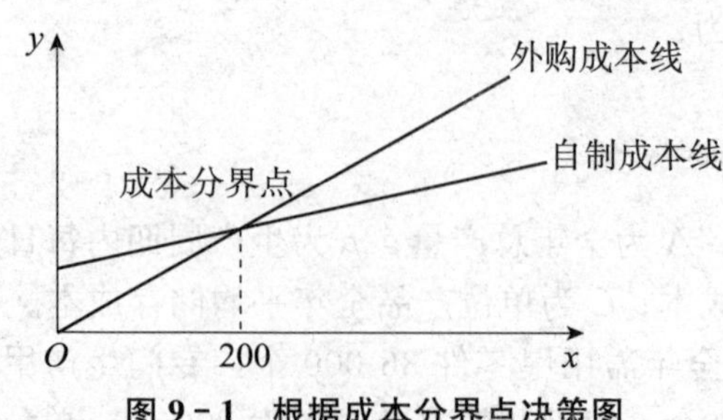

图 9－1　根据成本分界点决策图

（3）外购时有租金收入。

案例 9－9：2016 年 6 月，某公司需用某种零件 1 000 只，自制单位变动成本为 4 元，外购价格为 6 元，外购时出租设备的租金收入为 2 500 元。要求：做出是自制还是外购的成本决策。

解：根据上述资料，编制差量分析表，见表 9－12。

表 9－12　　差量分析表

编制单位：　　2016 年 6 月　　单位：元

项目	自制成本	外购成本
外购成本		6 000
自制变动成本	4 000	
机会成本（外购租金收入）	2 500	
合计	6 500	6 000
差量成本	500	

由表 9－12 不难看出，该项成本决策为外购。

5. 半成品是进一步加工还是直接出售的成本决策

在某些企业里，经常面临是出售已经部分完成的半成品，还是进一步加工后再出售完工产品的选择问题，这类问题的决策，可采用差量成本法。但应注意的是，半成品在进一步加工前所发生的成本，不论是变动成本还是固定成本，在决策分析中均属于无关成本，不必加以考虑。问题的关键在于分析研究半成品进一步加工后所增加的收入是否超过所增加的成本。如果前者大于后者，则以进一步加工的方案为优；反之，则以出售半成品的方案为优。

案例 9－10：某公司每年生产甲产品 2 000 件，每件单位变动成本为 4 元，售价为 6 元。如果把甲产品进一步加工为乙产品，售价可提高到 10 元，但需要增加单位变动成本 3 元，不需要增加任何固定成本。要求：做出是直接出售还是进一步加工的成本决策。

解：采用差量成本法进行分析，计算如下：

差量收入＝（10－6）×2 000＝8 000（元）

差量成本＝3×2 000＝6 000（元）

由于 8 000－6 000＞0，说明进一步加工是合算的。

6. 不同工艺进行加工的成本决策

企业的同一种产品或零件，按不同的工艺方案进行加工生产，其成本往往相差较大。采用先进的工艺方案，产量与质量当然会大大提高，但需要使用高级的专用设备，单位变动成本较低，而固定成本较高。采用一般的工艺方案，往往只需用普通的简易设备，单位变动成本可能较高，但固定成本较低。由此可见，不同工艺方案的选择必须与产品加工的批量和大小联系起来进行分析研究，只有这样，才能做出比较正确的决策。

案例 9－11：某企业决定生产甲产品，现将该产品的加工任务交给某生产部门。经调查，该部门有 A、B、C 三种型号的生产设备都可加工甲产品，有关资料见表 9－13。要求：做出某产品应由哪种型号的设备进行加工的成本决策。

表 9－13　　**产品有关资料**　　单位：元

摘要	每次调整准备费	每件产品加工费
A 型机床	50	2
B 型机床	100	1.2
C 型机床	300	0.4

解：假设采用 A、B、C 型机床加工的成本分别为 y_A, y_B, y_C，又设甲产品的每批需要量为 x。则：

$$y_A = 50 + 2x$$

解该方程，得：x=62.5（件）或 156.25（件）或 250（件）。

以上计算结果表明：甲产品的加工批量若在 62.5 件以下，用 A 型机床设备较为有利；加工批量若在 62.5 件以上、250 件以下，则用 B 型机床加工较为有利；加工批量若在 250 件以上，则用 C 型机床加工较为有利。

7. 产品组合成本决策

如何将有限的生产资源充分加以利用，并在各种产品之间进行有利分配，是企业决策的一项重要内容。企业在生产中经常会遇到设备能力、原材料来源、动力供应、熟练劳动力等方面的限制，最优的产品组合就成为需要研究的主要课题。

案例 9－12：某厂生产甲、乙两种产品各一批，产量分别为 150 件和 200 件，所用原材料 A、B 为两种规格的金属板。A 金属板每张 27 元，可裁制甲产品 2 件和乙产品 4 件；B 金属板每张 45 元，可裁制甲、乙产品各 5 件。根据上述资料，做出这批产品材料成本最低的成本决策。

解：设领用 A 规格的金属板 x 张，B 规格的金属板 y 张，则可制成甲产品（$2x+5y$）件，乙产品（$4x+5y$）件。这批产品的材料成本为（$27x+45y$）元。

现在，既要保证完成生产任务，又要使材料成本最低。那么，在

$$2x + 5y \geqslant 150$$

$$4x + 5y \geqslant 200$$

$$x > 0$$

$$y < 0$$

的条件下，求出 x、y 的值，可使材料成本 $C_{\min=}$ $27x + 45y$ 最小。

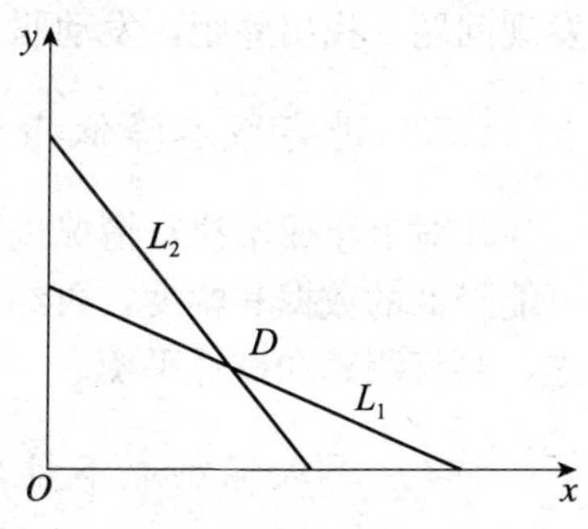

图 9－2　最低材料成本图

将有关资料绘成图 9－2，即将组成约束条件的前两个方程化为等式，在平面直角坐标系中作直线L_1 和L_2，使

$$L_1: 2x + 5y = 150$$

$L_2: 4x + 5y = 200$

则 L_1 和 L_2 交点 D 的坐标：$x = 25, y = 20$，即可满足约束条件下的最低材料成本，此时：

$$C_{\min} = 27 \times 25 + 45 \times 20 = 1\ 575(\text{元})$$

第四节 成本计划

成本计划是将成本决策选定的方案进行可行性细化和具体化的书面性文件，是成本控制的重要依据。

一、成本计划的编制程序

成本计划是以货币形式规定企业在一定时期内为完成生产任务所应达到的成本水平。它的内容主要包括费用预算、主要产品单位成本计划、全部商品产品成本计划等。

编制成本计划是一项综合性工作，涉及企业生产经营的许多方面，具有较强的技术性。因此，编制成本计划必须按一定程序进行。

（一）收集和整理资料

收集和整理资料是编制成本计划的基础工作。应收集的资料主要包括：

(1) 可比产品上期成本计划执行情况及其分析资料。

(2) 计划期各种直接材料、直接人工消耗定额和工时定额。

(3) 企业降低成本的要求以及企业测算的目标成本。

(4) 与成本计划有关的其他生产经营计划资料。

(5) 同类企业、同类产品成本水平。

（二）预计分析上年成本计划执行情况

编制当期成本计划之前，在预计和分析上年成本计划执行情况的基础上，总结经验，发现问题，找出差距，发动职工提出降低成本的措施。

（三）进行成本降低指标的试算平衡

在对上年成本执行情况进行分析的基础上，根据各项成本降低措施，测算计划期成本可能降低的数据和幅度，再结合计划期内各种因素的变化和准备采取的各种增产节约措施，修订测算和试算平衡。

（四）正式编制成本计划

在成本降低指标试算平衡后，财务部门可以在其他部门配合下，正式编制企业的成本计划，并经企业领导批准后组织实施。

二、成本计划的编制方法

编制成本计划的方法因各企业的情况而异，主要分为两种：一种是直接计算法，它是根据各项消耗定额、费用预算等资料，按照成本组成项目，采用一定的成本计算方法，详细计算各种产品的计划成本，然后汇总编制产品成本计划。这种方法适用于企业的各项消耗定额和计划资料较齐全的情况。另一种是因素测算法，它是根据各项增产节约措施计划，通过分析测算出各项增产节约因素的效果及对降低成本的影响，然后据以调节上年成本，编制成本计划。这种方法在企业各项资料和各项消耗定额不齐全的情况下采用。

（一）直接计算法编制成本计划

直接计算法按企业核算分级方式又可分为集中编制法和分级编制法两种。

1. 集中编制法

小型企业一般实行一级成本核算，可由财务部门按一级成本核算的要求直接编制企业成本计划。首先财务部门根据各项消耗定额及有关资料，直接编制单位产品成本计划，然后编制商品产品成本计划。

（1）单位产品成本计划的编制。单位产品成本计划是按成本项目具体结合各项资料及定额成本编制的，将成本项目的计划数相加，即单位产品计划成本。

（2）商品产品成本计划的编制。商品产品成本计划是根据单位产品成本计划和生产计划计算编制的，是在计算可比产品与不可比产品单位成本的基础上，计算出各种产品的总成本及可比产品成本的降低额和降低率。

2. 分级编制法

大中型企业一般实行分级核算，在编制成本计划时，一般由各车间根据财务部门下达的控制数字，编制车间成本计划，再由财务部门汇总编制全厂成本计划。

（1）车间成本计划的编制。车间成本计划包括辅助生产车间成本计划和基本生产车间成本计划两种。

1）辅助生产车间成本计划的编制。辅助生产车间成本计划的编制，是为了满足编制全厂制造费用预算的需要，各项费用计划一般按成本项目编制，同时需要按费用要素来反映。对于有消耗定额的费用项目，可按计划期的计划产量、单位产品（劳务）消耗定额和计划单位计算，如原材料、燃料、动力等直接材料费用以及直接人工费用。辅助生产车间的制造费用是综合性费用，内容比较复杂。如果没有消耗定额和开支标准，可根据上年资料和计划年度节约费用的要求进行匡算；如果有规定开支标准，则按有关标准计算编制。辅助生产车间耗用其他辅助生产车间提供的劳务或产品，其数额可以根据计划耗用量和内部结算价格计算确定。

辅助生产车间成本计划编制完后，应把全部费用分配给各有关受益单位。分配方法是计算辅助生产车间所提供的产品或劳务数量，计算各受益单位应分配的辅助生产车间的辅助生产费用。

2）基本生产车间成本计划的编制。基本生产车间成本计划要分别各车间来编制。各基本生产车间在编制成本计划时，应先按产品类别编制直接费用计划，再按制造费用项目编制制造费用预算，并按一定标准（如定额工时、直接工资等）在各产品之间进行分配，最后编制车间产品成本计划。

第一，直接费用计划的编制。对可比产品耗用的直接材料费用（包括原材料、辅助材料、配件、外购半成品、燃料、动力等）计划，应根据各项消耗定额及厂内计划价格，结合计划期生产任务量进行编制。不可比产品耗用的直接材料费用计划则可根据其他企业同种产品或本企业相近似的老产品的单位消耗定额，结合本计划年度产量和计划单价进行编制。直接工资计划应按计划期劳动定额及工资率或固定计价工资，并结合计划期生产任务进行计算编制。

第二，车间制造费用预算的编制。基本生产车间制造费用预算包括两部分：一是辅助生产车间分配过来的制造费用；二是基本生产车间发生的制造费用。各基本生产车间制造费用预算的编制方法与辅助生产车间费用预算的编制方法基本相同，即按明细项目和计算费用的各种方法确定制造费用计划数。上述两部分制造费用结合起来便是应分配给各种产品的制造费用，分配一般按照计划工时或生产工人工资进行。

根据基本生产车间直接费用计划和制造费用预算数可确定基本生产车间产品成本计划数，通过编制基本生产车间产品成本计划表来反映。

（2）制造费用总预算的编制。制造费用总预算是在各车间制造费用预算的基础上编制而成的，它是依据辅助生产车间、各基本生产车间的制造费用预算资料按明细项目反映的数额进行分项汇总列示。在汇总编制时应注意扣除内部转账部分，即各车间相互分配重复计算的部分。扣除内部转账部分的方法有两种：一是在各车间制造费用预算数中增设分配费用一栏，用来登记其他车间分配来的费用，汇总时不包括该栏费用；二是在制造费用总预算表中设置“减：内部转账”栏，根据有关费用分配表数字分析填列。

制造费用总预算可作为控制和监督制造费用未来发生数的标准，将实际制造费用与制造费用预算数进行比较，可以评价制造费用实际支出情况，查明超支或节约的原因。

（3）全厂成本计划的编制。全厂成本计划是在各车间成本计划的基础上编制的，由企业财务部门负责，包括主要产品单位成本计划、全部商品产品成本计划。

主要产品单位成本计划是根据各基本生产车间成本计划，分产品和成本项目加以汇总编制。在采用逐步结转分步法时，最后一个基本生产车间产品的计划单位成本即该产品的计划单位成本。如果需要按原始成本项目反映产品成本，则要将最后一个车间的计划成本中的“自制半成品”项目逐步分解后再编制。在采用平行结转分步法时，将各基本生产车间同一产品的单位成本的相同项目相加即该产品的计划单位成本。

全部商品产品成本计划按照主要产品单位成本计划表的内容按成本项目进行编制，以反映企业产品成本计划数及可比产品较上年成本升降情况。

案例 9－13：汇丰公司有两个基本生产车间和一个机修辅助生产车间，该公司生产甲产品和乙产品，原材料在每个车间生产开始时一次投入，甲产品需要按顺序经过基本生产一车间和基本生产二车间加工后得到完工产成品，每个车间在产品完工程度均按 50%计算，乙产品只需经过基本生产一车间加工完成，该公司甲产品的成本计算采用平行结转分步法，间接费用按生产工时比例分配。现在公司拟编制下一年度的成本计划，有关资料如下：各产品的计划产量如表 9-14 所示，各产品消耗定额及计划单价如表 9-15 所示，期初在产品成本资料如表 9-16 所示。

表 9-14　　各产品计划产量表

单位：件

车间名称	产品名称	期初在产品		本期投入		本期完工	期末在产品	
		投料产量	约当产量	投料产量	约当产量		投料产量	约当产量
一车间	甲产品	100	50	450	500	550	0	0
	乙产品			200		200		
二车间	甲产品			550		550		

注：本期投入人工和制造费用的约当产量＝550－100×50％＝500（件）。

表 9-15　　各产品消耗定额及计划单价表

项目	单位	计划单价（元）	单位消耗定额			
			甲产品			乙产品
			一车间	二车间	合计	一车间
直接材料						
A 材料	千克	5		1	1	
B 材料	千克	2	3		3	
C 材料	千克	3				2
直接人工	工时		2	3	5	3

注：一车间和二车间计划每小时工资率分别为 2 元/工时和 1 元/工时。

表 9-16　　期初在产品成本资料表

车间	产品	数量/件	成本项目	单位	单件消耗量	金额/元
一车间	甲产品	100	直接材料（B 材料）	千克	3.275	655
			直接人工	工时	2.55	255
			制造费用			300
			合计			1 210

要求：根据上述资料采用分级编制法编制计划年度成本计划。

解：（1）车间成本计划的编制。

1）辅助生产车间成本计划的编制。该公司机修车间的主要任务是为全公司内部各部门进行设备、仪器的修理。本年度机修车间生产费用计划数为 6 000 元，计划规定为一车间服务 1 500 小时，为二车间服务 9 000 小时，为行政管理部门服务 600 小时。辅助生产车间成本计划如表 9-17 所示。

表 9-17　　辅助生产车间成本计划

车间名称：机修车间　　金额单位：元

费用项目	计划数额	辅助生产费用分配			
		受益部门	修理工时/小时	分配率	金额
直接材料	2 000	基本生产一车间	1 500		3 000
直接人工	2 000	基本生产二车间	900		1 800

续前表

<table>
<tr><td rowspan="2">费用
项目</td><td rowspan="2">计划
数额</td><td colspan="4">辅助生产费用分配</td></tr>
<tr><td>受益部门</td><td>修理工时/小时</td><td>分配率</td><td>金额</td></tr>
<tr><td>制造费用</td><td></td><td>行政管理部门</td><td>600</td><td></td><td>1 200</td></tr>
<tr><td>1. 工资</td><td>600</td><td>合计</td><td>3 000</td><td>2</td><td>6 000</td></tr>
<tr><td>2. 劳动保护费</td><td>100</td><td colspan="4" rowspan="3">计划单位成本＝$\frac{\text{费用计划数额}}{\text{修理工时计划数}}$</td></tr>
<tr><td>3. 折旧</td><td>1 000</td></tr>
<tr><td>4. 周转材料</td><td>100</td></tr>
<tr><td>5. 办公费</td><td>200</td><td colspan="4">某部分应承担的费用＝耗用修理工时数×计划单位成本</td></tr>
<tr><td>合计</td><td>6 000</td><td colspan="4"></td></tr>
</table>

2）基本生产车间成本计划的编制。首先编制各车间的直接费用计划，然后编制各车间的制造费用预算，并在各产品之间进行分配，最后编制各车间的产品成本计划。

基本生产一车间生产成本计划如表 9－18、表 9－19、表 9－20、表 9－21 所示。

表 9－18　　基本生产一车间直接费用计划

产品：乙产品　　金额单位：元

<table>
<tr><td rowspan="3">项目</td><td rowspan="3">计量
单位</td><td rowspan="2">单价</td><td colspan="2">单位成本</td><td colspan="3">总成本</td></tr>
<tr><td>消耗量</td><td>金额</td><td>产量</td><td>消耗量</td><td>金额</td></tr>
<tr><td>①</td><td>②</td><td>③＝①×②</td><td>④</td><td>⑤＝④×②</td><td>⑥＝⑤×①</td></tr>
<tr><td>直接材料
C材料</td><td>千克</td><td>3</td><td>2</td><td>6</td><td>200</td><td>400</td><td>1 200</td></tr>
<tr><td>直接人工</td><td>工时</td><td>2</td><td>3</td><td>6</td><td>200</td><td>600</td><td>1 200</td></tr>
<tr><td>合计</td><td></td><td></td><td></td><td>10</td><td></td><td></td><td>2 400</td></tr>
</table>

表 9－19　　基本生产一车间制造费用预算表

单位：元

明细项目	工资	办公费	折旧费	修理费	检验费	消耗材料	其他	合计
金额	1 000	200	1 000	3 000	200	500	100	6 000

表 9－20　　基本生产一车间制造费用分配表

金额单位：元

<table>
<tr><td rowspan="3">产品名称</td><td rowspan="2">本期生产工时消耗</td><td rowspan="2">分配率</td><td colspan="3">制造费用</td><td colspan="3">约当产量</td><td rowspan="2">分配率</td><td colspan="2">制造费用分配</td></tr>
<tr><td>本期数</td><td>期初数</td><td>合计</td><td>完工产品</td><td>期末在产品</td><td>合计</td><td>完工产品</td><td>期末在产品</td></tr>
<tr><td>①</td><td>②</td><td>③</td><td>④</td><td>⑤</td><td>⑥</td><td>⑦</td><td>⑧</td><td>⑨</td><td>⑩</td><td>⑪</td></tr>
<tr><td>甲产品</td><td>1 000</td><td>3</td><td>3 000</td><td>300</td><td>3 300</td><td>550</td><td>0</td><td>550</td><td>6</td><td>3 300</td><td>0</td></tr>
<tr><td>乙产品</td><td>1 000</td><td>3</td><td>3 000</td><td></td><td>3 000</td><td>200</td><td>0</td><td>200</td><td>15</td><td>3 000</td><td>0</td></tr>
<tr><td>合计</td><td>2 000</td><td></td><td>6 000</td><td></td><td></td><td></td><td></td><td></td><td></td><td></td><td></td></tr>
</table>

表 9-21　　基本生产一车间产品成本计划

单位：元

项目	甲产品 计划产量 550 件		乙产品 计划产量 200 件		计划总成本
	单位成本	总成本	单位成本	总成本	
直接材料	6.1	3 355	6	1 200	4 555
直接人工	4.1	2 255	6	1 200	3 455
制造费用	6	3 300	15	3 000	6 300
合计	16.2	8 910	27	5 400	14 310

基本生产二车间生产成本计划如表 9-22、表 9-23、表 9-24 所示。

表 9-22　　基本生产二车间直接费用计划

产品名称：甲产品　　单位：元

项目	计量单位	单价	单位成本		总成本		
			消耗量	金额	产量	消耗量	金额
		①	②	③=①×②	④	⑤=④×②	⑥=⑤×①
直接材料 A 材料	千克	5	1	5	550	550	2 750
直接人工	工时	1	3	3	550	1 650	1 650
合计				8			4 400

表 9-23　　基本生产二车间制造费用预算表

单位：元

明细项目	工资	办公费	折旧费	修理费	检验费	消耗材料	其他	合计
金额	500	100	800	1 800	100	500	50	3 850

表 9-24　　基本生产二车间产品成本计划

单位：元

项目	甲产品 计划产量 550 件		计划总成本
	单位成本	总成本	
直接材料	5	2 750	2 750
直接人工	3	1 650	1 650
制造费用	7	3 850	3 850
合计	15	8 250	8 250

（2）制造费用总预算的编制。制造费用总预算如表 9-25 所示。

（3）全厂成本计划的编制。全厂成本计划包括主要产品单位成本计划和商品产品成本计划。财务部门对各车间编制的成本计划进行审查后，编制全厂成本计划。

主要产品成本计划是根据各基本生产车间的产品成本计划汇总编制的。各主要产品成本计划如表 9-26 和表 9-27 所示。

商品产品成本计划是根据各种产品单位成本计划，结合计划产量编制的，既可以按成本项目类别编制，也可按产品类别编制。可比产品需要根据上年平均单位成本和计划年度计划单位成本计算其计划成本降低额和降低率指标。商品产品成本计划如表9-28所示。

表9-25 制造费用总预算

单位：元

明细项目	辅助生产车间	一车间	二车间	减内部转账	合计
工资		1 000	500		2 100
劳动保护费					100
折旧	600	1 000	800		2 800
低值易耗品	100				100
办公费	1 000	200	100		500
修理费	100	3 000	1 800	4 800	0
检验费	200	200	100		300
消耗材料		500	500		1 000
其他		100	50		150
合计	2 000	6 000	3 850	4 800	7 050

表9-26 主要产品单位成本计划

产品名称：甲产品

计划产量：550件

单位：元

成本项目	行次	单位成本		降低额	降低率
		上年实际平均	本年计划		
直接材料	1	13	11.1	1.9	14.62%
直接人工	2	8	7.1	0.9	11.25%
制造费用	3	15	13	2	13.33%
制造成本	4	36	31.2	4.8	13.33%

表9-27 主要产品单位成本计划

产品名称：乙产品

计划产量：200件

单位：元

成本项目	行次	单位成本		降低额	降低率
		上年实际平均	本年计划		
直接材料	1	7	6	1	14.29%
直接人工	2	8	6	2	25%
制造费用	3	16	15	1	6.25%
制造成本	4	31	27	4	12.9%

表 9-28　　商品产品成本计划（按产品类别）

单位：元

产品名称	计划产量	单位成本		总成本			
		上年实际平均	本年计划	按上年实际平均单位计算	按本年计划单位成本计算	降低额	降低率（%）
	①	②	③	④＝②×①	⑤＝③×①	⑥＝④－⑤	⑦＝⑥÷④
可比产品							
其中：甲产品	550	36	31.2	19 800	17 160	2 640	13.33
乙产品	200	31	27	6 200	5 400	800	12.9
不可比产品							
全部商品产品成本				26 000	22 560		

（二）因素测算法编制成本计划

因素测算法亦称概算法，它是根据企业各项增产节约措施计划，通过分析测算出各项增产节约措施对成本降低幅度的影响程度及相应的经济效果，再据以调整上年实际（或预计）成本，编制成本计划。因素测算法的步骤如下：

（1）提出降低产品成本的计划要求。财会部门根据企业确定的成本指标或目标成本向各车间和部门提出降低产品成本的计划要求，各车间和部门向所属各基层单位（班组、工段）提出要求，以保证实现降低产品成本的要求。

（2）编制基层单位降低成本的计划。各车间和部门根据有关部门和班组提出的增产节约方案，制订本单位的措施计划。

（3）编制全厂产品成本计划。财务部门根据各基层单位上报的增产节约方案、企业上年度产品实际成本资料和本期的计划节约额，分成本项目调整计划，确定计划年度分成本项目的计划总成本、单位成本，同时确定可比产品成本计划降低额和降低率，汇总编制全厂产品成本计划。

综上，成本预测是根据企业现有的经济、技术条件和今后的发展前景，通过对影响成本变动的有关因素进行分析测算，预计企业在未来一定期间内的成本水平和成本趋势。

成本预测的方法一般分为定性预测方法和定量预测方法。定性预测方法是根据经验，对产品成本的形成、发展趋势、可能达到的成本水平所做的分析和推断；定量预测方法是根据过去的历史资料，运用一定的数学方法进行科学的加工处理，借以充分揭示有关变量之间的规律性联系。定量预测方法包括高低点法、回归分析法、趋势预测分析法。高低点法是以历史成本资料中产量最高和最低两个时期的成本数据为依据，预测计划期内产量变化条件下的总成本水平，其前提是企业产品成本的变动趋势较为稳定。若各期成本变动较大，此方法会造成较大的误差。回归分析法是研究变量之间相互关系的一种数理统计分析方法。趋势预测分析法是分析过去的发展趋势，据此预测未来，趋势预测分析法有加权平均法、指数平滑法和移动平均趋势法等。

成本决策是企业经营决策的重要组成部分。成本决策是在成本预测的基础上，根据内部潜力，制定优化成本的多种可行性方案，运用决策理论和方法，对多种方案进行比较分析，从中选择最优方案的过程。成本决策的目的不同，应用的具体方法也不同。常用的方法有差量成本法、决策表法等。差量成本法是根据不同方案成本之间的差额来确定最优方案的方法；决策表法是将各种自然状态下所分别采取的不同方案以表格的形式列示，然后从中选取最优成本方案的决策方法。常用的有大中取小法。

成本计划是以货币形式规定企业在一定时期内完成生产任务所需耗费的生产费用额。它是企业成本管理的重要内容，也是编制企业有关生产经营计划的基础。编制成本计划的方法通常有直接计算法和因素测算法。直接计算法按企业核算分级方式又可分为集中编制法和分级编制法两种。小型企业一般采用集中编制法，大中型企业一般采用分级编制法。

第五节　成本控制

企业要把成本计划变为现实，将产品成本控制在成本计划规定的范围内，就必须进行成本控制。

一、成本控制的基本程序

成本控制有广义和狭义之分。狭义的成本控制指的是日常成本控制，即在成本形成过程中，按预定的成本目标，对生产耗费进行严格的计量、监督和指导，并对发生的偏差及时进行分析，加以纠正和控制，所以狭义的成本控制仅指成本的过程控制。广义的成本控制除了日常成本控制外，还包括事前成本控制和事后成本控制。本教材重点介绍狭义的成本控制。成本控制的基本程序如下。

（一）制定成本控制标准

制定成本控制标准是成本控制的特点。成本的控制标准一般按直接材料、直接人工和制造费用分别制定。每一项控制标准的制定都要考虑到数量和单价两个基本要素。

（二）执行成本控制标准

根据成本指标，审核费用开支和资源的消耗，采用一系列措施监督成本的形成过程。

（三）确定成本差异

将实际发生的费用与制定的标准进行比较，分析成本差异的程度和性质，确定成本差异形成的原因和责任归属。差异的计算与分析通常分为直接材料、直接人工和制造费用三个项目进行。对例外情况应及时上报，并做进一步分析，找出产生差异的原因和责任者，从而进行妥善处理。

（四）成本反馈

成本控制中，要将成本差异的情况及时反馈到有关部门，便于有关部门及时纠偏，挖掘潜力，提出降低成本的措施或修订成本标准的建议，保证成本控制的效果。

二、成本控制方法

（一）标准成本的类型

标准成本是根据历史成本资料，通过一定的经济技术分析预先确定的制造（生产）某种产品的成本水平。标准成本按其制定的标准不同通常可分为以下几种。

1. 理想标准成本

理想标准成本是以现有生产技术和经营管理处于最佳状态为基础所确定的标准成本。所谓最佳状态，是指最好的生产条件与最好的生产组织。最好的生产条件包括最好的生产设备、最低的原料价格、最经济的消耗、最合理的工资、最高的产量与销量；最好的生产组织即指生产中无任何浪费、无废料与废品、无停工与损坏等。这种标准不考虑现实可能性，一般难以达到，在实际工作中也很少被采用。

2. 基本标准成本

基本标准成本是根据某一时期正常的耗用水平、正常的价格和正常的生产经营能力利用程度制定的标准成本，即根据以往一段时期实际成本的平均值，剔除其中生产经营活动中的异常因素，并考虑今后的变动趋势而制定的标准成本。这是一种经过努力可以达到的成本，而且在生产技术和经营管理条件没有较大变动的情况下，可以不必修订而继续使用。

3. 现实标准成本

现实标准成本是在现有生产技术条件下和有效经营管理基础上制定的标准成本。在制定这种标准成本时，把生产经营中一般不可避免的损耗和低效率等情况也计算在内。这意味着它的实现并非轻而易举，但也不是高不可攀。它既有严格的要求，同时经过努力又是可以达到的，也称为可达到的标准成本。由于这种标准成本包括管理当局认为一时还不能避免的某些低效、失误和超量，因此它最切实可行，最接近实际成本。

（二）标准成本的制定

产品的生产成本包括产品在生产中耗用的直接材料、直接人工和制造费用三大成本项目，与此相适应，制定标准成本也按直接材料、直接人工和制造费用三大项分别进行，其基本形式是以数量标准乘以价格标准求得。基本公式为：

标准成本＝数量标准×价格标准

其中，数量标准是由工程技术部门研究确定；价格标准是由会计部门会同采购、人事等责任部门研究确定。

1. 直接材料标准成本的制定

直接材料标准成本等于产品的各种材料耗用量标准和价格标准的乘积之和。其中，直接材料耗用量标准的确定以正常生产条件下形成产品实体的材料数量、在正常范围内允许发生的损耗及不可避免的废品所耗费的材料数量为依据；直接材料价格标准是指取得某种材料所应支付的单位材料价格，包括买价和采购费用。

直接材料标准成本的计算公式如下：

某产品直接材料标准成本＝直接材料耗用量标准×直接材料价格标准

2. 直接人工标准成本的制定

在计件工资形式下，直接人工的标准成本就是计件单价表。在计时工资形式下，直接人工的标准成本等于生产单位产品工时耗用量标准与工资率标准的乘积。其中，直接人工数量标准是在现有生产技术条件下生产单位产品需用的工作时间，包括工艺过程耗用的时间与必要的间歇和停工时间，以及不可避免的废品损失时间；直接人工价格标准是指按现行的工资福利标准确定的每一单位工作时间的工资率。

直接人工标准成本的计算公式如下：

某产品直接人工标准成本＝直接人工标准工时×工资率标准

3. 制造费用标准成本的制定

制造费用标准成本等于生产单位产品的直接人工小时数乘以制造费用分配率标准。其中，生产单位产品的直接人工小时为数量标准；制造费用分配率标准为价格标准，它取决于生产量标准和制造费用预算。生产量是指企业在充分利用现有生产能力的情况下可能达到的最高生产量。因多数企业不仅仅生产一种产品，计算单位不统一，所以，生产量标准通常用直接人工工时标准表示。制造费用预算又分为固定费用预算和变动费用预算两部分。

有关制造费用标准成本的计算公式如下：

固定性制造费用标准分配率＝固定性制造费用预算÷标准总工时

变动性制造费用标准分配率＝变动性制造费用预算÷标准总工时

$$\frac{\text{单位产品固定性}}{\text{制造费用标准成本}}=\frac{\text{固定性制造费用}}{\text{标准分配率}}\times\frac{\text{单位产品}}{\text{标准工时}}$$

$$\frac{\text{单位产品变动性}}{\text{制造费用标准成本}}=\frac{\text{变动性制造费用}}{\text{标准分配率}}\times\frac{\text{单位产品}}{\text{标准工时}}$$

制造费用标准成本的计算可列表进行，其基本格式如表9－29所示。

表9－29　制造费用标准成本计算表

项目	固定部分	变动部分	合计
制造费用预算额（元）	5 000	10 500	15 500
标准加工总工时（小时）	10 000		
制造费用分配率（元/小时）	0.5	1.05	1.55
单位产品标准工时（小时）	6		
单位产品制造费用标准成本（元）	3	6.3	9.3

4. 单位产品的标准成本制定

单位产品的标准成本是在直接材料标准成本、直接人工标准成本、制造费用标准成本的基础上汇总而成的。计算公式如下：

单位产品标准成本＝直接材料标准成本＋直接人工标准成本＋制造费用标准成本

案例 9-14： 某企业计划期内甲产品的生产量标准为 10 000 小时，直接人工工资总额为 8 000 元，工厂制造费用总额为 10 000 元（其中变动费用预算总额为 4 500 元），假定制造每件甲产品的直接人工的定额工时为 40 小时，直接材料的消耗定额为 20 千克，每千克标准单价为 10 元，则甲产品的标准成本计算见表 9-30。

表 9-30　　单位产品标准成本计算表

产品名称：甲产品

成本项目	标准单价	标准数量	标准成本
直接材料	10 元/千克	20 千克	200 元
直接人工	0.8 元/小时	40 小时	32 元
制造费用			
其中：变动费用	0.45 元/工时	40 工时	18 元
固定费用	0.55 元/工时	40 工时	22 元
标准单位成本			272 元

其中：$\text{直接人工标准单价}=\frac{8\,000}{10\,000}=0.8$（元/小时）

$\text{变动费用标准单价}=\frac{4\,500}{10\,000}=0.45$（元/小时）

$\text{固定费用标准单价}=\frac{5\,500}{10\,000}=0.55$（元/小时）

（三）标准成本差异的计算与分析

在标准成本制度下，成本的事中控制是通过成本差异的计算和分析来进行的。在实际生产经营活动过程中，由于受各种因素的影响，实际成本与标准成本往往不同，会产生差异。实际成本与标准成本之间的差额，称为标准成本差异。实际成本高于标准成本的差异为超支差异，也称为不利差异，用正数表示；实际成本低于标准成本的差异为节约差异，也称为有利差异，用负数表示。由于成本是根据消耗的数量与价格两个基本因素计算而成，因而差异的分析要从消耗数量与价格两个因素入手。

1. 直接材料成本差异的计算与分析

直接材料成本差异是指产品的直接材料实际成本与标准成本之间的差额。其计算公式为：

直接材料成本差异＝直接材料实际成本－直接材料标准成本

＝实际用量×实际价格－标准用量×标准价格

公式中的标准用量为实际产量乘以单位产品材料耗用量标准。

由于直接材料成本是材料价格与材料用量之积，因此直接材料成本差异是由材料价格差异和材料价格差异构成的。

（1）直接材料成本差异的双因素分析。直接材料成本差异按双因素分析时，直接材料成本差异是由直接材料数量差异和直接材料价格差异构成。

1）直接材料数量差异是直接材料实际耗用量同标准耗用量之间的差异。计算公式如下：

直接材料数量差异＝∑（实际数量－标准数量）×标准价格

2）直接材料价格差异是指直接材料的实际价格同标准价格之间的差异。计算公式如下：

$$直接材料价格差异=\sum（实际价格-标准价格）\times 实际数量$$

（2）直接材料成本差异的三因素分析。直接材料成本差异按三因素分析时，直接材料成本差异是由直接材料产出差异、直接材料结构差异和直接材料价格差异构成。

在纺织、钢铁等制造企业中，通常需要按一定的比例混合使用几种材料。在这种情况下，直接材料标准成本按预定的比例计算，如果实际的混合比例与预定的混合比例不同，就会产生差异，这种差异叫直接材料结构差异，也就是耗用材料品种结构变动所引起的差异。实际混合材料投入后的产出量与预定的混合材料投入后的产出量的差异叫直接材料产出差异。直接材料结构差异和直接材料产出差异均为直接材料数量差异的表现形式。三因素分析的计算公式如下：

$$直接材料数量差异=直接材料结构差异+直接材料产出差异$$

$$\begin{matrix}直接材料\\结构差异\end{matrix}=\left(\begin{matrix}以实际混合比例\\计算的平均标准价格\end{matrix}-\begin{matrix}以预定混合比例\\计算的平均标准价格\end{matrix}\right)\times\begin{matrix}实际\\数量\end{matrix}$$

$$\begin{matrix}直接材料\\产出差异\end{matrix}=\left(\begin{matrix}实际产出的\\实际用量\end{matrix}-\begin{matrix}实际产出的\\标准用量\end{matrix}\right)\times\begin{matrix}以预定混合比例\\计算的平均标准价格\end{matrix}$$

$$\begin{matrix}直接材料\\价格差异\end{matrix}=\left(\begin{matrix}以实际混合比例\\计算的平均实际价格\end{matrix}-\begin{matrix}以实际混合比例\\计算的平均标准价格\end{matrix}\right)\times\begin{matrix}实际\\数量\end{matrix}$$

$$=\sum(实际价格-标准价格)\times 实际数量$$

案例 9-15：某公司生产甲产品，其单位产品预定材料混合成本资料如表 9-31 所示，该公司本月投入C材料 1 100 千克、D材料 900 千克，实际产量为 975 件。按三因素分析材料成本差异。

表 9-31　材料成本资料

材料名称	预定数量（千克/件）	标准价格（元）	实际价格（元）
C材料	1	15	18
D材料	1	12	10
合计	2		

解：相关计算如下：

$$直接材料结构差异=\left(\frac{15\times1\ 100+12\times900}{1\ 100+900}-\frac{15\times1+12\times1}{1+1}\right)\times（1\ 100+900）$$

$$=300（元）$$

$$直接材料产出差异=［（1\ 100+900）-975\times2］\times\frac{15\times1+12\times1}{1+1}=675（元）$$

$$直接材料价格差异=（18-15）\times1\ 100+（10-12）\times900=1\ 500（元）$$

直接材料数量差异形成的原因主要有：产品设计和工艺的变更；工人技术操作水平和责任心的变化；材料质量的变化；废、次品数量的变化；加工设备的变化等。

对于产生的差异，要进一步落实责任归属。直接材料数量差异主要由生产部门负责。但如因材料质量低劣而增加了废品，或因材料的规格不符合要求而大材小用等原因而引起材料数量的超支差异，则应由采购部门负责。但因市场供求变动引起材料供应价格的变动，超出了采购部门的控制范围，或因生产上的临时需要而进行小批量采购或紧急采购，因不能享受折扣或由改变运输方式而引起价格的超支差异，不应由采购部门负责，而应由造成这种临时需要的生产部门负责。

2. 直接人工成本差异的计算与分析

直接人工成本差异是指产品的直接人工实际成本与标准成本之间的差额。计算公式为：

$$\begin{aligned}\text{直接人工成本差异} &= \text{实际工资} - \text{标准工资} \\ &= \text{实际工时} \times \text{实际工资率} - \text{标准工时} \times \text{标准工资率}\end{aligned}$$

公式中的标准工时为单位产品工时消耗用量标准乘以产品的实际产量。

直接人工成本是直接人工工资率与直接人工工时消耗量之积。因此，直接人工成本差异包括直接人工工资率差异和直接人工效率差异两部分。

(1) 直接人工成本差异的双因素分析。进行直接人工成本差异的双因素分析，即从直接人工效率差异和工资率差异两方面进行分析。

1) 直接人工效率差异是直接人工实际工作时数同其标准工作时数之差与标准工资率的乘积，计算公式如下：

$$\text{直接人工效率差异} = \sum(\text{实际工时} - \text{标准工时}) \times \text{标准工资率}$$

2) 直接人工工资率差异是直接人工实际工资率同标准工资率之差与实际工时的乘积，计算公式如下：

$$\text{直接人工工资率差异} = \sum(\text{实际工资率} - \text{标准工资率}) \times \text{实际工时}$$

(2) 直接人工成本差异的三因素分析。在实际生产中，一种产品的生产可能要由不同工资等级的工人来完成，而不同工资等级的工人的小时工资率是不同的。在这种情况下，将直接人工效率差异分为直接人工结构差异和直接人工产出差异两种。在一定量的总工时中，因不同等级的人工完成的工时所占比重的变动而产生的差异叫直接人工结构差异。实际混合工时投入后的产出量与预定的混合工时投入的产出量的差异叫直接人工产出差异。三因素分析的直接人工成本差异的计算公式如下：

$$\begin{matrix}\text{直接人工} \\ \text{结构差异}\end{matrix} = \left(\begin{matrix}\text{以实际混合比例计算的} \\ \text{平均标准工资率}\end{matrix} - \begin{matrix}\text{以预定混合比例计算的} \\ \text{平均标准工资率}\end{matrix}\right) \times \begin{matrix}\text{实际} \\ \text{工时}\end{matrix}$$

$$\begin{matrix}\text{直接人工} \\ \text{产出差异}\end{matrix} = \left(\begin{matrix}\text{实际产出的} \\ \text{实际工时}\end{matrix} - \begin{matrix}\text{实际产出的} \\ \text{平均标准工时}\end{matrix}\right) \times \begin{matrix}\text{以预定混合比例计算的} \\ \text{平均标准工资率}\end{matrix}$$

$$\begin{aligned}\begin{matrix}\text{直接人工} \\ \text{工资率差异}\end{matrix} &= \left(\begin{matrix}\text{以实际混合比例计算的} \\ \text{平均实际工资率}\end{matrix} - \begin{matrix}\text{以实际混合比例计算的} \\ \text{平均标准工资率}\end{matrix}\right) \times \begin{matrix}\text{实际} \\ \text{工时}\end{matrix} \\ &= \sum(\text{实际工资率} - \text{标准工资率}) \times \text{实际工时}\end{aligned}$$

案例 9-16： 某公司生产丙产品，本期实际生产丙产品 100 件，单件丙产品的直接人工标准成本如表 9-32 所示。技术工人和熟练工人实际发生的工时分别为 270 小时和 280 小时，技术工人和熟练工人实际小时工资率分别为 11 元和 8 元。按三因素分析直接人工成本差异。

表 9-32　　直接人工标准成本

工人等级	单位产品的标准工时（小时）	标准小时工资率（元/小时）	标准人工成本（元）
技术工人	3	10	30
熟练工人	2	9	18

解：

$$直接人工结构差异=\left(\frac{9\times280+10\times270}{280+270}-\frac{9\times2+10\times3}{2+3}\right)\times（270+280）$$

$$=-60（元）$$

$$直接人工产出差异=[(270+280)-(2\times100+3\times100)]\times\frac{9\times2+10\times3}{2+3}=480（元）$$

$$直接人工工资率差异=(11-10)\times270+(8-9)\times280=-10（元）$$

产生直接人工效率差异的原因主要有：企业劳动组织和人员配备情况；工人的技术熟练程度和责任感；机器设备的运转情况；工具配备情况；动力供应情况；材料的质量、规格和供应的及时性等。

产生直接人工工资率差异的原因有许多方面，主要有：企业工资的调整、工资等级的变更；奖金和津贴的变更；对工人安排、使用的变化；工人的技术等级与工作要求的技术等级的变化等。

根据差异产生的具体原因，应落实差异的责任归属。直接人工效率差异基本上应由生产部门负责，也可能有一部分应由其他部门负责；直接人工工资率差异通常由负责安排工人工作的劳动人事部门或生产部门负责。

3. 制造费用差异的计算与分析

制造费用差异是制造费用的实际发生额与标准发生额之间的差额。制造费用一部分与当期生产量发生关系，但大部分与企业的生产规模发生关系。因此，对其差异要按变动性制造费用与固定性制造费用进行计算与分析。

（1）变动性制造费用差异的计算与分析。变动性制造费用差异包含效率差异与耗用差异两部分。计算公式如下：

$$\begin{matrix}变动性制造费用\\效率差异\end{matrix}=\begin{matrix}按实际工时计算的\\变动性制造费用预算数\end{matrix}-\begin{matrix}按标准工时计算的\\变动性制造费用预算数\end{matrix}$$

$$=(实际工时-标准工时)\times变动性制造费用标准分配率$$

$$\begin{matrix}变动性制造费用\\耗用差异\end{matrix}=\begin{matrix}变动性制造费用\\实际发生额\end{matrix}-\begin{matrix}按实际工时计算的\\变动性制造费用预算数\end{matrix}$$

$$=\left(\begin{matrix}变动性制造费用的\\实际分配率\end{matrix}-\begin{matrix}变动性制造费用的\\标准分配率\end{matrix}\right)\times\begin{matrix}实际\\工时\end{matrix}$$

$$=(实际工时-标准工时)\times变动性制造费用标准分配率$$

案例 9-17：某企业生产某产品，某期间变动性制造费用预算数为 12 500 元，标准总工时为 12 500 小时，本期实际产量为 5 000 件，实际耗用工时为 10 000 小时，实际发生的变动性制造费用为 14 000 元。计算变动性制造费用差异。

解：计算如下：

$$变动性制造费用总差异=14\,000-12\,500=1\,500（元）$$

$$变动性制造费用耗用差异=\left(\frac{14\ 000}{10\ 000}-\frac{12\ 500}{12\ 500}\right)\times 10\ 000=4\ 000（元）$$

$$变动性制造费用效率差异=（10\ 000-12\ 500）\times\frac{12\ 500}{12\ 500}=-2\ 500（元）$$

（2）固定性制造费用差异的计算与分析。由于固定性制造费用数额大小一般与一定的生产规模相联系，故对固定性制造费用差异的分析通常分为三种，即耗用差异、效率差异、生产能力利用差异。其中，生产能力利用差异是指由实际工时与预算工时之间的差异造成的固定性制造费用的差异。实际工时与预算工时（是指在正常生产能力下的制造费用的工时数）之间的差异，实际上反映了实际生产能力利用程度与预算规定水平的差异。计算公式如下：

$$固定性制造费用标准分配率=\frac{预算金额}{能力工时（预算工时）}$$

$$\begin{matrix}固定性制造费用\\耗用差异\end{matrix}=\begin{matrix}固定性制造费用\\实际发生额\end{matrix}-\begin{matrix}固定性制造费用\\预算额\end{matrix}$$

$$\begin{matrix}固定性制造费用\\效率差异\end{matrix}=\left(实际工时-实际产量\times\begin{matrix}单位产品\\标准工时\end{matrix}\right)\times\begin{matrix}标准\\分配率\end{matrix}$$

$$\begin{matrix}固定性制造费用\\生产能力利用差异\end{matrix}=\begin{matrix}固定性制造\\费用预算额\end{matrix}-实际工时\times固定性制造费用标准分配率$$

案例 9-18：某企业生产甲产品，本期实际产量为 2 000 件，单位产品标准工时为 6.25 小时，实际耗用工时为 13 000 小时，该企业正常生产能力为 15 000 小时，该企业本期固定性制造费用预算及实际发生额如表 9-33 所示。计算固定性制造费用差异。

表 9-33　　固定性制造费用预算及实际发生额　　单位：元

预算数	管理人员工资及福利 固定资产折旧 其他费用	5 000 10 000 3 000
合计		18 000
实际数	管理人员工资及福利 固定资产折旧 其他费用	5 500 11 000 3 000
合计		19 500

解：计算如下：

固定性制造费用标准分配率＝18 000÷15 000＝1.2（元/小时）

固定性制造费用耗用差异＝19 500－18 000＝1 500（元）

固定性制造费用效率差异＝13 000×1.2－（2 000×6.25）×1.2＝600（元）

固定性制造费用生产能力利用差异＝18 000－13 000×1.2＝2 400（元）

固定性制造费用总差异＝1 500＋600＋2 400＝4 500（元）

固定性制造费用耗用差异产生的原因主要有：工资率等资源价格的变动；与预算相比，资源数量发生增减变化；广告费、职工培训费等费用因管理上的新决策而发生变动。固定性制造费用效率差异的形成原因与耗用差异相同。固定性制造费用生产能力利用差异形成的原因主要是产品定价过高、材料供应不足等影响了产销量。不论是哪一种差异，均应具体情况具体分析，只有这样才能正确地落实责任归属。

第六节　成本分析

一、成本分析概述

（一）成本分析的意义

成本分析是为了满足企业各管理层次了解成本状况及进行经营决策的需要，以成本核算资料为基础，结合其他有关的核算、计划和统计资料，采用一定的方法解剖成本变动的原因、经营管理问题及业绩的管理活动。

通过成本分析，可以考核企业成本计划的执行情况，评价企业过去的成本管理工作；可以揭示问题和差距，促使企业挖掘降低成本的潜力，寻求降低成本的途径和方法；可以认识和掌握成本变动的规律性，从中总结成本管理的经验和教训，提高企业经营管理的水平；可以为企业编制成本计划、预算和进行经营决策提供可靠的依据；可以检查企业成本管理行为的合理、合法性，从而促进企业更好地贯彻执行有关成本管理的法规和制度；可以划清成本管理的经济责任，了解各项成本管理责任制度是否健全，促进企业完善成本管理责任制度。

（二）成本分析的方法

成本分析方法是进行成本分析的重要手段，只要运用得当，将会对成本分析的整个过程产生有利影响。

1. 比较分析法（a_1/a_x）

比较分析法是将分析期的实际数同某些选定的基准数进行对比来揭示实际数与基准数之间的差异，借以了解成本管理中取得的成绩和存在的问题的一种分析方法。

比较的基准数由于分析的目的不同而有所不同，一般有计划数、定额数、前期实际数、以往年度同期实际数以及本企业的历史先进水平和国内外同行业的先进水平等。

将实际数与计划数或定额数对比，可以揭示计划或定额的执行情况，但在分析时还应检查计划或定额本身是否既先进又切实可行，因为实际数与计划数或定额数之间的差异，除了实际工作的原因以外，还可能是由计划或定额太保守或不切实际造成的；将本期实际数与前期实际数或以往年度同期实际数对比，可以考查成本发展变化情况；将本期实际数与本企业的历史先进水平对比，将本企业实际数与国内外同行业的先进水平对比，可以发现与先进水平之间的差距，从而学习先进，赶上或超过先进。

在运用比较分析法时，必须注意指标的内容、计划标准、时间长短和计算方法的可比性，考虑所处的环境等客观条件。

2. 比率分析法（a/b）

比率分析法是通过计算各项指标之间的相对数（即比率），借以考查成本活动的相对效益的一种分析方法。比率分析法主要有相关指标比率分析法和结构比率分析法两种。

（1）相关指标比率分析法（a/b，b 与 a 紧密相关）。

它是通过计算两个性质不同而又相关指标的比率从而进行数量分析的方法。在实际工作中，由于企业规模不同等原因，单纯对比销售收入或利润等绝对数的多少，不能准确地说明各个企业经济效益好坏，但如果计算成本与销售收入或利润的相对数，即销售收入成本率或成本利润率，就可以较为准确地反映各企业经济效益的好坏。

销售收入成本率高的企业经济效益差，该比率低的企业经济效益好。成本利润率则反之，即该比率高的企业经济效益好，该比率低的企业经济效益差。

（2）结构比率分析法（部分/总体）。

结构比率分析法又称比重分析法，或称构成比率分析法。它主要是通过计算某项成本指标的各个组成部分占总体的比重来分析成本内容构成的变化。例如：把构成产品生产成本的各个成本项目（直接材料、直接人工、制造费用）与产品生产成本比较，计算占总成本的比重，然后把不同时期同样产品的成本构成相比较，观察产品成本构成的变化与提高生产技术水平和加强经营管理的关系，就能为进一步降低成本指明方向。

3. 因素分析法

以上两种方法，只能揭示实际数与基准数之间的差异，即揭示差距，但难以揭示产生差距的原因。因为一个经济指标的完成，往往是多种因素影响的结果。只有把这种综合性的指标分解为各种构成，从中找出主要因素，分清责任，才能了解指标完成好坏的真正原因。这种把综合性指标分解为各个因素的方法，称为因素分析法。

由于各构成因素之间相互关系的复杂性不同，因素分析法又可分为定量因素分析法和定性因素分析法。

（1）定量因素分析法（$y=a\cdot b\cdot c\cdots$）。

定量因素分析法又称连环替代法，它是用来分析 $y=a\cdot b\cdot c\cdots$ 这种模型的各个变量指标变动对函数影响程度的一种数量分析方法。

运用定量因素分析法的一般程序是：

1）确定某项指标是由哪几个因素构成的；

2）确定各个因素与该指标的关系，是加减关系还是乘除关系；

3）采用适当方法分解因素；

4）计算确定各个因素影响的数额。

案例 9－19： 2016 年 10 月，先瑞公司原材料费用实际为 5 610 元，计划为 5 400 元，实际比计划增加了 210 元，其原材料消耗情况如表 9－34 所示。

表 9－34　　**原材料消耗情况表**

编制单位：先瑞公司　　2016 年 10 月

项目	单位	计划数	实际数	差异
产量	件	100	102	＋2
单位产品原材料消耗	千克	9	10	＋1
材料单价	元	6	5.5	－0.5
原材料费用总额	元	5 400	5 610	＋210

会计主管：　　制表：

从表 9-34 可知，原材料费用实际比计划多 210 元，是由于产量、单耗、材料价格（三因素分析，三因素按照数量指标、中间指标、质量指标顺序排列）所致，用连环替代法分析各因素的影响程度，计算如下：

	100	×	9	×	6	=	5 400		
(1)	102	×	9	×	6	=	5 508	→	+108
(2)	102	×	10	×	6	=	6 120	→	+612
(3)	102	×	10	×	5.5	=	5 610	→	−510
								合计	+210

分析结果可知，由于产量增加使原材料费用实际比计划增加 108 元，由于单耗提高使原材料费用实际比计划增加 612 元，由于材料价格下降，使原材料费用实际比计划下降 510 元，因此全部因素的影响为 108＋612－510＝210（元）。

应用连环替代法，应注意这一方法必须按照由数量指标到质量指标依次按顺序排列，如果顺序改变了，各个因素的影响数值就会不同。尽管采用该种方法计算的结果具有一定程度的假定性，但仍不失为分析因素影响的好方法。

因素分析法也可以用公式形式来分析，现以两因素（绝对数分析）为例说明（总成本 y＝产量 a×单位成本 b），下面介绍的是目前学术界比较公认的分析方法，具体步骤如下：

1）当产量变动时，对总成本的影响金额＝$a_1b_0-a_0b_0$；

2）当单位成本变动时，对总成本的影响金额＝$a_1b_1-a_1b_0$；

3）当产量和单位成本同时变动时，对总成本的影响金额＝$a_1b_1-a_0b_0$，即产量和单位成本变动对总成本的影响金额之和。

提示：在进行因素分析时，首先要分析数量因素和质量因素，数量因素是“和”的结果，而质量因素则是“商”。例如产品数量是数量因素，而单位成本则是质量因素。当数量因素变动时，以基期或计划期的质量因素为同度量因素；当质量因素变动时，则以报告期的数量因素为同度量因素。这样我们可以很容易记住公式，并可以方便地进行变动，相关细节可以参阅《统计学》或《财务管理》。

(2) 定性因素分析法。

连环替代法是从数量上说明相关因素对成本的影响程度，但具有一定的假设性，并且有很多具体影响因素是无法用数量来加以说明的，如案例 9-19 中，影响原材料费用之一的单位产品原材料消耗因素，该因素使原材料费用上升 612 元，但影响单位产品原材料消耗量的因素还有很多，如工人的技术水平、机器设备的先进水平、材料的质量、管理水平等。为此，应在此基础上结合实际情况查明影响各项指标变动的具体原因。

二、成本计划完成情况分析

成本计划完成情况分析是指对商品产品成本计划以及可比产品成本计划完成情况进行总的分析和评价。

（一）商品产品成本计划完成情况分析

如前所述，企业商品产品包括可比产品和不可比产品。由于不可比产品没有历史成本资料，所以，商品产品成本的分析不能用实际总成本与上年成本比较，只能用实际总成本同计划总成本对比。

实际总成本是以实际产量乘以实际单位成本计算的，总成本的升降除受单位成本变动的影响外，还受到产量的影响。为了使成本指标具有可比性，在分析商品产品成本计划完成情况时，应剔除产量变动对成本计划完成情况的影响，实际总成本、计划总成本一律按实际产量来计算。

商品产品成本计划完成情况分析是一种总括性分析，可以从以下三个角度进行。

1. 按产品种类分析商品产品成本计划完成情况

此项分析是将全部商品产品成本按产品品种汇总，将实际成本与计划成本对比，确定每种产品的成本降低情况。现以榕江公司为例进行商品产品成本的分析，见表 9－35。根据表 9－35 编制分析表，见表 9－36。从表 9－36 可以看出，该企业全部商品产品总成本实际比计划增加了 331.6 万元，上升了 3.79％，说明企业全部商品产品成本计划完成得相当不好。除甲产品的成本有一定下降外，乙产品和丙产品的成本都较计划上升，特别是乙产品，较计划增加了 424 万元，上升了 8.39％，为此，应进一步分析乙产品成本上升的主要原因。

表 9－35　　商品产品成本计划完成情况表

编制单位：榕江公司　　2016 年度　　金额单位：元

产品名称	计量单位	产量		单位成本			计划总成本（计划产量）		本年总成本（实际产量）		
		计划	实际	上年实际	本年计划	本年实际	按上年实际平均单位成本计算	按本年计划单位成本计算	按上年实际平均单位成本计算	按本年计划单位成本计算	按本年实际单位成本计算
一、可比产品		①	②	③	④	⑤	⑥	⑦	⑧	⑨	⑩
甲产品	件	140	140	23.68	23	22.32	3 315.2	3 220	3 315.2	3 220	3 124.8
乙产品	件	90	100	50.54	50.52	54.76	4 548.6	4 546.8	5 054	5 052	5 476
小计							7 863.8	7 766.8	8 369.2	8 272	8 600.8
二、不可比产品											
丙产品	件	70	280		1.74	1.75		121.8		487.2	490
全部商品产品成本								7 888.6		8 759.2	9 090.8

会计主管：　　制表：

表 9－36　　商品产品成本分析表

编制单位：榕江公司　　2016 年 10 月　　单位：万元

产品名称	计划总成本	实际总成本	降低额	降低率％
一、可比产品				
其中：甲产品	3 220	3 124.8	＋95.2	＋2.96
乙产品	5 052	5 476	－424	－8.39
二、不可比产品 其中：丙产品	487.2	490	－2.8	－0.57
全部商品产品成本	8 759.2	9 090.8	－331.6	－3.79

会计主管：　　制表：

2. 按成本项目分析商品产品成本计划完成情况

此项分析是将全部商品产品总成本按成本项目汇总，将实际总成本与计划总成本对比，确定每个成本项目的降低额和降低率。

现以大象有限责任公司为例进行分析，见表 9－37。

表 9－37 商品产品成本分析表

编制单位：大象有限责任公司 2016 年 10 月 单位：万元

成本项目	商品产品成本		降低指标	
	计划	实际	降低额	降低率（%）
直接材料	4 554.78	5 039.8	－485.02	－10.65
直接人工	2 277.39	2 250.4	＋26.99	＋1.19
制造费用	1 927.03	1 800.6	＋126.43	＋6.56
生产成本	8 759.2	9 090.8	－331.6	－3.79

会计主管： 制表：

从表 9－37 可以看出，总成本实际比计划增加了 331.6 万元，上升了 3.79%，但从三个成本项目可以看出，直接人工实际比计划下降了 1.19%，制造费用实际比计划下降了 6.56%，但直接材料实际比计划增加了 485.02 万元，上升了 10.65%，说明总成本实际比计划上升是由于直接材料成本上升所致，为此，下一步应重点分析直接材料上升的原因。

3. 按成本性态分析商品产品成本计划完成情况

此项分析是将商品产品成本按成本习性（性态）划分为变动成本和固定成本，确定变动成本和固定成本的降低额和降低率。

现以大象有限责任公司为例进行分析，见表 9－38。

表 9－38 商品产品成本分析表

编制单位：大象有限责任公司 2016 年 10 月 单位：万元

成本构成	商品产品成本		降低指标	
	计划	实际	降低额	降低率（%）
变动成本：				
直接材料	4 554.78	5 039.8	－485.02	－10.65
直接人工	2 277.39	2 250.4	＋26.99	＋1.19
变动性制造费用	793.94	820.7	－26.76	－3.37
固定成本：				
固定性制造费用	1 133.09	979.9	＋153.19	＋13.52
生产成本	8 759.2	9 090.8	－331.6	－3.79

会计主管： 制表：

从表 9－38 可以看出，该公司实际成本比计划上升主要是由变动成本上升所造成的，变动成本中又主要是由直接材料和变动性制造费用上升所致；同时可以看出，实际制造费用比计划有所下降，但其中的变动性制造费用上升了 26.76 万元，上升了 3.37%，应引起重视，进一步分析其上升的原因。

（二）可比产品成本计划完成情况分析

在全部商品产品成本中，可比产品成本一般都占有相当大的比重，因此，在分析商品产品总成本之后，还必须对可比产品成本进行分析。

1. 可比产品成本降低计划完成情况分析

可比产品降低计划是以上年实际平均单位成本为依据确定的，具体包括降低额和降低率两个指标。可比产品成本降低计划完成情况分析，就是将可比产品的实际降低额（按实际产量计算）和降低率（按计划产量计算）与计划数进行比较，来检查是否完成成本降低任务。

现根据表 9－35 中的资料计算降低额和降低率，并填入可比产品成本降低计划完成情况分析表，见表 9－39。

表 9－39　　可比产品成本降低计划完成情况分析表

编制单位：榕江公司　　2016 年度　　单位：万元

可比产品名称	计划成本降低任务		实际成本降低情况	
	降低额	降低率（%）	降低额	降低率（%）
甲	95.2	2.87	190.4	5.74
乙	1.8	0.04	－422	－8.35
合计	97	1.23	－231.6	－2.77

会计主管：　　制表：

表 9－39 中的有关数据计算如下：

$$计划成本降低额=\sum[计划产量\times(上年实际单位成本-本年计划单位成本)]$$
$$=140\times(23.68-23)+90\times(50.54-50.52)=97\text{（万元）}$$

$$计划成本降低率=\frac{计划成本降低额}{\sum(计划产量\times上年实际单位成本)}\times100\%$$
$$=\frac{97}{140\times23.68+90\times50.54}=1.233\,5\%$$

$$实际成本降低额=\sum[实际产量\times(上年实际单位成本-本年实际单位成本)]$$
$$=140\times(23.68-22.32)+100\times(50.54-54.76)$$
$$=-231.6\text{（万元）}$$

$$实际成本降低率=\frac{实际成本降低额}{\sum(实际产量\times上年实际单位成本)}\times100\%$$
$$=\frac{-231.6}{140\times23.68+100\times50.54}=-2.77\%$$

提示：上述公式中的成本降低额、成本降低率公式与成本报表中的如出一辙，差额部分始终为“不变－变动”，降低率的分子项始终是对应的降低额，降低率的分母项始终是对应的降低额的前面项，通度量始终是产量。公式对比见表 9－40。

表 9－40　　降低额、降低率公式对比表

比较标准	报告期比基期（0－1）	报告期比计划（n－1）	计划比基期（0－n）
产量通度量	q_1（产量均用）	q_1（产量均用）	q_n（产量均用）
成本降低额	$W_{0-1}=\sum q_1(p_0-p_1)$	$W_{n-1}=\sum q_1(p_n-p_1)$	$W_{0-n}=\sum q_n(p_0-p_n)$
成本降低率	$W_{0-1}R=W_{0-1}/\sum q_1p_0$	$W_{n-1}R=W_{n-1}/\sum q_1p_n$	$W_{0-n}R=W_{0-n}/\sum q_np_0$

从表 9－39 可知，该公司可比产品成本降低任务完成情况相当不好，实际成本降低额为－231.6 万元，不但未完成计划降低额，反而有很大的上升。分品种来看，甲产品实际降低额、降低率超额完成了计划，但乙产品的实际降低额和降低率都未完成计划，成本还有较大的上升，应进一步分析其原因。

2. 可比产品成本降低计划完成情况的因素分析

影响可比产品成本降低计划完成情况的因素主要有产品产量、品种结构和单位成本。

(1) 产品产量因素。

产品产量变动必然会直接影响成本降低额。但当产品品种结构和产品单位成本不变时，产量变动不会影响成本降低率，因为当品种结构不变时，说明各种产品的产量计划完成率都相同，在计算成本降低率时，因分子、分母都具有相同的产量增减比例而不变。产品产量变动对成本降低额影响的计算公式如下：

$$\begin{matrix}\text{产量变动对成本}\\\text{降低额的影响}\end{matrix}=\left[\sum\left(\begin{matrix}\text{实际}\\\text{产量}\end{matrix}\times\begin{matrix}\text{上年实际}\\\text{单位成本}\end{matrix}\right)-\sum\left(\begin{matrix}\text{计划}\\\text{产量}\end{matrix}\times\begin{matrix}\text{上年实际}\\\text{单位成本}\end{matrix}\right)\right]\times\begin{matrix}\text{计划成本}\\\text{降低率}\end{matrix}$$

根据表 9-35 的资料计算，得：

$$\begin{matrix}\text{产量变动对成本}\\\text{降低额的影响}\end{matrix}=[(140\times23.68+100\times50.54)-(140\times23.68+90\times50.54)]\times1.2335\%=6.23\text{（万元）}$$

(2) 产品品种结构因素。

由于各种产品成本降低率不同，当产品产量不是同比例增长时，就会使降低额和降低率同时发生变动。如果提高成本降低率大的产品在全部可比产品中的比重，就会使成本降低额绝对值增大，并使成本降低率相对值增大；相反，则会减少成本降低额的绝对值和降低率的相对值。产品品种结构变动对成本降低额和降低率的影响的计算公式为：

$$\begin{matrix}\text{品种结构变动对}\\\text{成本降低额的影响}\end{matrix}=\sum\left(\text{实际产量}\times\begin{matrix}\text{上年实际}\\\text{单位成本}\end{matrix}\right)-\sum\left(\text{实际产量}\times\begin{matrix}\text{计划单位}\\\text{成本}\end{matrix}\right)-\sum\left(\text{实际产量}\times\begin{matrix}\text{上年实际}\\\text{单位成本}\end{matrix}\right)\times\begin{matrix}\text{计划成本}\\\text{降低率}\end{matrix}$$

$$\begin{matrix}\text{品种结构变动对}\\\text{成本降低率的影响}\end{matrix}=\frac{\begin{matrix}\text{品种结构变动对}\\\text{成本降低额的影响数}\end{matrix}}{\sum(\text{实际产量}\times\text{上年实际单位成本})}\times100\%$$

根据表 9-35 的资料计算，得：

$$\begin{matrix}\text{品种结构变动对}\\\text{成本降低额的影响}\end{matrix}=(140\times23.68+100\times50.54)-(140\times23+100\times50.52)-(140\times23.68+100\times50.54)\times1.2335\%=-6.03\text{（万元）}$$

$$\text{品种结构变动对成本降低率的影响}=\frac{-6.03}{140\times23.68+100\times50.54}\times100\%=-0.07\%$$

(3) 产品单位成本因素。

可比产品成本降低计划和实际完成情况都是以上年单位成本为基础计算的，这样，各种产品单位成本实际比计划降低或升高，必然引起成本降低额和降低率实际比计划相应地升高或降低。产品单位成本的变动与成本降低额和降低率的变动呈反方向。相关计算公式为：

$$\begin{matrix}\text{产品单位成本变动}\\\text{对成本降低额的影响}\end{matrix}=\sum\left\{\begin{matrix}\text{实际}\\\text{产量}\end{matrix}\times\left(\begin{matrix}\text{计划}\\\text{单位成本}\end{matrix}-\begin{matrix}\text{实际}\\\text{单位成本}\end{matrix}\right)\right\}$$

$$\text{产品单位成本变动对成本降低率的影响}=\frac{\begin{matrix}\text{单位成本变动对}\\\text{成本降低额的影响数}\end{matrix}}{\sum(\text{实际产量}\times\text{上年实际单位成本})}\times100\%$$

根据表 9-35 的资料计算，得：

$$\text{产品单位成本变动对成本降低额的影响}=140\times(23-22.32)+100\times(50.52-54.76)=-328.8\text{（万元）}$$

$$\text{产品单位成本变动对成本降低率的影响}=\frac{-328.8}{140\times23.68+100\times50.54}\times100\%=-3.93\%$$

从以上计算可知，该公司未完成成本降低任务的主要原因是单位成本上升，由于单位成本上升，使成本上升了 328.8 万元，因此，公司应进一步分析影响单位成本的因素。

三、主要产品单位成本分析

产品单位成本分析，通常是选择最主要的或成本水平升降幅度较大的产品，深入研究其单位成本以及各个成本项目的计划完成情况，寻求进一步降低成本的具体途径和方法。

（一）主要产品单位成本计划完成情况分析

产品单位成本计划完成情况分析，应采用比较分析法，计算单位成本实际比计划、比上期、比历史先进水平的升降情况，然后着重对某些产品进一步按成本项目对比研究其成本变动情况，查明影响单位成本升降的原因。

从商品产品成本计划完成情况表（见表 9-35）和可比产品成本计划完成情况分析中可以看出，乙产品单位成本实际比计划有较大的上升，可作为深入分析的重点。现以榕江公司为例，对乙产品单位成本进行分析，见表 9-41。

表 9-41　乙产品单位成本表

编制单位：榕江公司　　2016 年度　　单位：万元

成本项目	历史先进水平	上年实际平均	本年计划	本期实际	本年累计实际平均
直接材料	29.75	36.51	36.70	40.80	40.92
直接人工	6.96	7.80	7.80	7.81	7.81
制造费用	5.82	6.23	6.02	6.01	6.03
产品生产成本	42.53	50.54	50.52	54.62	54.76
主要技术经济指标	用量	用量	用量	用量	用量

从表 9-41 可以看出，榕江公司乙产品的单位成本较计划、较上年、较历史先进水平都有上升，并且上升幅度较大；乙产品的单位成本较计划上升了 4.24 万元，上升了 8.39%，较上年上升了 4.22 万元，上升了 8.35%。分析表明，乙产品单位成本上升的原因是单位产品材料消耗量上升。因此，公司应对材料上升的原因进行因素分析，看其是单位产品材料消耗量上升所致，还是材料采购价格上升或是其他原因引起。

（二）主要产品单位成本的成本项目分析

为了进一步分析单位成本升降原因，还必须按成本项目进行分析。

1. **直接材料分析**

从表 9－41 可以看出，乙产品的原材料费用超过了本年计划、上年实际平均以及历史先进水平，因此应作为重点分析。

影响单位产品材料费用的因素有产量、单位产品的材料消耗和材料单价，可用因素分析法计算三个因素变动对直接材料费用的影响，具体分析可参见本章因素分析法中的例子。

在对直接材料进行分析之后，还需进一步分析材料消耗量变动和价格变动的影响因素，只有这样，才能揭示直接材料产生差异的原因。

（1）影响直接材料消耗量的因素分析。影响直接材料用量变动的因素较多，主要有：

1）产品设计的改进。在保证或提高产品功能的前提下，改进产品设计能减少材料的消耗量。

2）材料质量的变化。材料质量高，可以减少材料消耗量；反之，则会增加材料的消耗量。

3）加工操作技术的变化。加工操作技术高，可以充分利用材料的边角余料，从而减少材料消耗量。

4）代用材料的变化。以单价低廉的材料代替昂贵的材料，以国产材料代替进口材料，是减少材料用量、节约材料费用的有效措施。

5）加强材料管理，回收利用废料，避免材料损失浪费也能相对地减少材料用量。

6）材料的配比。

（2）影响直接材料价格的因素分析。影响直接材料价格的因素主要有：

1）采购价格。

2）运输费用，如运输距离的远近、运输方式的不同。

3）运输途中的损耗。

4）采购部门的管理水平。

5）有关税金。

6）材料采购批量的大小等。

2. **直接工资费用分析**

直接工资费用的分析必须结合工资制度来进行，因为工资制度的不同会导致影响直接工资的因素不同。

在计件工资制度下，影响单位成本中工资费用的因素是计件单价；在计时工资制度下，产品单位成本中的费用受工时数和小时工资率变动的影响。现以榕江公司为例进行分析，有关资料见表 9－42。

表 9－42 **工资分析资料表**

编制单位：榕江公司 2016 年 12 月

项目	计划	实际	差异
单位产品耗用工时	400	410	＋10
小时工资单价（元/小时）	0.60	0.50	－0.10
单位产品工资费用（元）	240	205	－35

根据表 9-42 的资料，可以计算单位产品工时数量变动和小时工资单价变动对工资费用的影响程度：

单位产品工时数量变动影响＝（实际工时数量－计划工时数量）×计划小时工资单价
＝（410－400）×0.6＝6（元）

小时工资单价变动影响＝（实际小时工资单价－计划小时工资单价）×实际工时数量
＝（0.5－0.6）×410＝－41（元）

单位产品工资费用变动合计＝单位产品工时数量变动影响＋小时工资单价变动影响
＝6－41＝－35（元）

从上面计算可以看出，产品单位成本中工资费用实际比计划降低 35 元，主要是由于小时工资单价降低的影响。

在以上分析的基础上，还应该进一步分析影响工时数量变动和生产工人工资总额变动的因素。

影响工时数量变动的因素主要有：

（1）生产组织，企业生产调度合理对提高劳动生产率、减少工时有很大的影响。

（2）材料的质量和规格。

（3）生产工艺和操作方法。

（4）生产工作质量。

（5）设备性能和保养。

（6）工人技术熟练程度和劳动态度。

生产工人工资总额的高低直接影响了小时工资率的高低。影响生产工人工资变动的因素主要有：

（1）企业的工资制度、奖励制度。

（2）企业产品特点。

（3）企业的物质技术条件、企业工人的素质、企业的管理水平等。

3. 制造费用分析

产品单位成本中制造费用的分析，通常与计时工资制度下直接人工费用的分析类似，先要分析单位产品所耗工时变动和每小时制造费用变动两因素对制造费用变动的影响，然后查明这两个因素变动的具体原因。

对影响每小时制造费用变动的原因分析，主要是通过分析制造费用总额对比实际数和计划数来进行。

现以榕江公司为例，说明制造费用总额的分析，见表 9-43。

从表 9-43 可以看出，榕江公司制造费用本年实际较计划增长了 93.13 万元，增长了 7.85%，对此应结合产量的增长加以分析，看其是否合理。此外，从各费用项目来看，公司各项费用都有一定的上升。其中，人工费、水电费等所占数额较大，公司应重点加以关注。

表 9-43 制造费用明细表

编制单位：榕江公司 2016 年 金额单位：万元

项目	本年实际	本年计划	降低额	降低率
1. 职工工资	586.03	571.89		
2. 职工福利费	82.04	80.06		
3. 折旧费	80.42	30.80		
4. 修理费	38.97	28.97		
5. 办公费	50.51	40.72		
6. 水电费	282.89	261.72		
7. 机物料消耗	60.18	68.92		
8. 劳动保护费	22.51	20.40		
9. 租赁费	25.81	34.64		
10. 差旅费				
11. 保险费	7.24	7.02		
12. 其他	42.48	40.81		
制造费用合计	1 279.08	1 185.95	−93.13	−7.85%

综上，产品成本分析对成本管理具有重大的意义，通过成本分析可以揭示成本差异，分析成本升降的原因，挖掘成本降低的潜力。

成本分析的方法通常有比较分析法、比率分析法、因素分析法等。通过比较分析可揭示成本的差异；通过因素分析可挖掘成本升降的原因。

成本分析的内容包括全部商品产品成本计划完成情况的分析、可比产品成本降低计划完成情况的分析、主要产品单位成本的分析。

全部商品产品成本计划完成情况分析是从企业全局的角度看其生产的所有产品实际成本是否达到计划水平，可以分别按产品的种类、成本项目和成本性态三方面进行分析，为进一步的深入分析指明方向。

可比产品成本降低计划完成情况的分析主要是检查计划降低指标是否完成，分析影响计划降低指标完成的原因。影响可比产品成本降低计划的指标主要有产量因素、品种结构因素、单位成本因素。其中，产量因素不影响降低率。

主要产品单位成本的分析是成本分析工作的逐步深化。首先可从总的方面来研究产品单位成本的实际比计划、比上期、比历史先进水平的升降情况；然后，着重对某些产品进一步按成本项目对比研究其增减变动情况，查明造成单位成本升降的原因；最后，根据企业的具体情况分析产品单位成本的各个项目。

第七节 成本评价

成本评价是指在财务报告期结束时，通过把报告期成本完成数额与计划指标、定额指标、预算指标进行对比，来考核成本管理工作成绩及成本管理水平的一项工作。成本评价是成本管理的最后一个环节，也是检验成本管理目标是否达到的一个重要环节。

对成本进行评价，通常是将成本指标分解落实到各个责任部门后，以责任成本的形式对成本进行考核，以此来贯彻经济责任制，明确各级管理人员的成本目标。

通过责任成本来落实企业经济责任制，要具备两个前提：一是企业的日常决策要不断下放，从而达到决策的有效性，真正做到企业以分权管理的现代模式来运作。二是设立各责任中心，使各责任中心在享有充分的经营决策权的同时，责、权、利能够有机地统一，让各责任中心责任人的业绩与利益联系起来，以经济手段管理经济，从而调动全体管理人员和职工的工作热情和责任感，促进企业不断降低产品成本，提高经济效益。奖惩不能仅限于工资和奖金，对降低成本有突出贡献的员工还应给予晋级、提拔、业绩股等，以起到榜样的作用。

一、责任成本

（一）责任成本的特点

责任成本是按照“谁负责，谁承担”的原则，以责任单位为计算对象而归集的成本，它所反映的是责任单位与各种生产耗费的关系。这种责任单位承担着与其经营决策权相适应的经济责任，也称为责任中心。责任中心既可以是科室、车间、小组等，也可以是个人。

责任成本的特点是通过与产品成本相比较而体现出来的，归纳起来有这样几点：

（1）责任成本是根据企业内部责任原则进行核算，产品成本是按统一核算原则进行核算。

（2）责任成本的核算对象是成本责任单位，产品成本的核算对象是产品。

（3）责任成本核算的目的是与厂部、车间、班组以及供应、销售、分支公司的经济责任挂钩，从而对这些部门的工作进行考核，而产品成本核算是为了计算利润、定价。

（4）责任成本主要核算可控费用，而产品成本核算全部费用。

（二）责任成本的内容

责任成本的内容取决于企业的生产特点。不同的企业有各自的生产特点，因而不同企业的责任中心的责任成本不相同，但责任成本的内容主要包括：

（1）技术部门的责任成本，包含由于产品工艺问题而造成的损失、浪费，产品设计不合理在生产中造成的损失、浪费及其他原因造成的损失等。

（2）供应部门的责任成本，包括扣除客观因素后，材料采购的成本差异、因材料（物资）供应不上或质量问题造成的停工或废品损失、由于超储积压而发生的材料损失及超储费用等。

（3）生产部门的责任成本，包括按内部转移价格计算的材料费用、生产工人工资、扣除客观因素（如采用加速折旧法）后的各项制造费用、自身原因造成的各项损失等。

（4）销售部门的责任成本，包括因销售组织问题而增加的坏账损失、因销售合同问题而发生的销售纠纷费用、因销售不及时而造成产品积压所发生的费用等。

（三）责任成本的计算

责任成本是成本评价的一种成本形式，它由各责任中心可直接控制和调节的可控成本组成。在计算责任成本前，还必须将成本划分为可控成本与不可控成本。确定可控成本的条件：一是可以预计；二是可以控制的成本；三是可以计量的成本。否则，均为不可控成本。属于某责任中心的各项可控成本之和，即构成该中心的责任成本。某责任单位的责任成本计算公式为：

$$\text{某责任单位责任成本}=\text{该责任单位生产成本}-\text{该责任单位不可控制成本}+\text{其他单位转来的责任成本}$$

责任成本评价，一般采用逐级汇总的做法，通常按班组、车间、厂部逐级汇总。先由班组汇总到车间，再汇总到厂部，计算出全厂责任成本。班组的责任成本由班组长负责，每月编制班组的实绩报告交送车间主任，实绩报告中要列举该班组可控成本的实际数、预算数；车间责任成本由车间主任负责，每月编制本车间的实绩报告交给工厂厂长，实绩报告中要汇总本车间所属各班组的责任成本，再加上直接属于车间的可控成本，如车间管理人员工资、固定资产的折旧费用等，并列举车间可控成本的实际数、预算数；厂部的责任成本由工厂厂长负责，每月编制一份全厂的实绩报告，汇总本厂所属各车间的责任成本，再加上工厂的可控间接成本，并列举该厂可控成本的实际数、预算数。各层次责任成本的计算公式为：

班组责任成本＝可控直接材料成本＋可控直接人工成本＋可控制造费用成本

车间责任成本＝各班组责任成本＋车间的可控间接成本

工厂责任成本＝各车间的责任成本之和＋工厂的可控间接成本

责任成本计算用表列示，其格式见表 9－44。

表 9－44　　责任成本计算

编制单位：　　　　年　　月　　　　单位：元

成本中心		预算成本	实际成本	成本差异
甲班组责任成本	实绩报告：			
	直接材料	4 500	4 700	＋200
	直接人工	2 000	2 100	＋100
	制造费用	1 600	1 500	－100
	合计	8 100	8 300	＋200
车间责任成本	实绩报告：			
	甲班组责任成本	8 100	8 300	＋200
	乙班组责任成本	8 000	7 800	－200
	A 车间可控成本	2 000	2 200	＋200
	合计	18 100	18 300	＋200
厂部责任成本	实绩报告：			
	A 车间责任成本	18 100	18 300	＋200
	B 车间责任成本	19 800	21 000	＋1 200
	工厂可控成本	4 500	5 000	＋500
	成本总计	42 400	44 300	＋1 900

另外，在成本管理中，还有利润中心和投资中心与成本管理相关。因这两部分知识在《财务管理》或《管理会计》中有详细讲解，所以本教材不予介绍。

二、责任成本评价

责任成本评价的目的是促进各责任中心控制和降低各种耗费，借以控制和降低各种产品的生产成本。责任成本评价工作通常分为如下三步。

（一）编制和修订责任成本预算

责任成本预算是各责任中心业绩控制和评价的重要依据。通常按预定的生产量、生产消耗标准和成本标准，运用弹性预算方法编制各责任中心的责任成本预算。按预定的业务量标准编制好责任成本预算后，还需要按实际的业务量进行适当调整。

（二）确定成本评价指标

用于成本评价的指标有两种：一种是目标成本节约额；另一种是目标成本节约率。两者的计算公式如下：

$$目标成本节约额=预算成本-实际成本$$

$$目标成本节约率=\frac{目标成本节约额}{目标成本}\times 100\%$$

当预算成本大于实际成本时，表示为目标成本的节约；反之，则表示目标成本的超支。

案例 9-20：2016 年 8 月，某企业生产 A、B、C 三种产品，每种产品需经过甲、乙、丙三个生产部门加工，整个企业在生产过程中发生直接材料消耗 180 000 元，直接人工费用 80 000 元，制造费用 100 000 元，根据料、工、费耗用的原始凭证及有关的分配表，计算各责任中心和各产品该月成本，见表 9-45。

表 9-45 **责任成本和产品成本计算表** 单位：元

成本项目	行次	合计	责任成本			产品成本		
			甲	乙	丙	A	B	C
直接材料	①	180 000	90 000	50 000	40 000	43 000	77 000	60 000
直接人工	②	80 000	30 000	20 000	30 000	20 000	30 000	30 000
制造费用	③	100 000	40 000	30 000	30 000	30 000	40 000	30 000
总成本	④	360 000	160 000	100 000	100 000	93 000	147 000	120 000
预算责任成本	⑤	340 000	150 000	80 000	110 000			
目标成本节约额	⑥=⑤-④	-20 000	-10 000	-20 000	10 000			
目标成本节约率	⑦=⑥/⑤	-5.9%	-6.7%	-25%	9.1%			

甲、乙、丙三个责任中心的目标成本节约情况列式计算如下：

目标成本节约额（甲）=150 000-160 000=-10 000（元）

目标成本节约额（乙）＝80 000－100 000＝－20 000（元）

目标成本节约额（丙）＝110 000－100 000＝10 000（元）

目标成本节约率（甲）＝－10 000÷150 000×100％＝－6.7％

目标成本节约率（乙）＝－20 000÷80 000×100％＝－25％

目标成本节约率（丙）＝10 000÷110 000×100％＝9.1％

（三）业绩评价

评价一个责任中心的业绩，要同时评价目标成本节约额和节约率两项指标，综合评价各个方面因素的影响，科学、合理、公正地评价每一个责任中心的业绩。

知识体系总结

成本会计的核心职能是成本核算，其他职能均为管理职能，故此，我们将这些管理职能编写为一章。现将知识体系总结如下。

第一节、第二节、第四节知识体系总结：

<table>
<tr><td rowspan="7">一、成本管理的主要内容</td><td rowspan="3">（一）成本管理的意义</td><td colspan="2">1. 降低成本，提高经济效益</td></tr>
<tr><td colspan="2">2. 减少消耗，提高社会效益</td></tr>
<tr><td colspan="2">3. 拓宽空间，提高竞争优势</td></tr>
<tr><td rowspan="2">（二）成本管理的目标</td><td colspan="2">1. 总体目标</td></tr>
<tr><td colspan="2">2. 具体目标</td></tr>
<tr><td rowspan="2">（三）成本管理的主要内容</td><td colspan="2">1. 成本规划 2. 成本核算 3. 成本控制</td></tr>
<tr><td colspan="2">4. 成本分析 5. 成本考核</td></tr>
<tr><td rowspan="17">二、成本报表</td><td rowspan="4">（一）成本报表的作用</td><td colspan="2">1. 反映企业报告期内产品成本水平</td></tr>
<tr><td colspan="2">2. 反映企业成本计划的完成情况</td></tr>
<tr><td colspan="2">3. 为制订成本计划提供依据</td></tr>
<tr><td colspan="2">4. 为企业成本决策提供信息</td></tr>
<tr><td rowspan="4">（二）成本报表的种类</td><td rowspan="3">1. 按报表反映的内容分类</td><td>（1）反映成本计划执行情况的报表。</td></tr>
<tr><td>（2）反映费用支出情况的报表。</td></tr>
<tr><td>（3）反映生产经营情况的报表。</td></tr>
<tr><td>2. 按报表编制的时间分类</td><td>年报、季报、月报、旬报、周报、日报等。</td></tr>
<tr><td rowspan="9">（三）成本报表的编制</td><td rowspan="3">1. 成本报表设置的要求</td><td>（1）成本报表的专题性。</td></tr>
<tr><td>（2）成本报表指标内容的实用性。</td></tr>
<tr><td>（3）成本报表格式的针对性。</td></tr>
<tr><td>2. 成本报表编制的要求</td><td>数字准确，内容完整，编报及时。</td></tr>
<tr><td colspan="2">3. 商品产品成本报表的编制</td></tr>
<tr><td colspan="2">4. 主要产品单位成本报表的编制</td></tr>
<tr><td colspan="2">5. 制造费用明细表的编制</td></tr>
<tr><td rowspan="2">6. 其他成本报表的编制</td><td>（1）责任成本报表。</td></tr>
<tr><td>（2）生产损失报表。</td></tr>
</table>

<table>
<tr><td rowspan="16">三、成本计划</td><td rowspan="8">（一）成本计划的编制程序</td><td rowspan="5">1. 收集和整理资料</td><td colspan="2">（1）可比产品上期成本计划执行情况及其分析资料。</td></tr>
<tr><td colspan="2">（2）计划期各种直接材料、直接人工消耗定额和工时定额。</td></tr>
<tr><td colspan="2">（3）企业降低成本的要求以及企业测算的目标成本。</td></tr>
<tr><td colspan="2">（4）与成本计划有关的其他生产经营计划资料。</td></tr>
<tr><td colspan="2">（5）同类企业、同类产品成本水平。</td></tr>
<tr><td colspan="3">2. 预计分析上年成本计划执行情况</td></tr>
<tr><td colspan="3">3. 进行成本降低指标的试算平衡</td></tr>
<tr><td colspan="3">4. 正式编制成本计划</td></tr>
<tr><td rowspan="8">（二）成本计划的编制方法</td><td rowspan="5">1. 直接计算法编制成本计划</td><td rowspan="2">（1）集中编制法。</td><td>1）单位产品成本计划的编制；</td></tr>
<tr><td>2）商品产品成本计划的编制。</td></tr>
<tr><td rowspan="3">（2）分级编制法。</td><td>1）车间成本计划的编制；</td></tr>
<tr><td>2）制造费用总预算的编制；</td></tr>
<tr><td>3）全厂成本计划的编制。</td></tr>
<tr><td rowspan="3">2. 因素测算法编制成本计划</td><td colspan="2">（1）提出降低产品成本的计划要求。</td></tr>
<tr><td colspan="2">（2）编制基层单位降低成本的计划。</td></tr>
<tr><td colspan="2">（3）编制全厂产品成本计划。</td></tr>
</table>

第三节知识体系总结：

<table>
<tr><td rowspan="28">四、成本规划</td><td rowspan="4">（一）成本规划</td><td>1. 成本管理挖潜</td><td colspan="2"></td></tr>
<tr><td rowspan="2">2. 设备改造更新或工艺创新</td><td colspan="2">（1）设备更新改造。</td></tr>
<tr><td colspan="2">（2）工艺创新。</td></tr>
<tr><td>3. 新产品成本定位</td><td colspan="2"></td></tr>
<tr><td rowspan="10">（二）成本预测</td><td rowspan="4">1. 成本预测的方法</td><td colspan="2">（1）定性预测方法。</td></tr>
<tr><td rowspan="3">（2）定量预测方法</td><td>1）因果关系模型；</td></tr>
<tr><td>2）时间关系模型；</td></tr>
<tr><td>3）结构关系模型。</td></tr>
<tr><td rowspan="6">2. 成本预测方法的应用</td><td colspan="2">（1）高低点法。</td></tr>
<tr><td colspan="2">（2）回归分析法（或称回归直线法）。</td></tr>
<tr><td rowspan="3">（3）趋势预测分析法。</td><td>1）加权平均法；</td></tr>
<tr><td>2）指数平滑法；</td></tr>
<tr><td>3）移动平均趋势法。</td></tr>
<tr><td colspan="2"></td></tr>
<tr><td rowspan="14">（三）成本决策</td><td rowspan="3">1. 成本决策中的成本概念</td><td colspan="2">（1）付现成本与沉没成本。（2）差量成本与边际成本。</td></tr>
<tr><td colspan="2">（3）机会成本与估算成本。（4）专属成本与共同成本。</td></tr>
<tr><td colspan="2">（5）可避免成本与不可避免成本。（6）相关成本与非相关成本。</td></tr>
<tr><td rowspan="2">2. 成本决策程序</td><td colspan="2">（1）提出决策的目标。（2）提出决策的备选方案。</td></tr>
<tr><td colspan="2">（3）进行决策分析和评价。（4）进行成本决策。</td></tr>
<tr><td rowspan="9">3. 成本决策方法及其运用</td><td colspan="2">（1）差量成本法。</td></tr>
<tr><td colspan="2">（2）决策表法。</td></tr>
<tr><td colspan="2">（3）最优生产批量的成本决策。</td></tr>
<tr><td rowspan="3">（4）零部件是自制还是外购的成本决策。</td><td>1）外购不减少固定成本；</td></tr>
<tr><td>2）自制增加固定成本；</td></tr>
<tr><td>3）外购时有租金收入。</td></tr>
<tr><td colspan="2">（5）半成品是进一步加工还是直接出售的成本决策。</td></tr>
<tr><td colspan="2">（6）不同工艺进行加工的成本决策。</td></tr>
<tr><td colspan="2">（7）产品组合成本决策。</td></tr>
</table>

第五节、第六节、第七节知识体系总结：

五、成本控制	（一）成本控制的基本程序	1. 制定成本控制标准	
		2. 执行成本控制标准	
		3. 确定成本差异	
		4. 成本反馈	
	（二）成本控制方法	1. 标准成本的类型	（1）理想标准成本。
			（2）基本标准成本。
			（3）现实标准成本。
		2. 标准成本的制定	（1）直接材料标准成本的制定。
			（2）直接人工标准成本的制定。
			（3）制造费用标准成本的制定。
			（4）单位产品标准成本的制定。
	（三）标准成本差异的计算与分析	1. 直接材料成本差异的计算与分析	（1）直接材料成本差异的双因素分析。
			（2）直接材料成本差异的三因素分析。
		2. 直接人工成本差异的计算与分析	（1）直接人工成本差异的双因素分析。
			（2）直接人工成本差异的三因素分析。
		3. 制造费用成本差异的计算与分析	（1）变动性制造费用差异的计算与分析。
			（2）固定性制造费用差异的计算与分析。
六、成本分析	（一）成本分析的意义		
	（二）成本分析的方法	1. 比较分析法	
		2. 比率分析法	（1）相关指标比率分析法。
			（2）结构比率分析法。
		3. 因素分析法	（1）定量因素分析法。
			（2）定性因素分析法。
	（三）成本计划完成情况分析	1. 商品产品成本计划完成情况分析	（1）按产品种类分析商品产品成本计划完成情况。
			（2）按成本项目分析商品产品成本计划完成情况。
			（3）按成本性态分析商品产品成本计划完成情况。
		2. 可比产品成本计划完成情况分析	（1）可比产品成本降低计划完成情况分析。
			（2）可比产品成本降低计划完成情况的因素分析。
	（四）主要产品单位成本分析	1. 主要产品单位成本计划完成情况分析	
		2. 主要产品单位成本的成本项目分析	（1）直接材料分析。
			（2）直接工资费用分析。
			（3）制造费用分析。
七、成本评价	（一）责任成本	1. 责任成本的特点	
		2. 责任成本的内容	（1）技术部门的责任成本。（2）供应部门的责任成本。
			（3）生产部门的责任成本。（4）销售部门的责任成本。
	（二）责任成本评价	1. 编制和修订责任成本预算	
		2. 确定成本评价指标	
		3. 业绩评价	

课后综合实训

Ⅰ成本会计理论实训题

一、单项选择题

1. 企业成本报表是（　　）。

A. 对外报表　　B. 对内报表

C. 对内报表，也是对外报表　　D. 由企业决定对内还是对外报送

2. 成本责任中心的责任成本报表，一般只需要按该责任中心的（　　）列示。

A. 产品成本　　B. 变动成本　　C. 可控成本　　D. 不可控成本

3. 将两个性质不同但又相关的指标对比求出的比率，称为（　　）。

A. 构成比率　　B. 相关指标比率　　C. 动态比率　　D. 效益比率

4. 可比产品成本降低额是指可比产品累计实际总成本比按（　　）计算的累计总成本降低的数额。

A. 本年计划单位成本　　B. 上年实际平均单位成本

C. 上年计划单位成本　　D. 国内同类产品实际平均单位成本

5.（　　）是指一个备选方案的预期成本与另一个备选方案的预期成本之间的差额数。

A. 差量成本　　B. 边际成本　　C. 机会成本　　D. 相关成本

6. 不同方案的经济利益，一般可以通过计算其（　　）明显地反映出来。

A. 机会成本　　B. 沉没成本　　C. 边际成本　　D. 差量成本

7. 在实际工作中广泛应用的最切实可行的标准成本种类是（　　）。

A. 理想标准成本　　B. 现实标准成本

C. 基本标准成本　　D. 平均标准成本

8. 对成本差异控制的重点在于（　　）。

A. 可控差异　　B. 不可控差异　　C. 有利差异　　D. 不利差异

9. 成本控制时的成本标准是在（　　）环节制定。

A. 成本规划　　B. 成本分析　　C. 成本控制　　D. 成本核算

10. 下列各项中，不属于成本控制原则的有（　　）。

A. 全面控制原则　　B. 重点控制原则

C. 经济效益原则　　D. 例外管理原则

11. 下列各项中，属于成本管理第一步工作的是（　　）。

A. 成本规划　　B. 成本计划　　C. 成本控制　　D. 成本分析

12. 下列各项中，（　　）是成本管理的核心。

A. 成本规划　　B. 成本控制　　C. 成本分析　　D. 成本评价

13. 使用高低点法预测成本，体现的会计原则是（　　）。

A. 历史成本原则　　B. 实质重于形式原则

C. 谨慎性原则　　　　　　　　　　　　D. 重要性原则

14. 对于材料采购和仓储部门，下列各项中，属于机会成本的是（　　）。

A. 采购材料总买价　　　　　　　　　　B. 采购过程中发生的运杂费

C. 仓储材料资金占用的利息　　　　　　D. 仓储费用

15. 下列各项中，属于固定性制造费用的是（　　）。

A. 车间水电费

B. 车间领用的机物料

C. 采用平均年限法计算的车间折旧费

D. 采用双倍余额递减法计算的车间折旧费

二、多项选择题

1. 成本报表的设置要求是（　　）。

A. 专题性　　B. 实用性　　C. 针对性　　D. 对外性

2. 成本报表的编制要求是（　　）。

A. 数字准确　　B. 内容统一　　C. 编报及时　　D. 内容完整

3. 成本分析常用的分析方法有（　　）。

A. 比较分析法　　B. 比率分析法　　C. 差额计算法　　D. 连环替代法

4. 主要产品单位成本表反映的单位成本，包括（　　）。

A. 本月实际　　　　　　　　　　　　B. 同行业同类产品实际

C. 本年计划　　　　　　　　　　　　D. 上年实际平均

5. 相关成本是进行成本决策时必须考虑的各种形式的未来成本，如（　　）。

A. 机会成本　　B. 估算成本　　C. 沉没成本　　D. 差量成本

6. 标准成本制度包括（　　）等环节。

A. 标准成本制定　　　　　　　　　　B. 成本差异的计算分析

C. 成本差异的处理　　　　　　　　　D. 产品成本计算方法的选择

7. 固定性制造费用的成本差异包括（　　）。

A. 效率差异　　　　　　　　　　　　B. 耗用差异

C. 生产能力利用差异　　　　　　　　D. 价格差异

8. 成本控制的基本程序是（　　）。

A. 制定控制标准　　　　　　　　　　B. 编制成本计划

C. 确定成本差异　　　　　　　　　　D. 进行成本反馈

9. 成本控制是指企业以成本计划为依据，采取（　　）等手段降低成本或改进成本的一系列活动。

A. 经济　　B. 金融　　C. 技术　　D.组织

10. 成本分析的方法主要有（　　）。

A. 对比分析法　　B. 连环替代法　　C. 比例分析法　　D. 相关分析法

11. 下列各项中，属于全面控制原则的含义的有（　　）。

A. 全部控制　　B. 全员控制　　C. 全年控制　　D. 全程控制

12. 责任成本的计算遵循的是“谁负责，谁承担”的原则，下列各项中，可以是责任中心的是（　　）。

A. 科室　　B. 车间　　C. 小组　　D. 个人

13. 下列各项中，属于可控成本确定条件的有（　　），否则均为不可控成本。

A. 成本可以预计　　B. 成本可以控制

C. 成本可以计量　　D. 成本可以确认

14. 企业日常生产成本控制的方法通常有（　　）。

A. 计划成本控制法　　B. 标准成本控制法

C. 平衡法　　D. 定额法

15. 变动性制造费用差异包括（　　）。

A. 效率差异　　B. 价格差异

C. 生产能力利用差异　　D. 耗用差异

三、判断题

1. 属于某成本责任中心的各项可控成本之和，即构成该中心的责任成本。（　　）

2. 成本责任中心的所有成本均为责任成本。（　　）

3. 销售部门的责任成本，包括因销售组织问题而增加的坏账损失、因销售合同问题而发生的销售纠纷费用、因销售不及时而造成产品积压所发生的费用等。（　　）

4. 成本评价是成本管理的最后一个环节，也是检验成本管理目标是否达到的一个重要环节。（　　）

5. 成本控制中，产生成本差异必须及时反馈到有关部门。（　　）

6. 在制定标准成本时，数量标准是由工程技术部门研究确定，价格标准是由会计部门会同采购、人事等责任部门研究确定。（　　）

7. 可比产品实际成本降低额$=q_1p_0-q_1p_1$，可比产品成本降低率$=(q_1p_0-q_1p_1)/q_0p_0$。（　　）

8. 以前年度或上年度曾经生产过的产品一定是可比产品。（　　）

9. 成本考核的指标既可以是财务指标，也可以是非财务指标。（　　）

10. 成本分析贯穿于成本管理的全过程，为成本规划和成本决策提供依据。（　　）

11. 成本考核的关键是评价指标体系的选择和评价结果与激励机制的衔接。（　　）

12. 成本报表属于企业内部报表，国家对其格式及内容没有统一规定，企业可以根据具体情况自行规定和设计。（　　）

13. 企业成本管理的总体目标必须服从企业的整体经营目标。（　　）

14. 成本核算是成本管理的基础环节，也是成本控制的信息基础。（　　）

15. 财务成本和管理成本是两个不同的概念，两者一点联系也没有。（　　）

16. 成本控制是指企业以成本计划为依据，采取经济、技术、组织等手段降低成本或改进成本的一系列活动，是成本管理的核心。（　　）

17. 不同企业的成本报表可以存在差异。（　　）

18. 责任成本报表的核心是差异的揭示。（　　）

19. 制造费用明细表中费用明细项目的划分有统一规定。（　　）

20. 不管采用传统方法分析还是采用成本性态方法分析，产品产量变动都会影响可比产品成本降低率。（　　）

21. 比率分析法是比较分析法的一种表现形式，因素分析法是比较分析法的延伸。（　）

22. 成本预测的高低点法以历史成本资料中成本最高和最低两个时期的成本数据为依据。（　）

23. 指数平滑法是以过去的发展规律来反映未来的变化趋势。（　）

24. 责任成本的核算对象就是企业产品的成本计算对象。（　）

25. 成本考核的指标有目标成本节约额和目标成本节约率两种。（　）

Ⅱ成本会计实务操作

一、广源公司按产品种类反映的全部产品生产成本如下表所示。

全部产品生产成本表

2016 年 12 月　　金额单位：元

产品名称	计量单位	实际产量	单位成本 p			总成本 qp		
			上年实际平均（p_0）	本年计划（p_n）	本年实际（p_1）	按上年实际平均单位成本计算（q_1p_0）	按本年计划单位成本计算（q_1p_n）	本期实际（q_1p_1）
可比产品合计		—	—	—	—			
其中：甲产品	件	40	800	780	778			
乙产品	件	50	900	860	848			
不可比产品合计		—	—	—	—			
其中：丙产品	件	30	—	400	430			
全部产品								

要求：(1) 计算并填列全部产品生产成本表中总成本栏金额。

(2) 计算可比产品成本降低额和可比产品成本降低率。

二、某企业 2016 年 12 月有关可比产品成本资料如下表所示。

成本资料

可比产品	产品产量（件）		单位成本（元/件）		
	本年计划 q_n	本年实际 q_1	上年实际 p_0	本年计划 p_n	本年实际 p_1
甲产品	53	50	10	9.50	9
乙产品	19	20	20	18	17
合计					

要求：(1) 计算可比产品成本计划降低额和计划降低率。

(2) 计算可比产品成本实际降低额与实际降低率。

三、光华有限责任公司 2016 年 7～12 月甲产品产量和总成本资料如下表所示。

甲产品产量和总成本资料

月份	产量（件）	总成本（元）
7	300	300 000
8	315	310 000

续前表

月份	产量（件）	总成本（元）
9	330	320 000
10	335	332 000
11	345	340 000
12	360	354 000

要求：（1）采用高低点法确定甲产品总成本方程，并测算次年 1 月生产甲产品 500 件的总成本和单位成本。

（2）采用回归分析法确定甲产品总成本方程，并测算生产 500 件甲产品的总成本，直接填列下表，而后使用公式计算。

回归分析法计算表

编制单位：光华有限责任公司　　2016 年　　金额单位：元

月份	产量/台 x	总成本 y	xy	x^2
7				
8				
9				
10				
11				
12				
合计				

四、某企业每年需要甲零件 500 件，如果从市场购入，每件进价为 40 元。如果由企业利用剩余生产能力自行生产，则每件需要耗用直接材料 20 元，直接人工 10 元，变动性制造费用 8 元。

要求：（1）根据以上资料做出是自制还是外购的成本决策。

（2）假设企业自制甲零件每年需要增加专属固定成本 1 000 元，做出是自制还是外购的成本决策。

（3）假设企业将设备对外出租，每年可取得租金收入 2 000 元，做出是自制还是外购的成本决策。

五、广源公司生产甲产品需要耗用 A 材料和 B 材料，单位标准成本资料如下表所示。该公司 10 月共生产甲产品 4 200 件，实际耗用 A 材料和 B 材料分别是 39 000 千克和 11 000千克。

单位标准成本表

材料名称	预定数量（千克/件）	标准价格（元/千克）	实际价格（元/千克）
A 材料	4	13	12.4
B 材料	1	8.5	8.7
合计	2		

要求：计算该月直接材料的产出差异、结构差异和价格差异。

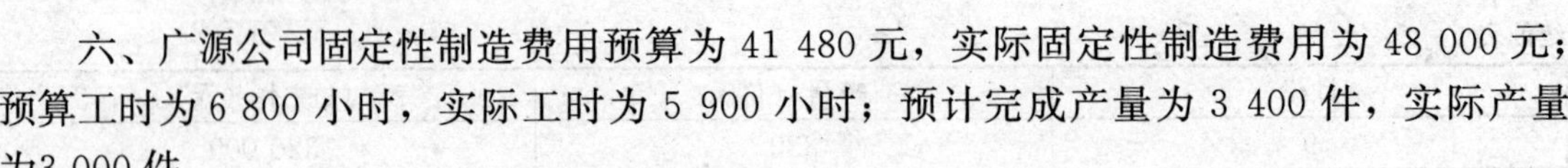

六、广源公司固定性制造费用预算为 41 480 元，实际固定性制造费用为 48 000 元；预算工时为 6 800 小时，实际工时为 5 900 小时；预计完成产量为 3 400 件，实际产量为3 000 件。

要求：计算分析固定制造费用差异。

模拟实训 A 卷

一、单项选择题（每小题 1 分，共 10 分）

1	2	3	4	5	6	7	8	9	10

二、多项选择题（每小题 2 分，共 20 分）

1	2	3	4	5	6	7	8	9	10

三、判断题（每小题 1 分，共 10 分）

1	2	3	4	5	6	7	8	9	10

一、单项选择题（每小题 1 分，共 10 分，将答案填在试卷开头的表格中）

1. 区分各种成本计算基本方法的主要标志是（　　）。

A. 成本计算对象　　B. 成本计算日期

C. 成本项目　　D. 制造费用的分配方法

2. 采用简化的分批法，在产品完工之前，产品成本明细账（　　）。

A. 不登记任何费用

B. 只登记直接计入费用和生产工时

C. 只登记原材料费用

D. 登记间接计入费用，不登记直接计入费用

3. 采用逐步结转分步法，按照半成品成本在下一步骤成本明细账中反映的方法，可以分为（　　）。

A. 实际成本结算法和计划成本结转法　　B. 综合结转法和分项结转法

C. 平行结转法和分项结转法　　D. 平行结转法和综合结转法

4. 成本还原的对象是（　　）。

A. 产品成本

B. 各步骤半成品成本

C. 最后步骤的产成品成本

D. 各步骤所耗用上一步骤半成品的综合成本

5. 在各种产品成本计算方法中，必须设置基本生产成本二级账的方法是（　　）。

A. 简化的分批法　　B. 分类法

C. 定额法　　D. 平行结转分步法

6. 制造费用（　　）。

A. 都是间接计入费用

B. 都是直接计入费用

C. 都是期间费用

D. 既可能有间接费用，又可能有直接费用

7. 车间用于组织和管理生产的费用，如车间管理人员的工资、车间管理用房屋的折旧费等，应计入（　　）。

A. 生产成本　　B. 制造费用　　C. 管理费用　　D. 本年利润

8. 辅助生产费用交互分配法的“交互分配”是指在（　　）之间的分配。

A. 辅助生产车间与基本生产车间　　B. 企业内部各生产车间

C. 企业各生产车间、部门　　D. 各辅助生产车间、部门内部

9. 可修复废品的废品损失是（　　）。

A. 返修前发生的原材料费用

B. 返修前发生的原材料费用加上返修后发生的修理费

C. 返修过程中发生的各项费用

D. 返修前发生的制造费用

10. 原材料若在生产开始时一次投入，则原材料费用可以直接按完工产品和月末在产品的（　　）比例进行分配。

A. 约当产量　　B. 数量　　C. 定额成本　　D. 定额工时

二、多项选择题（每小题 2 分，共 20 分，将答案填在试卷开头的表格中）

1. 下列项目中，不应计入产品成本的费用是（　　）。

A. 车间固定资产的折旧费　　B. 企业管理部门固定资产的折旧费

C. 车间机物料消耗　　D. 支付给银行的借款利息费用

2. 下列（　　）属于成本计算的基本方法。

A. 品种法　　B. 分批法　　C. 分类法　　D. 分步法

3. 下列各项中，应计入直接人工成本项目的有（　　）。

A. 车间管理人员工资　　B. 产品生产工人工资

C. 按产品生产工人工资计提的工会经费　D. 产品生产工人的奖金

4. 逐步结转分步法，按照半成品成本的结转方式，可分为（　　）。

A. 分项结转　　B. 平行结转　　C. 综合结转　　D. 成本还原

5. “辅助生产成本”账户贷方登记的内容有（　　）。

A. 完工入库的自制材料成本　　B. 向各受益单位进行分配的费用

C. 企业发生的全部辅助生产费用　　D. 辅助生产车间月末在产品成本

6. 企业生产经营耗用的各种材料费用，按照其用途，应记入（　　）科目的借方。

A. “管理费用”　　B. “制造费用”

C. “生产成本”　　D. “销售费用”

7. 计入产品成本的工资费用包括（　　）。

A. 生产部门工人的工资

B. 生产部门管理人员的工资

C. 按生产工人与生产部门管理人员工资提取的福利费

D. 生产部门职工食堂炊事员的工资

8. 辅助生产成本采用计划成本分配法分配的优点是（　　）。

A. 简化计算工作量

B. 能反映和考核辅助生产成本计划的执行情况

C. 有利于分清企业内部各单位的经济责任

D. 计算结果准确

9. “废品损失”账户贷方可能对应的账户有（　　）。

A. “其他应收款”　　B. “原材料”

C. “基本生产成本”　　D. “制造费用”

10. 选择生产费用在完工产品和月末在产品之间分配的方法时，主要应考虑的条件是（　　）。

A. 各月末在产品数量的多少　　B. 定额管理基础的完善情况

C. 成本项目构成比重的大小　　D. 各月末在产品数量变化的大小

三、判断题（每小题 1 分，共 10 分，将答案填在试卷开头的表格中）

1. 基本生产车间发生的制造费用完全由本车间的产品成本负担。（　　）

2. 采用直接分配法分配辅助生产费用时，不考虑各辅助生产车间之间相互提供产品或劳务的成本。（　　）

3. 外购材料和直接材料都是材料费用，都属于要素费用。（　　）

4. 管理人员的工资和福利费，均应通过“制造费用”账户核算。（　　）

5. 降价出售不合格品的损失是废品损失的一部分。（　　）

6. 生产企业发放给所有职工的工资应分别计入产品成本和期间费用。（　　）

7. 企业生产部门发生的办公费、邮电费等尽管与产品生产没有直接关系，但也应计入产品成本。（　　）

8. “制造费用”是集合分配账户，所以，企业对制造费用无论采用什么方法分配，该账户期末均无余额。（　　）

9. 产品成本计算的基本方法可以在成本计算中单独使用，也可结合使用。（　　）

10. 企业的成本报表是重要的对外报表。（　　）

四、简答题（每小题 5 分，共计 10 分）

1. 简述工业企业成本核算需要正确划分的五项界限。

2. 简述品种法下账户之间的关系。

五、基本计算题（每小题8分，共计32分）

1. 职工王琳2016年7月共计生产A产品200件，其中，合格产品190件，工废产品4件，料废产品6件。公司A产品计件工资为10元/件。求王琳本月的计件工资额。

2. 2016年12月31日，二车间本月生产C产品1 000件，材料耗用定额3千克；生产D产品2 000件，材料耗用定额5千克。C、D产品本月共耗用甲材料26 000元。求C、D两种产品分配的甲材料费用。

3. 某企业生产甲产品，经三道工序加工完成，在第一道工序一开始时投入全部材料的60%，在第二道工序开始时投入剩余的40%材料；第三道工序不需要再投料。各工序在产品的加工程度均为30%，各工序工时定额及在产品数量见下表。

工序	本工序工时定额	本工序月末在产品数量
1	10	200
2	6	200
3	4	100
合计	20	500

要求：(1) 计算甲在产品分配材料费用时的约当产量。

(2) 计算甲在产品分配人工费用、制造费用时的约当产量。

4. 创新有限责任公司2016年5月生产A产品，月初在产品200件，其中，直接材料费用定额80元，直接人工费用定额50元，制造费用定额20元。本月完工800件，月末在产品100件，本月投入直接材料费用90 000元，直接人工费用60 000元，制造费用24 000元。求完工产品总成本和单位成本。

六、综合计算题（共计18分）

某企业设有三个生产步骤，第一步骤生产A半成品，第二步骤将A半成品加工成B半成品，第三步骤将B半成品加工成乙产品。产品生产耗用的原材料在加工开始时一次全部投入，采用平行结转分步法，按约当产量比例法计算完工产品成本和在产品成本。相关资料见下表。

6月份各加工步骤的生产记录 单位：件

项目	第一步骤	第二步骤	第三步骤
月初在产品数量	50	100	200
本月投入或上步骤转入	550	500	500
本月完工产品数量	500	500	550
月末在产品数量	100	100	150
月末在产品完工程度	50%	50%	50%

各加工步骤的成本资料 单位：元

项目	名称	第一车间	第二车间	第三车间
月初在产品成本	直接材料	175 000	—	—
	直接人工	81 250	100 000	4 0000
	制造费用	65 000	75 000	3 0000
本月本步骤发生费用	直接材料	275 000	—	—
	直接人工	131 250	200 000	210 000
	制造费用	105 000	150 000	157 500

要求：采用平行结转分步法计算乙产品成本，并编制相关分录（共18分，保留两位小数，可不列出计算式子）。

（1）填写第一步骤产品成本计算单（本步骤4分）。

产品成本计算单

第一步骤 金额单位：元

项目		直接材料	直接人工	制造费用	合计
月初本步骤在产品成本					
本月本步骤发生生产费用					
本月本步骤生产费用合计					
完工产成品的数量					
在产品约当产量	本步骤在产品约当产量				
	已结转下步骤广义的在产品				
折合产品总量					
本步骤费用分配率					
本步骤计入产成品成本的份额					
月末在产品成本					

（2）填写第二步骤产品成本计算单（本步骤 4 分）。

产品成本计算单

第二步骤　　　　金额单位：元

<table>
<tr><th colspan="2">项目</th><th>直接材料</th><th>直接人工</th><th>制造费用</th><th>合计</th></tr>
<tr><td colspan="2">月初本步骤在产品成本</td><td></td><td></td><td></td><td></td></tr>
<tr><td colspan="2">本月本步骤发生生产费用</td><td></td><td></td><td></td><td></td></tr>
<tr><td colspan="2">本月本步骤生产费用合计</td><td></td><td></td><td></td><td></td></tr>
<tr><td colspan="2">完工产成品的数量</td><td></td><td></td><td></td><td></td></tr>
<tr><td rowspan="2">在产品约当产量</td><td>本步骤在产品约当产量</td><td></td><td></td><td></td><td></td></tr>
<tr><td>已结转下步骤广义的在产品</td><td></td><td></td><td></td><td></td></tr>
<tr><td colspan="2">折合产品总量</td><td></td><td></td><td></td><td></td></tr>
<tr><td colspan="2">本步骤费用分配率</td><td></td><td></td><td></td><td></td></tr>
<tr><td colspan="2">本步骤计入产成品成本的份额</td><td></td><td></td><td></td><td></td></tr>
<tr><td colspan="2">月末在产品成本</td><td></td><td></td><td></td><td></td></tr>
</table>

（3）填写第三步骤产品成本计算单（本步骤 4 分）。

产品成本计算单

第三步骤　　　　金额单位：元

项目	直接材料	直接人工	制造费用	合计
月初本步骤在产品成本				
本月本步骤发生生产费用				
本月本步骤生产费用合计				
完工产成品的数量				
本步骤在产品约当产量				
生产总量				
本步骤费用分配率				
本步骤计入产成品成本的份额				
月末在产品成本				

（4）填写产成品成本汇总计算表（本步骤 3 分）。

产成品成本汇总计算表

产品名称：乙产成品　　　　单位：元

项目	直接材料	直接人工	制造费用	合计
第一步骤				
第二步骤				
第三步骤				
产成品总成本（件）				
产成品单位成本				

（5）会计分录（3 分）。

模拟实训B卷

一、单项选择题（每小题 1 分，共 10 分）

1	2	3	4	5	6	7	8	9	10

二、多项选择题（每小题 2 分，共 20 分）

1	2	3	4	5	6	7	8	9	10

三、判断题（每小题 1 分，共 10 分）

1	2	3	4	5	6	7	8	9	10

一、单项选择题（共 10 分，每题 1 分，将答案填在试卷开头的表格中）

1. 采用分类法的目的是（　　）。

A. 分类计算产成品成本　　B. 简化各种产品成本计算工作

C. 简化不同种类产品成本计算工作　　D. 准确计算各种产品的成本

2. 企业成本报表是（　　）。

A. 对外报表　　B. 对内报表

C. 对外报表，也是对内报表　　D. 由企业决定是对内还是对外

3. 成本会计的核心职能是（　　）。

A. 成本预测　　B. 成本决策　　C. 成本控制　　D. 成本核算

4. 下列费用不属于产品生产费用的是（　　）。

A. 制造费用　　B. 直接材料　　C. 管理费用　　D. 直接人工

5. 需要成本还原的成本计算方法是（　　）。

A. 品种法　　B. 分批法

C. 逐步结转分步法（综合结转）　　D. 平行结转分步法

6. 理论成本指的是产品价值中的（　　）部分。

A. $C+V+M$　　B. $C+V$　　C. $V+M$　　D. $C+M$

7. 期末，企业将（　　）在完工产品和期末在产品之间进行分配。

A. 期初在产品成本　　B. 本期发生的生产费用

C. 期初在产品成本加上本期发生的生产费用　　D. 期末在产品成本

8. 不得计入生产成本的是（　　）。

A. 车间厂房折旧费　　B. 车间机物料消耗

C. 税金及附加　　D. 有助于产品形成的辅助材料

9. 辅助生产费用分配的方法中，计算结果最准确的是（　　）。

A. 代数分配法　　B. 一次交互分配法　　C. 计划成本分配法　D. 直接分配法

10. 可修复废品的废品损失是（　　）。

A. 返修前发生的原材料费用

B. 返修前发生的原材料费用加上返修后发生的修理费

C. 返修过程中发生的各项费用

D. 返修前发生的制造费用

二、多项选择题（共 20 分，每题 2 分，将答案填在试卷开头的表格中）

1. 下列是辅助生产成本计算方法的有（　　）。

A. 直接分配法　　B. 间接分配法　　C. 代数分配法　　D. 计划成本分配法

2. 支出是指企业在经济活动中发生的一切开支与耗费，下列支出最终能作为费用的是（　　）。

A. 购买固定资产的支出　　B. 企业筹建期间的支出

C. 购买国债的支出　　D. 支付办公费的支出

3. 下列不应计入产品成本或期间费用的支出包括（　　）。

A. 为筹集生产产品用的资金而支付的利息　B. 购买会计人员办公用的计算机

C. 违反税收制度而支付的罚款　　D. 给灾区的捐款

4. 下列属于核算产品成本账户的是（　　）。

A. “生产成本”　　B. “废品损失”　　C. “制造费用”　　D. “财务费用”

5. 计入产品成本的材料成本包括生产过程中耗用的（　　）。

A. 原材料及辅助材料　　B. 外购半成品及设备配件

C. 燃料　　D. 低值易耗品及包装物

6. 成本会计的职能包括（　　）。

A. 成本预测和成本决策　　B. 成本计划和成本控制

C. 成本核算和成本分析　　D. 成本考核和成本检查

7. 下列各项中，应计入直接人工成本项目的有（　　）。

A. 车间管理人员工资　　B. 产品生产工人工资

C. 按产品生产工人工资计提的福利费　　D. 产品生产工人的“五险一金”

8. “废品损失”账户借方登记的内容有（　　）。

A. 回收材料价值　　B. 应收赔偿款

C. 可修复废品的各项修复费用　　D. 不可修复废品的成本

9. 在按 20.83 天计算日工资率的企业中，节假日工资的计算方法是（　　）。

A. 节假日作为出勤日计发工资　　B. 节假日不计发工资

C. 缺勤期间的节假日不扣发工资　　D. 缺勤期间的节假日扣发工资

10. 本月发生的生产费用全部由本期产成品负担的方法有（　　）。

A. 不计算在产品成本法　　B. 固定在产品成本法

C. 在产品按原材料成本计算法　　D. 在产品按完工产品成本计算法

三、判断题（共 10 分，每题 1 分，将答案填在试卷开头的表格中）

1. 成本是企业为生产产品、提供劳务而发生的各种耗费，因此，成本是对象化的费用。（　）

2. 直接费用是指可以分清哪种产品耗用，可以直接计入某种产品成本的费用。（　）

3. 采用计件工资制时，产品生产工人的工资属于直接计入费用。（　）

4. 外购动力和自制动力，都属于要素费用。（　）

5. 车间生产设备的修理费应该计入产品成本中。（　）

6. 成本项目的具体内容在不同企业可以不同，但任何工业企业都必须至少设有直接材料、直接人工和制造费用三个成本项目。（　）

7. 各种产品共同耗用的原材料费用，按材料定额耗用量比例分配与按材料定额费用比例分配，由于分配依据不一样，其分配结果也是不同的。（　）

8. 辅助生产成本分配方法中，代数分配法计算的结果最为准确。（　）

9. 当辅助生产车间只提供一种产品或劳务时，计提的固定资产折旧费可以直接计入“生产成本——辅助生产成本”账户。（　）

10. 企业生产耗用的外购动力和燃料如果耗用量不大，占产品成本的比例很小，可以不单独设立成本项目而直接计入直接材料项目核算。（　）

四、简答题（共10分，每小题5分）

1. 简述品种法的核算程序。

2. 简述分步法的特点。

五、基本计算题（共32分，每小题8分）

1. 某企业生产甲产品，经三道工序加工完成，原材料在各工序一开始时全部投入；各工序在产品的加工程度均为50%，各工序材料消耗定额和工时定额及在产品数量见下表。

工序	本工序原材料消耗定额（kg）	本工序工时定额（小时）	本工序月末在产品数量
1	20	10	200
2	20	6	200
3	10	4	100
合计	50	20	500

要求：(1) 计算甲在产品分配材料费用时的约当产量。

(2) 计算甲在产品分配人工费用、制造费用时的约当产量。

2. A公司规定不可修复废品的生产成本按定额成本计价。2016年6月发现甲产品有不可修复废品10件，单位直接材料定额为25元，10件废品的定额工时为220小时。单位小时人工费为12元，制造费用为8元。该月同种产品的可修复废品的修复费用为：直接材料340元，直接人工520元，制造费用460元。废品的残料入库计价100元，应由责任人赔偿120元。

要求：计算本月废品损失。

3. 某厂设有供电和机修两个辅助生产车间，2016年5月，供电车间发生的费用为29 120元，机修车间发生的费用为26 880元。两车间提供的产品和劳务量见下表。

受益对象	供电数量（度）	修理工作量（工时）
供电车间		480
机修车间	8 000	
A产品耗用	60 000	
基本生产车间一般耗用	6 000	6 000
行政管理部门	14 000	2 000
合计	88 000	8 480

要求：采用一次交互分配法分配辅助生产费用，并编制相关分录。（分配率保留两位

小数，分配额保留整数）

4. 青岛鸿联公司现有工人丽萍，其月工资标准为2 100元。8月份31天，她请了病假2天、事假4天，双休日共计10天，出勤15天。根据该工人的工龄，其病假工资按工资标准的70%计算，该工人病假和事假期间没有节假日。试计算该工人本月应得工资，要求如下：

（1）按30日计算日工资率，用倒扣法计算月工资。

（2）按30日计算日工资率，按出勤日数计算月工资。

（3）按20.83日计算日工资率，按缺勤日数扣月工资。

（4）按20.83日计算日工资率，按出勤日数计算月工资。

六、综合计算题（共18分）

2016年3月，企业一车间生产甲、乙两种产品，均经过一道工序。已知甲产品月初在产品600件，直接材料费用60 000元，直接人工费用18 000元，制造费用12 000元。本月投入5 000件，完工5 100件。材料一次投入，本月投入直接材料费用589 000元，直接人工费用360 000元，本月甲产品实耗工时20 000小时，乙产品实耗工时10 000小时，本月一车间共计发生制造费用330 000元，按实际工时比例分配制造费用。直接人工和制造费用约当产量均为50%。运用品种法计算完工甲产品总成本和单位成本，登记下面的基本生产成本明细账，并编制相关会计分录。（必须列出计算式子）

（1）列式计算（10分）。

（2）登记基本生产成本明细账（5分）。

基本生产成本明细账

产品名称：甲产品　　　　　　　　　　　年　　月　　日　　　　　　　　　月末在产品数量：　　　件

本月投产数量：　　　件　　　　　　本月完工产品数量：　　　件　　　　　　　　　　金额单位：元

年		凭证号数（略）	摘要	成本项目			合计
月	日			直接材料	直接人工	制造费用	
			月初在产品成本				
			直接材料分配表				
			直接人工分配表				
			制造费用分配表				
			生产费用合计				
			结转完工产品成本				
			单位成本				
			月末在产品成本				

（3）编制会计分录（3分）。

模拟实训C卷

一、单项选择题（每小题 1 分，共 10 分）

1	2	3	4	5	6	7	8	9	10

二、多项选择题（每小题 2 分，共 20 分）

1	2	3	4	5	6	7	8	9	10

三、判断题（每小题 1 分，共 10 分）

1	2	3	4	5	6	7	8	9	10

一、单项选择题（共 10 分，每题 1 分，将答案填在试卷开头的表格中）

1. 下列各项最终计入生产成本的是（　　）。

A. 产品研发费用　　B. 产品展销费用

C. 产品仓储费用　　D. 车间生产产品设备的折旧费

2. 品种法的成本计算对象是（　　）。

A. 产品的批别　B. 产品的生产步骤　C. 产品的品种　D. 产品的生产车间

3. 企业盘亏或毁损的在产品，在经过审批处理时，可能登记的借方账户是（　　）。

A. “生产成本”　B. “营业外支出”　C. “其他业务支出”D. “销售费用”

4. 采用（　　）时要进行成本还原，从而求得按原始成本项目反映的最终完工产品成本。

A. 分批法　B. 平行结转法　C. 综合结转法　D. 分项结转法

5. 分步法的适用范围是（　　）。

A. 大量大批的单步骤生产　　B. 分批的单步骤生产

C. 大量大批的多步骤生产　　D. 少量多批的多步骤生产

6. 下列不表现和转化为费用的是（　　）。

A. 为生产产品购进的材料　　B. 企业构建的办公楼

C. 管理不善造成的非常损失　　D. 购买的生产设备

7. 辅助生产成本的直接分配法，是将辅助生产成本直接（　　）的方法。

A. 分配给所有受益单位

B. 计入基本生产成本

C. 分配给辅助生产车间以外的各受益单位

D. 分配给完工产品成本

8. 下列关于在产品的说法中，不正确的是（　　）。

A. 会计上的广义在产品包括已经完工但尚未办理入库手续的完工产品

B. 在产品数量的确定是在产品成本核算的前提，在产品数量既可以从账面获得，也可以通过盘点获得

C. 一批毁损在产品的成本为10万元，这10万元也就是计入待处理财产损溢的数额

D. “基本生产成本”账户的期末借方余额也就是期末在产品的成本

9. 在产品按固定成本计价法，适用于各月（　　）的情况。

A. 在产品数量很少

B. 在产品数量较大，但各月之间的数量变化不大

C. 在产品数量较大，各月之间数量变化较大

D. 各月之间产品成本变化较小

10. 各月末在产品数量较大且各月之间数量变化也较大，如材料成本在产品成本中所占的比重也较大，则在完工产品和在产品之间分配费用的方法可用（　　）。

A. 约当产量比例法　　B. 在产品按定额成本计价法

C. 在产品按完工产品计算法　　D. 在产品按所耗原材料计价法

二、多项选择题（共20分，每题2分，将答案填在试卷开头的表格中）

1. 期间费用包括（　　）。

A. 管理费用　　B. 制造费用　　C. 销售费用　　D. 财务费用

2. 成本计算的最基本的三个项目包括（　　）。

A. 直接材料　　B. 直接人工　　C. 直接计入费用　　D. 制造费用

3. 企业计提的折旧费可以计入（　　）账户的借方。

A. “管理费用”　　B. “制造费用”

C. “其他业务成本”　　D. “生产成本”

4. 下列属于固定成本的有（　　）。

A. 平均年限法下的折旧费　　B. 计时工资

C. 计件工资　　D. 直接材料费用

5. 基本的成本计算方法包括（　　）。

A. 品种法　　B. 分批法　　C. 分类法　　D. 定额成本法

6. 可修复废品必须具备的条件包括（　　）。

A. 经过修复可以使用

B. 所花费的修复费用在经济上合算

C. 经过修复可以使用，但经济上不合算

D. 经过修理仍不能使用

7. 采用（　　）时，本月发生的生产费用与完工产品成本相等。

A. 不计算在产品成本法　　B. 在产品按定额成本计算法

C. 在产品按原材料费用计算法　　D. 在产品按固定成本计算法

8. 品种法适用于（　　）。

A. 大批量的单步骤生产

B. 小批单件的单步骤生产

C. 管理上不要求分步计算产品成本的大批量多步骤生产

D. 管理上不要求分步计算产品成本的小批量单件多步骤生产

9. 逐步结转分步法和平行结转分步法相比具有的特点包括（　　）。

A. 能做到实物结转和账面结转相一致

B. 计算半成品成本

C. 不能直接提供按原始成本项目反映的产成品成本资料

D. 综合结转法需要进行成本还原

10. 从广义上看，在产品包括（　　）。

A. 正在车间中加工的在产品

B. 尚未验收入库的产成品

C. 已经完成一个或几个生产步骤，但有待继续加工的零、部件和半成品

D. 已经验收入库的产成品

三、判断题（共10分，每题1分，将答案填在试卷开头的表格中）

1. 任何一个会计主体只要发生经济行为，就要发生耗费，在会计上就要核算其成本。（　　）

2. 产品生产成本是企业为生产产品而发生的各种耗费，包括管理费用。（　　）

3. 资本性支出与收益性支出的区别是：收益性支出直接抵减当期收益，而资本性支出是在一定会计期间内分期抵减各期的收益。（　　）

4. 实际成本的核算原则要求对产品成本要素形成的所有环节发生的耗费都必须按实际成本核算。（　　）

5. 一致性原则要求成本核算方法及会计处理方法在企业经营期内必须一致。（　　）

6. 当产品只计算材料成本时，本月完工产品成本总是大于本月发生的生产费用。（　　）

7. “废品损失”账户月末一般无余额。（　　）

8. 按照产品生产工艺的特点，制造业企业的生产分为单步骤生产和多步骤生产。（　　）

9. 平行结转分步法下，半成品的实物记录与账务记录相脱离。（　　）

10. 逐步结转分步法不计算各步骤半成品成本。（　　）

四、简答题（每小题5分，共计10分）

1. 简述费用与成本的关系。

2. 简述品种法下账户之间的关系。

五、基本计算题（每小题 8 分，共计 32 分）

1. 企业一车间生产甲、乙两种产品，本月甲、乙产品的投产数量分别为 2 000 件和 4 000 件，工时定额分别为 2 小时、3 小时，本月共计发生制造费用 19 200 元。要求：分配本月制造费用，并做出会计分录。

2. 企业生产甲产品要依次经过一车间、二车间、三车间三道工序，已知三道工序完工产品在本道工序的定额工时分别是 2 小时、3 小时和 5 小时，各道工序月末在产品在本道工序的完工程度均为 50%。要求：分别求各道工序月末在产品的完工程度。

3. 2016 年 12 月，某工业企业生产工人王萍共参与 3 批产品的生产，其中生产 A—1 批次产品 25 件，每件定额工时 3 小时，生产 A—2 批次产品 33 件，每件定额工时 2 小时，生产 A—3 批次产品 39 件，每件定额工时 1 小时，每工时计件工资 12 元。

要求：(1) 计算各批次产品应分配的工资费用。

(2) 计算该员工应得工资。

4. A 公司规定不可修复废品的生产成本按定额成本计价。2016 年 6 月，发现甲产品有不可修复废品 10 件，单位直接材料定额为 25 元，10 件废品的定额工时为 220 小时。单位小时人工费为 12 元，制造费用为 8 元。该月同种产品的可修复废品的修复费用为：直接材料 340 元，直接人工 520 元，制造费用 460 元。废品的残料入库计价 100 元，应由责任人赔偿 120 元。

要求：(1) 计算本月废品净损失。

(3) 做出相关的会计分录（共计 4 笔）。

六、综合计算题（共 18 分）

2016 年 3 月，先瑞有限责任公司一车间生产甲、乙两类产品，甲类产品中包括 A、B、C 三种工艺及原材料相同的产品，使用分类法计算甲类产品成本。甲类产品的完工产品成本中直接材料为 48 000 元，直接人工为 40 300 元，制造费用为 31 000 元。经计算，产品产量与定额资料如下表所示。

产品产量与定额表

产品品种	实际产量（件）	直接材料费用定额（元）	单位产品工时定额
A 产品	400	10	20
B 产品	300	12	10
C 产品	300	8	15

要求：运用系数分配法计算甲类各产品的成本。

（1）填写产品成本系数计算表（5 分）。

产品成本系数计算表

产品：甲类产品　　2016 年 3 月

项目	产品产量	材料定额	材料系数	材料总系数	工时定额	工时系数	工时总系数
A 产品							
B 产品							
C 产品							
合计	—	—	—		—	—	

（2）填写产品成本计算表（10 分）。

产品成本计算表

产品：甲类产品　　2016 年 3 月

项目	产品产量	材料总系数	直接材料分配金额	工时总系数	直接人工分配额	制造费用分配额	产品总成本	单位成本
分配率	—	—					—	—
A 产品								
B 产品								
C 产品								
合计	—							—

（3）编写会计分录（3 分）。

模拟实训D卷

一、单项选择题（每小题1分，共10分）

1	2	3	4	5	6	7	8	9	10

二、多项选择题（每小题2分，共20分）

1	2	3	4	5	6	7	8	9	10

三、判断题（每小题1分，共10分）

1	2	3	4	5	6	7	8	9	10

一、单项选择题（共10分，每题1分，将答案填在试卷开头的表格中）

1. 直接按完工产品与月末在产品数量分配原材料费用的方法适用于（　　）的方式。

A. 原材料分工序一次投入　　B. 原材料随生产进度陆续投入

C. 原材料在投产时一次投入　　D. 原材料根据生产过程实际需要投入

2. 关于产品成本在完工产品和月末在产品之间的分配方法，下列说法不正确的是（　　）。

A. 在产品忽略不计法适用于各月在产品数量很少的产品

B. 在产品按固定成本计价法适用于各月末之间在产品数量变化不大的产品

C. 如果在产品接近完工，只是尚未包装或尚未验收入库，可以按完工产品计算法计算在产品成本

D. 如果某产品各项消耗定额或费用定额比较准确、稳定，各月末在产品数量变化又不大，则可采用定额比例法计算

3. 大量大批多步骤生产适用的成本计算方法是（　　）。

A. 品种法　　B. 分批法　　C. 分类法　　D. 分步法

4. 工业企业的生产按其组织方式不同分为（　　）。

A. 单步骤生产和多步骤生产

B. 大量生产、成批生产和单件生产

C. 连续式生产和装配式生产

D. 简单生产和复杂生产

5. 生产特点和管理要求对产品成本计算的影响，主要表现在（　　）确定上。

A. 产品成本计算对象

B. 间接费用的分配方法

C. 成本计算日期

D. 完工产品与在产品之间分配费用的方法

6. 各生产单位的制造费用最终都必须分配计入（　　）。

A. 生产成本　　B. 制造费用

C. 基本生产成本　　D. 辅助生产成本

7. 品种法下的生产成本计算期通常（　　）。

A. 与生产周期一致　　B. 与会计报告期一致

C. 与日历年度一致　　D. 与生产费用发生期不一致

8. 不计算在产品成本法的适用范围是（　）。

A. 在产品数量较大，并且各月数量大体稳定

B. 材料费用占产品成本的比重较大

C. 在产品数量较小，并且各月数量变动不大

D. 在产品已接近完工

9. 要进行成本还原，从而求得按原始成本项目反映最终完工产品成本的方法是（　　）。

A. 逐步结转法　　B. 平行结转法

C. 综合结转法　　D. 分项结转法

10. 分步法的适用范围是（　　）。

A. 大量大批的单步骤生产　　B. 分批的单步骤生产

C. 大量大批的多步骤生产　　D. 少量多批的多步骤生产

二、多项选择题（每小题2分，共计20分，将答案填在试卷开头的表格中）

1. 产品成本计算的辅助方法有（　　）。

A. 分类法　　B. 定额法　　C. 品种法　　D. 分步法

2. 产品成本计算的基本方法有（　）。

A. 品种法　　B. 分步法　　C. 分批法　　D. 定额比例法

3. 企业在确定产品成本计算方法时，必须从企业的具体情况出发，同时考虑（　　）等因素。

A. 企业的生产特点　　B. 企业生产规模的大小

C. 进行成本管理的要求　　D. 月末有无在产品

4. 产品成本计算期与产品生产周期不一致的成本计算方法有（　　）。

A. 品种法　　B. 分批法　　C. 分步法　　D. 定额比例法

5. 分批法适用于（　）。

A. 小批生产

B. 分批轮番生产同一种产品

C. 单件生产

D. 大批大量、管理上不要求分步骤计算成本的多步骤生产

6. 在辅助生产费用分配方法中，辅助生产单位之间相互分配费用的方法有（　　）。

A. 代数分配法　　B. 一次交互分配法

C. 计划成本分配法　　D. 直接分配法

7. 约当产量法主要适用于（　　）的情况。

A. 月末在产品数量较小
B. 各月末在产品数量较大
C. 产品成本结构中各成本项目的比重相差不大
D. 各月末产品数量变化较大
8. 品种法适用于（　　）。
A. 大批量的单步骤生产
B. 小批单件的单步骤生产
C. 管理上不要求分步计算产品成本的大批量多步骤生产
D. 管理上不要求分步计算产品成本的小批量单件多步骤生产
9. 逐步结转分步法和平行结转分步法相比，具有的特点包括（　　）。
A. 能做到实物结转和账面结转相一致
B. 计算半成品成本
C. 不能直接提供按原始成本项目反映的产成品成本资料
D. 需要进行成本还原
10. 下列属于分步法特点的是（　　）。
A. 它是以产品的品种及所经历的生产步骤作为成本核算对象
B. 成本计算是定期按月进行的，而不是按生产周期
C. 总成本要在产成品和在产品之间分配
D. 可以计算出每步的半成品成本

三、判断题（每小题 1 分，共计 10 分，将答案填在试卷开头的表格中）

1. 生产费用在完工产品与在产品之间的分配，在会计实务中并不一定要通过编制完工产品与月末在产品分配表来完成。（　　）
2. 在产品盘点发生亏损时，应将该在产品成本连同应负担的增值税税额一并记入“营业外支出”账户。（　　）
3. 成本计算对象是区分产品成本计算基本方法的主要标志。（　　）
4. 发电企业属于大量大批多步骤生产企业。（　　）
5. 在一个工厂内可以同时采用几种产品成本计算方法，但同一种产品只能采用一种产品成本计算方法。（　　）
6. 产品出售后返修的费用是废品损失的一部分。（　　）
7. 在产品盘盈、盘亏的账务处理，应在制造费用结账之前进行。（　　）
8. 按照生产组织的特点，制造业企业的生产分为单步骤生产和多步骤生产。（　　）
9. 在平行结转分步法下，计算各个步骤产品成本时，实物的转移同账面一致。（　　）
10. 品种法是最基本的成本计算方法。（　　）

四、简答题（每小题 5 分，共计 10 分）

1. 简述成本与费用的关系。

2. 简述分批法的适用范围。

五、**基本计算题（每小题8分，共计32分）**

1. 2016年12月31日，一车间本月生产A产品3 000件，材料耗用定额2千克；生产B产品1 200件，材料耗用定额3千克。A、B产品本月共耗用甲材料19 200元。要求：计算A、B两种产品分配的甲材料费用，并做出会计分录。

2. 企业有配电和机修两个辅助生产车间，配电车间本月共发生费用6 000元，机修车间本月共发生费用3 000元。企业有一车间和二车间两个基本生产车间，本月辅助生产车间提供产品和服务资料见下表。要求：运用直接分配法分配辅助生产费用，并做出会计分录。

受益部门	厂部	一车间	二车间	配电车间	机修车间	合计
提供电力（千瓦时）	1 000	5 500	1 500		2 000	10 000
提供机修工时（工时）	20	100	30	50		200

3. 企业生产甲产品要依次经过一车间、二车间、三车间三道工序，已知三道工序完工产品在本道工序的定额工时分别是 2 小时、3 小时和 5 小时，各道工序月末在产品在本道工序的完工程度均为 50%，三道工序月末在产品数量分别为 50 件、80 件和 100 件。要求：分别计算各车间月末在产品的约当产量。

4. 企业 2016 年 5 月生产 A 产品，月初在产品 300 件，其中，直接材料费用定额 80 元，直接人工费用定额 50 元，制造费用定额 20 元。本月完工产品为 1 000 件，月末在产品为 200 件，本月投入直接材料费用 110 000 元，直接人工费用 80 000 元，制造费用 28 000元。要求：运用在产品定额成本法计算完工产品总成本和单位成本，并做出会计分录。

六、综合计算题（共 18 分）

某炼油厂 2016 年 6 月共发生生产费用 4 830 000 元，生产汽油 500 吨、煤油 300 吨、柴油 200 吨、初级沥青 100 吨，四种产品的售价分别为 8 000 元/吨、7 500 元/吨、7 000 元/吨、4 000 元/吨，假设汽油、煤油、柴油分馏之后可以直接出售，沥青后续单独发生成本 35 000 元，加工后售价为 4 600 元/吨。要求：运用售价比例法计算四种产品的单位成本和总成本。

参考文献

1. 陈丽. 成本会计. 北京：高等教育出版社，2007.

2. 于宝生. 成本会计. 北京：中国人民大学出版社，2010.

3. 杨冰莉. 基础会计. 北京：清华大学出版社，2013.

4. 林志宏. 成本会计. 成都：西南财经大学出版社，2015.

5. 韩庆兰. 成本会计学. 北京：高等教育出版社，2015.

6. 全国从业资格考试辅导教材编写组. 中级财务管理. 北京：中国财政经济出版社，2016.

7. 张楠. 成本会计实务. 北京：清华大学出版社，2017.

图书在版编目（CIP）数据

成本会计：理论与实训/傅其先，代勤，石娟主编．—北京：中国人民大学出版社，2017.7
21世纪高职高专会计类专业课程改革规划教材
ISBN 978-7-300-24473-0

Ⅰ.①成… Ⅱ.①傅… ②代… ③石… Ⅲ.①成本会计-高等职业教育-教材 Ⅳ.①F243.2

中国版本图书馆CIP数据核字（2017）第123121号

21世纪高职高专会计类专业课程改革规划教材
成本会计：理论与实训
主　审　徐曰军
主　编　傅其先　代　勤　石　娟
副主编　王晓慧　刘　芳　高　玲　刘卫华　池东生　李淑波
Chengben Kuaiji：Lilun yu Shixun

出版发行	中国人民大学出版社		
社　址	北京中关村大街31号	**邮政编码**	100080
电　话	010－62511242（总编室）		010－62511770（质管部）
	010－82501766（邮购部）		010－62514148（门市部）
	010－62515195（发行公司）		010－62515275（盗版举报）
网　址	http://www.crup.com.cn		
	http://www.ttrnet.com(人大教研网)		
经　销	新华书店		
印　刷	中煤（北京）印务有限公司		
规　格	185 mm×260 mm　16开本	**版　次**	2017年7月第1版
印　张	19.5	**印　次**	2017年7月第1次印刷
字　数	462 000	**定　价**	39.00元
